実践
インド占星術

本多信明

はじめに

　拙著『基礎からはじめるインド占星術入門』は、日本人による文字通りわかりやすいパラーシャラ系のインド占星術の入門書というコンセプトで書きました。本書はそれを踏まえた上で、入門書では難易度やボリュームの点から触れられなかった内容を書いたつもりです。

　入門書ではとにかくまずインド占星術に親しんでもらうことが目的だったので、ホロスコープ作成の理論や計算については一切書きませんでした。ですがインド占星術の深い理解のためにはやはり必要なことですので、本書では基本的な計算方法については説明をしています。

　ホロスコープの作成方法、分割図の作成方法、アシュタカヴァルガの計算方法、ダシャーの算出方法などです。それからインド占星術の基礎理論の深さも幅も広げました。より多くのヨガ、ナクシャトラ、トランジット、アシュタカヴァルガ、ヴィムショッタリダシャー、ヨーギニダシャーの解説をあらたに加えました。

　しかし、本書の最も狙いとするのは、そういう理論を踏まえた実際の事例紹介です。多くの占術書や占星術書は理論紹介に終わっている傾向があります。しかし、多くの読者が求めていることはその占術理論を使って、どのようにリーディングをしていくかにあります。

　その期待に応えるべく、本書ではリーディングの方法について詳しく解説してあります。また、リーディングスキルを確実なものにするには何といっても多くの事例に触れることです。身近なわかりやすい事例を多く紹介しています。それを踏まえてとにかく自分でリーディングを試みることが肝要です。

　占術書や占星術書にとって一番重要なのは、その理論が実際に当たるのかどうかの検証です。それには多くの事例を必要とします。そういう

意味で幅広い事例、典型的な事例、対照的な事例を紹介しました。

　本書だけではもちろん事例は不十分ですが、そういう検証を進める態度を持つことは極めて重要です。古典は尊重しなければならないし、十分に研究する必要があります。しかしその中の記述を鵜呑みにして検証を怠ってはいけないと思います。

　そうした中から、あまり当たらない古い一部の理論は捨て去られることはあるでしょうが、新しい理論が生まれることもあるはずです。それは占星術の理論をさらに確固としたものにつながります。

　西洋占星術に人事以外の使い方、つまりホラリー、エレクション、マンデーンなどがあることは知られています。しかし、インド占星術のそれらはほとんど知られていません。なかにはインド占星術はネイタルだけでトランジットもないと錯覚している人すらいます。

　しかし、インド占星術には、プラシュナ（ホラリー）、イベントチャート、マンデーン、ムフルタ（エレクション）などの豊富な技法があります。西洋占星術よりむしろ豊富な技法があります。それらの存在すら知らないのはまことに残念なので、本書ではそのほんのさわりを紹介しました。これらについて近未来に詳しい解説するつもりです。

　インド占星術は学べば学ぶほど奥深いものがあります。本書を通じてインド占星術のより深い理解の第一歩の助けとなることを切に望みます。

contents

目次　はじめに ……… 2

I インド占星術の特徴　　11

1 古代から伝わるインド独自の天空分割システム ……… 12
（1）サイデリアルシステムの伝統 ……… 12
（2）インド起源の27ナクシャトラ ……… 13
（3）ホロスコープ ……… 14
（4）ホロスコープにおける天文学的特異点 ……… 16

2 インド占星術の理論的基礎となるヴェーダ哲学 ……… 17
（1）インド占星術における「宿命」とは何か ……… 17
（2）ヴェーダ哲学におけるカルマ ……… 18
（3）カルマと自由意志と努力の価値 ……… 21
（4）カルマをポジティブに考えよう ……… 22

3 インド占星術の考え方と分野 ……… 25

II インド占星術の四つの分野　　27

1 インド占星術の流れ ……… 28

2 ジャータカから読み取れること ……… 29
（1）リーディングの内容 ……… 29
（2）リーディングの進め方 ……… 29

3 インド占星術の個別的特徴 ……… 32
（1）西洋占星術との比較において ……… 32
（2）ラーフとケートゥの神話 ……… 36

4 インド占星術のチャートの特徴 ……… 38

5 インド占星術のハウスシステム ……… 40
（1）トロピカル方式とサイデリアル方式 ……… 40
（2）歳差運動とアヤナムシャ ……… 42
（3）サイデリアル方式によるチャート作成法 ……… 43

6 分割図 …… 50

7 ダシャーシステム …… 53

Ⅲ インド占星術の構成要素 　　　　55

1 12星座（サイン）…… 56

2 サインの区分 …… 58

3 サインの象意一覧 …… 63

4 サインの象意の出方 …… 67

Ⅳ 惑星の基礎 　　　　75

1 9惑星の特徴と象意 …… 76
    （1）太陽 …… 76
    （2）月 …… 77
    （3）火星 …… 79
    （4）水星 …… 80
    （5）木星 …… 82
    （6）金星 …… 83
    （7）土星 …… 84
    （8）ラーフ …… 85
    （9）ケートゥ …… 86

2 サイン、惑星、ハウスの象意の組合せ …… 87

3 インド占星術における月の重要性 …… 89

V ハウスの基礎

1 ハウスとは何か …… 94

2 インド占星術におけるハウスシステム …… 95
    （1）ASCとラグナ …… 95
    （2）惑星とハウス …… 96

3 ハウスの特徴 …… 97

4 ハウスの分類と吉凶判断の方法 …… 103

5 ハウスと人生の対応 …… 109

VI コンビネーションの基礎

1 コンビネーション …… 112
    （1）コンビネーションの基本的な考え方 …… 112
    （2）星座交換 …… 113
    （3）コンジャンクション …… 115
    （4）アスペクト …… 115
    （5）在住 …… 119
    （6）ケーススタディ …… 119

VII ヨガ

1 ヨガの基本概念 …… 124
    （1）ヨガの意味 …… 124
    （2）ヨガのクオリティ …… 125

2 代表的なヨガ …… 126
    （1）ラージャヨガ …… 126
    （2）ヴィーパリータラージャヨガ …… 129
    （3）ニーチャバンガラージャヨガ …… 131

3 財運のヨガ …… 137

（1）ダーナヨガ ……… 137
　　　（2）チャンドラマンガラヨガ ……… 138

　4　パンチャマハープルシャヨガ ……… 140

　5　幸運のヨガ ……… 141
　　　（1）ガージャケサリヨガ ……… 141
　　　（2）グルマンガラヨガ ……… 143
　　　（3）スーリアグルヨガ ……… 145

　6　不運のヨガ ……… 147
　　　（1）ケマドルヨガ ……… 147
　　　（2）パーパカルタリヨガ ……… 149
　　　（3）アリシュタヨガ ……… 150

　7　その他のヨガ ……… 152
　　　（1）スパカルタリヨガ ……… 152
　　　（2）ダリドゥリャヨガ ……… 152
　　　（3）チャンドラヨガ ……… 152
　　　（4）シャカタヨガ ……… 153
　　　（5）サンニヤシヨガ ……… 154

Ⅷ　リーディングのポイント　　　157

　1　惑星の支配と在住 ……… 158
　　　（1）支配星座 ……… 158
　　　（2）惑星の支配と在住の再確認 ……… 159

　2　惑星の品位 ……… 161
　　　（1）高揚の星座 ……… 161
　　　（2）ムーラトリコーナ ……… 162
　　　（3）定位置 ……… 162
　　　（4）友好星座と敵対星座 ……… 163
　　　（5）一時的な友好と敵対 ……… 163
　　　（6）減衰の星座 ……… 164
　　　（7）方角の強さ ……… 164

　3　ナヴァムシャチャート ……… 167

　　　　（1）ナヴァムシャチャートの計算方法 ……… 168
　　　　（2）ナヴァムシャ配置表 ……… 168
　　4　分割図のケーススタディ ……… 170

IX　予測技法 177

　　1　良いチャートとはどのようなものか ……… 178
　　2　PACDARES システム ……… 180
　　3　リーディングの手順 ……… 183
　　　　（1）リーディングの 10 ステップ ……… 183
　　　　（2）リーディングの手順の解説 ……… 184
　　4　リーディングの基本法則 ……… 187
　　　　（1）確認事項 ……… 187
　　　　（2）技法に優先順位をつけ適切な取捨選択を行う ……… 188

X　ダシャーの基礎 193

　　1　ダシャー ……… 194
　　2　ダシャーの種類 ……… 195
　　　　（1）ヴィムショッタリダシャー ……… 195
　　　　（2）ヴィムショッタリダシャーの期間 ……… 196
　　　　（3）ヴィムショッタリダシャーの始まり ……… 197
　　　　（4）ヴィムショッタリダシャーの期間計算 ……… 197
　　　　（5）ヴィムショッタリダシャーでの予測方法 ……… 200
　　　　（6）ヴィムショッタリダシャーの基本的な解釈方法 ……… 201
　　3　ヨーギニダシャー ……… 203
　　4　ダシャーの見方 ……… 205
　　5　ナクシャトラ ……… 209
　　　　（1）ナクシャトラと星座の対応 ……… 209

（2）ナクシャトラで見ていくもの ……… 212

XI トランジットとアシュタカヴァルガ　213

1 トランジット ……… 214
　（1）トランジットとハウス ……… 214
2 木星と土星のダブルトランジット ……… 217
3 アシュタカヴァルガ ……… 220
　（1）惑星アシュタカヴァルガのビンドゥ ……… 221
　（2）各惑星のアシュタカヴァルガの吉ポイント表 ……… 222

XII テーマ別ケーススタディ　235

1 恋愛運・結婚運 ……… 236
2 職業運 ……… 246
　（1）職業選択の基本的考え方 ……… 247
　（2）職業とチャートの特徴 ……… 249
3 健康運 ……… 260
　（1）サイン、惑星、ハウスと人体部位 ……… 260
　（2）条件 ……… 261
　（3）発病時期 ……… 262
4 家族運 ……… 269
5 金運 ……… 277
6 実業家・会社運 ……… 279
7 投資運・ギャンブル運 ……… 291
8 著名人の人生 ……… 293

XIII インド占星術の応用分野

1 プラシュナ ……… 316
 （1）プラシュナの見方 ………… 316
 （2）プラシュナによる占断別の着目点 ………… 318

2 イベントチャート ……… 325

3 マンデーン ……… 334
 （1）インド占星術におけるマンデーンの研究 ………… 334
 （2）マンデーンにおける問題点 ………… 336
 （3）魚座新月図 ………… 336
 （4）建国チャート ………… 342

4 ムフルタ ……… 352
 （1）インドでは盛んなムフルタ ………… 352
 （2）ムフルタの考え方 ………… 352

コラム

命理は開運法に勝る ～ムフルタに見る事例～ ………… 54
減衰惑星と宿命への挑戦 ～徹底した努力の価値～（前編）………… 74
減衰惑星と宿命への挑戦 ～徹底した努力の価値～（後編）………… 92
占術および占星術における一般教養と常識の重要性（前編）………… 156
占術および占星術における一般教養と常識の重要性（後編）………… 176
医療占星術の健全な発展と可能性（前編）………… 192
医療占星術の健全な発展と可能性（後編）………… 234

巻末資料 ……… 360

おわりに ……… 385

著者紹介 ……… 388

I　インド占星術の特徴

1 古代から伝わるインド独自の天空分割システム

(1) サイデリアルシステムの伝統

　インド占星術と西洋占星術に共通する12星座という天空分割システムが成立したのは、紀元前500年前後のメソポタミアといわれています。この最初に登場した12星座は、黄道近くに存在する恒星を目印とした星座の分割方式で、この分割方式による12星座を「サイデリアル12星座」といいます。サイデリアル12星座は、黄道上に実在する星座です。実際の夜空を見上げた時、我々は実在の牡羊座や双子座を確認します。しかしこの黄道上の星座は、必ずしも30度区分には収まっていません。占星術で実際に使用するホロスコープは、30度ずつに区切られた12サインを使って、「金星が天秤座の5度にある」と表現しています。

　古代世界において、アレキサンダー大王という英雄が歴史に登場します。紀元前4世紀後半、インド北西部からメソポタミア、ギリシャ、エジプトまでの広大な領域が、マケドニアのアレキサンダー大王によって統一されました。そのため東西文化の活発な交流が生じます。ギリシャからインド北部までを征服したアレキサンダー大王の死後も、ギリシャを中心としたヘレニズム文化はメソポタミアのパルティア王国にも受け継がれ、226年にパルティア王国がササン朝ペルシャ王国によって滅ぼされた後も、インド・メソポタミア・ヘレニズムの交流は続きます。占星術も例外ではなく、メソポタミア起源の占星術がやがてギリシャの天文学と結びつきました。その結果として古代ギリシャに、サイデリアル12星座とホールサイン（星座＝ハウス）によるギリシャ占星術が成立しました。

その後、ギリシャ占星術は紀元前160年頃にヒッパルコスによって春分点の後退運動が発見されます。ヒッパルコスは太陽が真東から出る時の背後の星座が、長い年月の中で実は移動しているということを発見します。それから後、春分点を牡羊座の0度として毎年調整する「トロピカル12星座」という概念が登場することになります。太陽が真東から上昇する方向、すなわち春分点を基点として、黄道上を12等分割したものです。これが現代の西洋占星術で使用されている星座の方式です。

しかしインド占星術では、古代ギリシャ占星術が成立して、それがインドに伝わった時に採用していたサイデリアル12星座という天空分割システムを現在でも使用していいます。つまり、ヒッパルコス以前に使われていたサイデリアル12星座とホールサインの古代ギリシャ占星術のシステムの伝統をきちんと守って今日に至っています。

（2）インド起源の27ナクシャトラ

インド占星術を論じる時、もう一つ「27ナクシャトラ」という概念を忘れてはなりません。これは古代インドにおいて独自に発達したもので、月の運行を基準とした27ナクシャトラという天空分割システムに基づく占術があります。俗に「月の星宿(せいしゅく)」と呼ばれています。これが中国に伝わり、陰陽五行や干支学などの影響を受けて、やがて弘法大師空海他の人達により日本に伝えられて「宿曜経(しゅくようきょう)」となります。つまり宿曜占星術とは、インド占星術の1分野であるナクシャトラ占星術が中国化し、それが日本に伝えられたものです。ただし、宿曜経とナクシャトラでは星宿の計算方法が違いますので、宿曜経はインド占星術の一部の変形ではあっても、インド占星術そのものではありません。

インド占星術では通常は27ナクシャトラを採用していますが、インド占星術は、このインド起源の27ナクシャトラの概念とインドに伝わったギリシャ占星術という古代占星術のシステムが時間をかけてゆっくり

と統合・発展することによって生まれました。いわば、ギリシャ占星術とは異母兄弟の関係にありますが、西洋占星術とは明らかに異なるインド独自の占星術として発展してきたものです。

27ナクシャトラは、地球から見た太陽の軌道である黄道に対して、月が1周するのに約27日かかる白道（天空上の月の通り道）を27等分したのが始まりです。

27ナクシャトラは、インドで発達したインド占星術独自の占星術概念といえるでしょう。このインドで独自に発達した月の27日サイクルと似た天空分割システムが、インド以外にも存在していますが、27ナクシャトラとは異なる概念です。つまり、月が黄道を1周するのに27日と7時間43分かかるので、27ではなく、28に天空を分割することも、それほど不自然ではありません。

例えば、古代中国には、「二十八星宿」という天空分割システムが存在しています。しかし、この二十八星宿という天空分割システムは、黄道を不均等に28分割する方式です。したがって、それはインド占星術の27ナクシャトラのシステムとは根本的な部分が異なる、中国独自の天空分割システムといえるでしょう。

（3）ホロスコープ

ホロスコープとは占う瞬間の天体配置をある法則によって記したチャートのことをいいます。

まずプラネタリウムを想像してみましょう。ドーム型のスクリーンに投影機などで、任意の日時と場所の星空を再現させます。その投影されたスクリーンを、太陽の通り道である黄道を軸として上下約18度の幅で切り取ります。その18度の幅で地球を360度取り囲んだ帯を、動物の名前をつけた星座が多いところから「獣帯」と呼びます。その範囲に存在する12の星座を黄道12星座として定義しています。

この12星座を背景にして太陽系内の天体を配置し、天文学的特異点などを求め、それらの位置関係を天井から写し取ったものがホロスコープとなります。

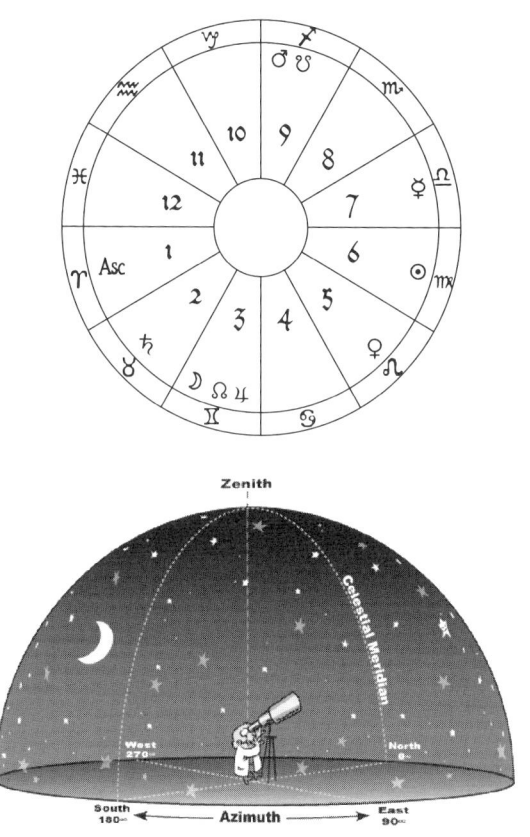

天空図とホロスコープ

　インド占星術で使われる12星座は、西洋占星術と同じ牡羊座、牡牛座、双子座、蟹座、獅子座、乙女座、天秤座、蠍座、射手座、山羊座、水瓶座、魚座となります。

惑星は、太陽、月、火星、水星、木星、金星、土星までで、天王星や海王星、冥王星は通常使われることはありません。

　その他に、インド占星術で使われる天文学的特異点として、アセンダント（ASC）とラーフにケートゥの三つがあります。

（4）ホロスコープにおける天文学的特異点

　インド占星術で使われる主な天文学的特異点としてASCとラーフにケートゥがあります。

　ASCとは東の地平線をそのまま天空に延長し、12星座と交差するポイントのことです。インド占星術では、12星座の境界と12ハウスの境界を一致させた「ホールサイン」というハウスシステムを使用しますから、東の地平線を上昇する星座はそのまま12ハウスの起点となる1ハウス（第1室）となります。ASCの位置する星座は1ハウスと呼ばれ、その人自身を象徴するものであり、その人の容姿、性格、気質、健康状態、一般的幸福度などを表現するハウスとなります。

　ラーフとケートゥは西洋占星術ではそれぞれ、ドラゴンヘッドとドラゴンテイル、もしくはノースノードとサウスノードと呼ばれます。ラーフとケートゥは地球と月の軌道の交点になります。

 # インド占星術の理論的基礎となるヴェーダ哲学

(1) インド占星術における「宿命」とは何か

　占星術はメソポタミアから出発・発達したものですから、その元は一つです（この他にエジプト起源の占星術もありますが、古代ギリシャ占星術の中に統合されました）。しかし、インド占星術と西洋占星術の間には同じ惑星の運行の影響を受ける占星術であってもその運命観には大きな違いがあります。

　西洋占星術では、金星が木星とトラインを組む時に生まれたら幸運な人生を送ると解釈し、星の運行の状態を重要視します。インド占星術でも金星と木星の絡みが吉兆であることは同じです。

　しかし、それではなぜその人はそのような天体の配置の時に、特定の場所に特定の両親の下に生まれたのかを重要視します。インド占星術的に考える時、誕生時間や生誕地は決して偶然ではありません。

　占星術では最初に説明した恒星や衛星、惑星などを特に断りのないかぎり、まとめて惑星と表記して使います。これらの惑星、天文学的特異点、占星術的特異点に対して生じる特異現象によって、なぜ人の運命が読み取れるのでしょうか。

　この世に生まれた人は日々行っている善悪の行為の記憶を、潜在意識の深い部分に種子として蓄積します。この個人の潜在意識の深い部分に蓄積された記憶の種子は、肉体と顕在意識を失った死後もデータとして保存され、そのデータの特性によって次の人生の環境を選択し、次の生の身体を形成していきます。

　宇宙の恒星はプラスとマイナスのエネルギーを放射しています。その

放射するエネルギーは太陽系内の惑星によって受信され、惑星の特性により変調されます。そして再度惑星から宇宙空間に放射されます。

その結果、恒星の放射するエネルギーのタイプと強さは、太陽系内では惑星の天体配置とその運行によって変化し続けることになります。この恒星と惑星の放射するエネルギーの状態は、地球では大地との天空の位置関係によってさらに影響を受け、人はこのエネルギーを潜在意識で受け取ることになります。

受け取ったエネルギーは、潜在意識に種子として保存されていた前生（ぜんしょう）の善悪の行為の記憶にスポットを当てます。その記憶の種類は、受け取ったエネルギーのタイプと強さによって選択され、潜在意識の欲求が、顕在意識の心・言葉・行動の三つの行いを決定することになります。

これらの行いは、結果として現実世界において、幸運な結果や不幸な結果を経験させるということになります。

（2）ヴェーダ哲学におけるカルマ

それでは人の運命は決まっているのか？　変えられないのか？　という思いを持つ方がいるかもしれません。

ここでは「ヴェーダ」というインド哲学からその回答を示します。

前項で述べた善悪の行為は「カルマ」と呼ばれます。カルマは、仏典などの漢訳では「業（ごう）」と訳されていますが、サンスクリット語から直訳すると「行為」、あるいは行為の結果として蓄積される「宿命」と訳すことができます。そして、カルマの法則とは、「過去（世）においてなした行為は、良い行為にせよ、悪い行為にせよ、いずれ必ず自分に返ってくる」という因果応報の法則のことです。

カルマには次の四つの要素があります。

> ① **サンチッタカルマ**：過去世において行った行為の結果が蓄積
>   されたすべてのカルマ
> ② **プララブダカルマ**：サンチッタカルマの一部で、現在の生で
>   経験するカルマ
> ③ **クリヤマナカルマ**：自由意志で行動しようとするカルマ
> ④ **アーガミカルマ**　：未来において行動を起こそうと計画する
>   カルマ

　サンチッタカルマは、その人が過去世で積んできたカルマのうち、人間として積んだカルマだけを指します。したがって、動物だった過去世とか、神だった過去世で積んだカルマなどは含まれません。

　サンチッタカルマは、さらに二つのパートに分かれます。一つ目はプララブダカルマで、これには良いカルマと悪いカルマ、良くも悪くもないカルマが存在します。良いカルマの果報として、人生での達成・成功や楽しみを経験し、悪いカルマの果報として、人生での挫折・失敗や悲しみを経験し、良くも悪くもないカルマの果報としては、人生での平凡な経験をすることになります。二つ目は、過去世での経験を因とする動機です。ある人が今まで全く興味がなかったことを突然始めることなどはこのような動機の結果ということです。

　プララブダカルマの中には肯定的なものと否定的なものがあり、私たちはそれにより苦楽を受けます。例えば、懸賞によく当たるとか、自分に過失がない追突事故などはプララブタカルマになります。

　クリヤマナカルマについてですが、自分の意志で自由に作れるカルマ、または避けることのできるカルマを指します。この限られた範囲内でのみ人は自由な行動を取ることができます。　前述の事故の例でいえば、事故をできるだけ防ぐ、あるいは最小限に抑える対策を用意することは

可能です。

　インド占星術は基本的に宿命論の立場を取っていますが、完全宿命論ではありません。このクリヤマナカルマの領域では、人は自由意志によって行動することができますが、その領域はサンチッタカルマと比べると、ごく一部しかないといわれています。クリヤマナカルマについては以下のような結果の現れ方があるとされています。

```
① 純粋な動機と素晴らしい結果
② 不順な動機と素晴らしくない結果
③ 即座に現れる結果
④ 遅れて現れる結果
⑤ 現世的な結果
⑥ 精神的な結果
```

　インド占星術は、この自由意志で作れるカルマを最大限有効に活用するために使われてきました。本場インドでは、インド占星術はカルマを見るための目であるといわれています。カルマを見ることによって、この苦しみ多き輪廻(りんね)の世界から脱却することの必要性を理解することが、その究極の目的とされています。

　具体的には、その人にどのようなカルマが蓄積されており、そのカルマがいつどのような形で発現するのかを予測することが可能ならば、次に何をすればよいのか、それをいつ実行すればよいのか、というように具体的に行動することができます。また、その方法（処方箋(せん)）も、ヴェーダには示唆されています。

　例えば、神に祈り惑星の凶暴さを宥(なだ)めるために有効なマントラ（真言）

を毎朝唱え続けることが挙げられます。マントラを唱え瞑想を続けることは宗教的な行(ぎょう)を行うことにつながります。エゴや欲望を増大させないように気をつけながらマントラを唱えることでカルマを少しずつ改善していくことができるとされています。

　もし、ある人が人生において同じような事柄で何度も苦しむとしたら、それはカルマが原因です。人は何かに苦しむ時、その原因を理解できると、苦しみは減ります。自己のカルマを知り、それを受け入れることは宿命による束縛ではありません。

　受け入れることにより初めて人の魂は成熟します。その魂の成熟度が高まれば、相対的に苦しみは減ります。

　そのように心が成熟した状態になった時、人は自らの強みや長所を最大限に活かす努力をすることができるようになります。

　カルマを消滅させる最も早い方法は、まずそのカルマを認め、受け入れることです。そしてインド占星術はそのカルマを見る手段となります。

（3）カルマと自由意志と努力の価値

　カルマというと人生における努力は無駄なのかと思う人がいます。それでは夢も希望もないではないか、と反論されそうです。しかし、そうではありません。

　まず、我々がカルマという時、そこには良きカルマと悪しきカルマの両方があることを忘れてはなりません。

　自らが持って生まれた「良きカルマ」を最大限活かし、「悪しきカルマ」を極力抑制することが我々が心がけ努力するべきことなのです。努力が人生や開運にとって一番重要な事柄であることはインド占星術といえども同じです。ただし、努力にはその方向性とタイミングを選ぶことが大切です。

　インド占星術はその人のカルマに基づいて、人生において努力するべ

き方向と時期を教えてくれます。しかし、人は自らのカルマをなかなか認め受け入れようとはしません。それは一種の我執・執着です

　しかし、よく考えてみてください。人生には常に明暗が共にあります。それは車の両輪です。真剣に人生を直視すればそのことに気づくはずです。ポジティブシンキングは前向きな態度でよいと思いますが、同時に予想される困難にいかに備えるかも重要です。

　甘い人生認識では、必死の努力、困難に耐える力、危機時に冷静に対処する力は持てません。それらは人生にとって大切な精神価値です。棚からぼた餅を期待するような生き方で成功がもたらされることはありません。

　夢や希望は努力すれば実現可能な範囲内で持つべきです。それを超えた願望は、単なる憧れであり妄想にすぎません。

　土塊(どかい)で生まれてきた人は真珠になることはできません。真珠で生まれてきた人はいくら羨んでもダイヤモンドで生まれてきた人の華やかさは出せません。しかし、ダイヤモンドには真珠の渋さは出せません。真珠は土塊のような実用性は持ちえません。努力するとは、土塊・真珠・ダイヤモンドがそれぞれの良さに磨きをかけてその魅力を最大限に発揮できるようすることです。

　他者を羨んで猿真似をすることではありません。これこそその人でしかできないオンリーワンの本当の個性の活かし方です。

(4) カルマをポジティブに考えよう

　宿命を説くのはインド占星術だけのものではありません。四柱推命や紫微斗数(しびとすう)をはじめとする命理系の占いは、人間には宿命があることを前提とする占術です。しかしその中にあって、インド占星術はヴェーダ思想が説くカルマを真正面に据えてそれから目をそらしません。

　インド占星術は、深いレベルの霊的現実を直視する占いです。それだ

けにある面、とても厳しいものがあります。カルマとは幾世代にわたる過去世からの行為の蓄積と結果のことをいいます。善因善果、因果応報(ぜんいんぜんか)の思想がこれほど徹底している占術は他にないと思われます。

　人間の運命はカルマによってすべて決まっているといわれると、誰もがそれに対して心理的抵抗感を抱くでしょう。しかし、それは先天的に、遺伝子的に決定されている体質や、病気しやすい体質と同じと考えれば納得もいくし対策も立ちます。

　糖尿病になりやすい遺伝子というものがあります。癌そのものは遺伝しないけれども癌になりやすい体質は遺伝します。血圧の高くなる体質も遺伝します。精神病の家系というものも不幸にしてあります。力士やプロスポーツ選手の子供は体格も良いし運動神経も発達している場合が多いです。

　これらは肉体的・健康的に与えられた宿命＝カルマといえます。生まれつきの能力より幼児の環境こそ大事なのだという学説もあります。「門前の小僧習わぬ経を読む」といって、才能に幼児の環境が大事なことは事実です。しかし、寺や歌舞伎、音楽家の家庭で生まれ育ったこと自体がカルマであることを忘れるべきでありません。

　糖尿病になりやすい体質を持って生まれたからといって、成人後に発病するとは限りません。食事、運動、ストレス、睡眠などのコントロールがうまくいく生活をすれば、先天的体質は変わらなくても発病しなくて済むかもしれません。その逆に、糖尿病の遺伝子がなくても暴飲暴食、偏った食事、激しいストレス、運動不足の生活を続ければ、発病します。

　インド占星術では、未来を予測する時に、前世から引き継いだカルマを扱うと同時に、現世(げんせ)で積んだカルマも重要な要素として判断材料に入れます。「現世で積む功徳(くどく)」、これほど開運にとって大切なことはありません。どんな宗教や風水より勝る開運法です。

　カルマというと暗い宿命的なものと思い込むのは間違いです。カルマには悪いカルマと良いカルマがあることを忘れてはいけません。

小学校5年〜6年の時に、たいして勉強も努力もしないのにできる科目というのが誰にもあります。それがその人の適性だという教育心理学の説もあります。そうであるならば、その適性＝良きカルマが活きるように、それで飯が食えるようになるまで徹底的にその道で努力すればよいのです。悪いカルマなど気にすることはありません。良きカルマを活かして自己実現ができてくれば悪い要素は自然にその中に吸収されます。

　それがカルマに立脚した努力であり、その人の最大限の可能性を実現させる道です。カルマに対してもっとポジティブに明るく考えてよいと思います。

 # インド占星術の考え方と分野

　インド占星術(「Hindu Astrology」または「Vedic Astrology」)はヴェーダ思想の流れをくむ世界最古の占星術です。
　インド占星術は、人の輪廻転生を前提としています。人には過去世でなした善悪の行為の結果として蓄積されたカルマが存在すると考えます。それがこの人生に、どのように影響を及ぼしているかを読みとっていきます。
　インド占星術はその高い予言能力のために、それを学ぶ人はまず高い精神性や道徳性が求められます。なぜなら、占いは常に人の幸福のために善用されるべきものであるからです。志の低い人間にインド占星術という武器を与えて悪用されることを何より恐れるからです。インド占星術は利益優先、御利益第一のエゴイストの参入を何よりも嫌います。
　インド占星術は自らを「Astrology is a Divine Science」と定義します。すなわち、占星術は神の科学なのです。しからば科学とはどういうことかを考えてみましょう。
　科学は因果関係（Cause & Results）がはっきりしていること、そしてその因果関係は同じ条件の下でならば繰り返しが可能（Replicale）であることがその条件です。
　さらにいうならば、ここまでなら物理学をはじめとする自然科学もみな同じです。そして科学は通常、繰り返しが可能と証明しやすい目に見える（Visible）事柄のみを対象としています。
　しかし占星術は、結婚や仕事、健康など目に見えることも対象としますが、同時にカルマや因縁のような目に見えない（Invisible）事柄も対象にします。そういう目に見えない分野の因果律も明らかにします。だ

からこそ「占星術は神の科学 (Astrology is a Divine Science)」なのです。

　確かに、インド占星術は論理的思考と緻密な分析をする半面、単なる予測の技術ではない、けっして軽薄ではない深いレベルのスピリチュアルな側面があります。占星術を学ぶ者は「神の科学」にふさわしい生き方と、批判に耐えうるだけの研究をして検証を進めていかなければなりません。

　本書はそのための第一歩にすぎません。一生かかっての勉強、否、三世にわたる勉強が必要です。私も修行中の一介の凡夫にすぎません。

II　インド占星術の四つの分野

 # インド占星術の流れ

　インド占星術にはいくつか大きな流れがあります。その中心となっているのは「パラーシャラ占星術」です。
　その他に、ジャイミニ占星術、タジムシステム、ナディ占星術などがあります。
　本書ではパラーシャラ方式を中心に記述し、ジャイミニ方式についてはその一部のみを扱います。
　インド占星術の分野には以下のように大きく四つの分野があります。

1	ジャータカ（ネイタル）	職業、健康、恋愛、結婚など個人の宿命、運勢、努力の方向を見る。
2	サンヒター（マンデーン）	天候、疾病、戦争、飢饉、干ばつなどの社会経済現象を予測する。
3	プラシュナ（ホラリー）	相談された時の時間・場所を元に、チャートを作って吉凶を判断する。
4	ムフルタ（エレクション）	開業、医療、結婚、契約などの重要なイベントのタイミングの吉凶を見る。

　まず個人の運勢を読むジャータカが基本となります。実際に鑑定依頼が多いのもジャータカの分野です。
　本書でも、前半のかなりの部分は基本となる、ジャータカ（ネイタル）のリーディング方法を重点的に書いています。その上で、後半部分でマンデーン、プラシュナ、ムフルタについても紹介しています。

 ジャータカから読み取れること

(1) リーディングの内容

　インド占星術のジャータカ（ネイタル）では、あなたが人生で知りたいことのほとんどの事象について正確に読み取ることができます。
　まず、ラーシチャートを読むことによって、つまりサインや惑星、ハウスのそれぞれの配置を読むことによって、以下の事柄についての具体的内容を正確に把握できます。

1	自分自身	性格、先天的運・不運、素質、家族、先祖
2	人間関係	職場、友人、親子、兄弟姉妹、親戚
3	金運	金銭運、投資運、土地・不動産運、遺産運
4	競争力	学業・試験運、才能の傾向、知識の習得、社会進出力
5	仕事	天職、適性、就職の時期、転職、商才の有無
6	健康・病気	罹りやすい病気、潜伏・発病・治癒のタイミング
7	恋愛・結婚	出会い、相性、結婚、出産、別離・離婚
8	霊性	精神性、宗教性、思想性、信仰心、宗教的指導者の運

(2) リーディングの進め方

　ラーシチャートの持つ上記のそれぞれの事柄に関して、本人が良きカルマ、あるいは好ましくないカルマを持っているかを判断します。
　次に、ダシャーやトランジットの予測技法を用いることによって、そ

れらの事象の吉凶が人生のいつ頃現象化するかを見ていくことができます。

リーディングで押さえておくべきポイントとして、まず「静的分析」があります。例えば、サインの特徴、ASC の位置、太陽の位置、月のナクシャトラの位置、惑星の位置と支配、ハウス支配、コンビネーション、諸々のヨガなど、インド占星術の基本要素の組み合わせをまず分析していきます。

インド占星術家で後輩の指導に熱心な K.N ラオ先生は以下のような「PACDARES」を通じての分析を提唱しています。

PACDARES とは以下の略語の頭文字を取って並べたものです。

P	Position	ポジション
A	Aspect	アスペクト
C	Conjunction	コンジャンクション
D	Dhana Yoga	ダーナヨガ
A	Arishta Yoga	アリシュタヨガ
R	Raja Yoga	ラージャヨガ
E	Exchange	エクスチェンジ(星座交換)
S	Special	スペシャル(特徴のあるヨガ、占星術的特徴など)

このポイントを順番に検討する練習を積み重ねていけば、論理的思考に慣れ、安定したリーディングができるようになるとラオ先生は『ラオ先生のやさしいインド占星術 入門編(原題:Learn Vedic Astrology easily)』(星雲社)の中で述べています。

いずれにしてもインド占星術の基本的事項の分析から入ります。

具体的な内容・方法については 180 頁で解説します。

次にこうして分析された惑星の吉凶が、人生のいつ頃現象化するかを

見ていきます。これを「動的分析」と呼びます。

　具体的には時期を予測するものとして、ダシャー、アニュアルチャート、トランジット、アシュタカヴァルガなどの技法があります。

中長期予測 ダシャーシステム	MD：マハーダシャー AD：アンタラダシャー
年度予測 アニュアルチャート	ソーラーリターン
短期予測 PAD	PAD：プラアンタラダシャー トランジット、トランジットアシュタカヴァルガ

3 インド占星術の個別的特徴

(1) 西洋占星術との比較において

　インド占星術は他の占星術に比べて予言能力が優れているといわれます。それは理論的に組み上げられた12ハウスシステム、サイデリアル12星座という固定された宇宙空間、ダシャーと呼ばれる惑星や星座を使った周期技法によります。

　もう一つの特徴は、生まれた瞬間のホロスコープ以外に分割図と呼ばれるチャートを、テーマごとに活用することです。インド占星術を本格的に取り組むようになってくると、どうしても多くのチャートを使用することになるため、占星術のコンピュータソフトが必要になってきます。欧米では90年代に入ってからインド占星術が盛んになってきましたが、これは占星術ソフトの充実とも関係しているでしょう。

　ここではインド占星術の特徴を説明するのに、必ずしも西洋占星術と比較する必要はありません。ですが、我が国における占星術の普及度からいったら、インド占星術よりも西洋占星術の方がはるかに普及しています。中には占星術といったら西洋占星術しかないと思い込んでいる人もいます。そういう人にもインド占星術の特徴を理解してもらうとしたら西洋占星術との違いを比較するのが、一番わかりやすいし近道です。そのことによってインド占星術の特徴を明確に理解できるようになります。

　ただし、一口に西洋占星術といっても、インド占星術同様、いろいろ異なった体系を持っています。ここで比較の対象としているのは、インド占星術ではパラーシャラ系のインド占星術であり、西洋占星術はアラ

ン・レオ以降のモダン正統の西洋占星術で比較しています。マイクロゾディアック、ウラニアン、サビアンなどは比較対象としていません。

さらに古典西洋占星術となるとまた話は別で、外惑星を用いない、惑星の品位の重視、ハウス間のアスペクトなどインド占星術との共通点が若干あります。プトレマイオスの原著まで遡ると惑星やハウスの象意もよく似てきます。

インド占星術のもともとの由来の半分はギリシャの古典占星術からきていますから、ある程度、似たような面を持っていてもおかしくありません。それが歴史的変遷を経て段々に異なった占星術になったものと思われます。

このような定義でインド占星術と西洋占星術を比較すると以下のような表にまとめられます。

	インド占星術	西洋占星術
星座システム	サイデリアル方式	トロピカル方式
使用する惑星	太陽、月、火星、水星、木星、金星、土星	太陽、月、火星、水星、木星、金星、土星、天王星、海王星、冥王星
天文学的特異点	ASC、ラーフ、ケートゥ	ASC、ドラゴンヘッド、ドラゴンテイル、MC、IC
ホロスコープ	四角形、時計回り	円形、反時計回り
補助ホロスコープ	分割図	リターン図、調波図
重要視する惑星	月	太陽
リーディングのポイント	ハウスを重視	惑星同士のアスペクトを重視
アスペクト	ハウス間でとる	惑星の度数でとる
予測技法	ダシャー、トランジット、アシュタカヴァルガ、ヴァルシャハラ	トランジット、ハーフサム、ソーラーリターン
精神文化との関係性	ヴェーダ思想と一体化	キリスト教と対立

インド占星術と西洋占星術の違い

1. 星座システムとしてインド占星術ではサイデリアル方式、西洋占星術ではトロピカル方式を採用しています。サイデリアル方式とトロピカル方式の違いについては40頁で詳しく説明します。

2. インド占星術では外惑星は使用しません。インド占星術が成立した時代はまだ外惑星は発見されていない時代でした。インド占星術は古代のシステムがそのまま根づいています。少数のインド占星術家の中には、在住惑星としてのみ外惑星を使用する人もいます。しかし、支配星として使用することはありません。

3. ホロスコープ（チャート）はインド占星術では、四角形でアセンダント（ASC）から時計回りで星座を回り、ハウスの数を決めていきます。西洋占星術では、かつては四角いチャートを使用していましたが、アラン・レオ以降、円形チャートに切り替わりました。

4. 30度で構成されるラーシチャートを特定の数値で割って、30度以下の小さい度数で1ハウスを構成する「分割図」を作ります。ラーシチャートで示す内容をより具体的に絞り込んで見ていく時に使用します。ドレッカナ（第3分割図）とナヴァムシャ（第9分割図）、シャスティンシャ（第60分割図）は重要な分割図です。このうち、ナヴァムシャはラーシチャート（ネイタルチャート）にほぼ匹敵する位重要です。西洋占星術にはもともと分割図は存在しません。ジョン・アディーによって提唱されたハーモニクスはインド占星術のナヴァムシャの概念からヒントを得て近代になって開発されたもので、計算の仕方も見方もインド占星術とは全く異なり、また、未完成の段階です。

5. インド占星術では吉星、凶星の区分が西洋占星術と少し異なります。また、生来的吉星／凶星の他に、機能的吉星／凶星の区分があります。インド占星術では太陽は弱い凶星の扱いになります。

6 インド占星術で使われる主な天文学的特異点として ASC にラーフとケートゥがあります。ASC とは東の地平線をそのまま天空に延長し、12星座と交差するポイントのことです。インド占星術では、12星座の境界と12ハウスの境界を一致させた「ホールサイン」というハウスシステムを使用しますから、東の地平線を上昇する星座はそのまま12ハウスの起点となる1ハウスとなります。ASC の位置する星座は1ハウスと呼ばれ、その人自身を象徴するものであり、その人の容姿、性格、気質、健康状態、一般的幸福度などを表現するハウスとなります。ラーフとケートゥは西洋占星術ではそれぞれ、ドラゴンヘッドとドラゴンテイルもしくはノースノードとサウスノードと呼ばれます。ラーフとケートゥは地球と月の軌道の交点になります。

7 インド占星術のリーディングの際、最も重要視するのはハウスです。ホーサインシステムをとるインド占星術では、サインとハウスが一致するので、ハウスシステムがそれだけ強く機能します。

8 インド占星術では、西洋占星術に比べて、月の働きを重要視します。時間不明の場合、その代わりに月ラグナで見たり、ダシャーシステムの計算の基準になったりしています。あるいは、インドオリジナルの占いであるナクシャトラ（月の星宿）を日取り選定や相性などに活用します。

9 天球上の月の通り道である白道が、天球上の太陽の通り道である黄道に対して約5度傾斜しています。この黄道と白道の交差するポイントは2点あって、これらのうち月が南から北へ黄道を横切る点がラーフで、月が北から南へ黄道を横切る点がケートゥとなります。ラーフとケートゥは常に180度離れた対向関係になっていますので、チャートもお互いに対向の星座の同じ度数に位置しています。ラーフとケートゥの占星術における導入時期はインド占星術の方が西洋占星術よりもだいぶ古く、その位置づけもずっと重要です。

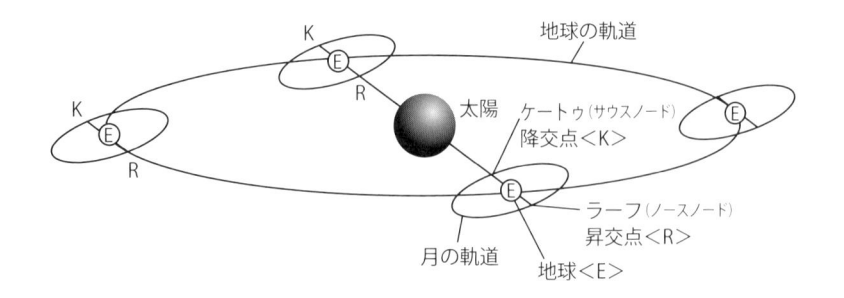

図中ラベル: 地球の軌道、K、E、R、太陽、ケートゥ(サウスノード) 降交点<K>、ラーフ(ノースノード) 昇交点<R>、月の軌道、地球<E>

(2) ラーフとケートゥの神話

　ラーフとケートゥの概念はインド独特のものです。ラーフとケートゥの概念を理解するにはラーフとケートゥの起源にまつわるインド神話を知ることが大切です。以下にその神話をご紹介します。

　　その昔、天界には不死の甘露といわれる水がありました。この水は「それを飲んだものは不死の生命を得ることができる」といわれ、天界の神々だけに飲むことが許されていました。
　　ある時、天界では、その水による神々の宴が催されていました。ところが、悪魔の竜がその宴にもぐりこんで、こっそりと水を飲んでいました。それを神々が発見しましたが、自分たちだけでは力不足であると悟りました。そこで神々は、根源的な神であるヴィシュヌ神に、竜が水を盗み飲みしたことを訴えることにしました。
　　神々の報告を受けたヴィシュヌ神は、その場で竜の胴体を頭と尻尾の二つに断ち切りました。ところが、不死の甘露である水を飲んでいた竜は死ぬことができず、ドラゴンヘッド（竜の頭）とドラゴンテイル（竜の尻尾）呼ばれるようになりました。

このラーフとケートゥは実星ではなく、感受点となります。インド占星術ではとても重要な天文学的特異点として活用されます。それは日蝕の時に太陽が隠れ、月蝕の時に月が隠れるという特異な現象においてこのラーフとケートゥが関係するからです。

♃ インド占星術のチャートの特徴

　西洋占星術ではASCを左側に置いて、12星座を反時計回りに配置しています。ASCは24時間で星座を1周しますから、チャート内の星座の位置は常に変化することになります。

　インド占星術では、北インド式、南インド式、東インド式と、大きく分けて3種類のチャートがあります。北インド式と東インド式は中央上部にASCを置き、反時計回りに12星座を配置します。

　南インド式はASCの位置を特定せず、12星座の配置を固定します。

　それぞれ一長一短がありますが、本書では最も使いやすい南インド式のチャートを使用します。

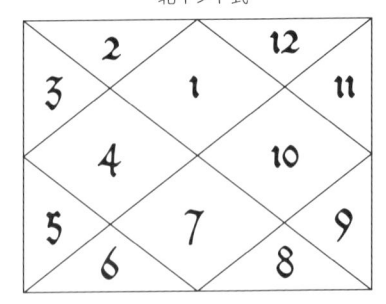

　南インド式は左上の角に魚座を配置し、時計回りに12星座を並べていきます。

　このチャートのメリットは、惑星の在住星座による吉凶や強弱の状態

を判断するのに優れること、惑星のアスペクトがわかりやすいこと、ラグナの位置を変えることがあってもチャートを書き換える必要がないことなどがあります。

　デメリットは、慣れるまでは昼と夜の区別や、惑星が何ハウスに在住しているかがわかりづらいことです。

5　インド占星術のハウスシステム

(1) トロピカル方式とサイデリアル方式

　インド占星術の歴史の所でも触れましたが、西洋占星術ではトロピカル方式を採用したことによって、実際の黄道12星座とズレていくようになりました。それで混同を避けるため「宮」という呼称を使っている占星術家もいます。
　よく雑誌の星座占いで採用されているのはこちらのトロピカル方式になります。よって、牡羊座生まれを例とした場合、3月21日から4月前半に生まれた人の太陽は黄道12星座では魚座の範囲となります。このズレはおよそ72年に1度ずつ後退していくので、約1万1千年後には春分点が黄道12星座の天秤座あたりにくるでしょう。
　インド占星術ではサイデリアル方式を採用しています。サイデリアル方式はある恒星を基準とし、牡羊座から魚座までの12星座にそれぞれ30度ずつを割り当てる方法です。
　この基準をどこに置くかはいくつか説がありますが、恒星が基準となっているので、トロピカル方式に比べると黄道12星座とのズレが小さくなります。そのメリットは空間が固定されますので、例えば特定の度数に対する影響とか、恒星そのものの影響を星座と連動して検討することができます。
　ここで押さえておくポイントは、黄道12星座とトロピカル12星座、サイデリアル12星座は全く別の区分方法であるということです。
　このような恒星そのものの影響を強く連動させたシステムの占星術は宇宙の在り方がそのままチャートに反映されやすくなります。つまり、

仏教の唯識思想でいうところの「阿頼耶識」と呼ばれる深いレベルの人間の心の深層部分が出やすくなります。

　ある人の阿頼耶識は、それが蔵している種子から対象世界に対して種々の事柄を現象化させる働きをします。また、そうして生じた諸現象の結果は、またその人の阿頼耶識に深い印象を与えて新たな種子を形成し、生滅を繰り返し持続します。これはまさにカルマの法則です。

　そのような意味においても、インド占星術はカルマがはっきりと出てくる占星術といえるでしょう。

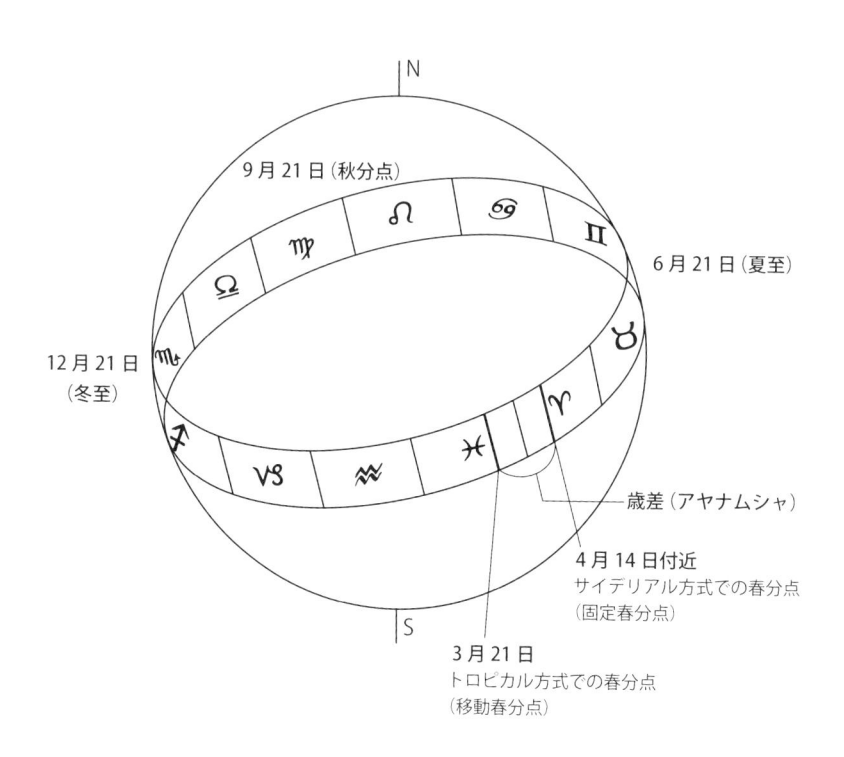

図中:
- N
- 9月21日（秋分点）
- 6月21日（夏至）
- 12月21日（冬至）
- 歳差（アヤナムシャ）
- 4月14日付近 サイデリアル方式での春分点（固定春分点）
- 3月21日 トロピカル方式での春分点（移動春分点）
- S

（2）歳差運動とアヤナムシャ

　歳差運動とアヤナムシャの概念はインド占星術の要になる考え方です。
　そもそもなぜ春分点が後退していくかというと、地球の自転軸がコマの首振り運動のような回転をしているために、春分点・秋分点が黄道に沿って少しずつ西向きに移動しているからです。これを「歳差」といいます。
　この歳差の周期は約2万5800年で、一つの星座を2150年かけて移動することになります。言い換えると、約2万5800年でサイデリアル方式とトロピカル方式の春分点の位置が一致することになります。
　よく占星術の世界で、「魚座の時代」とか「水瓶座の時代」といわれるのは、春分点が黄道12星座のどの位置を移動しているかをその根拠としています。その移動する春分点と、サイデリアル方式で基点とする恒星との差を「アヤナムシャ」といいます。
　アヤナムシャは、72年に1度ずつ広がっていきますが、それがぴったり重なっていた時期があるはずです。その時期をどこにするかという統一見解はありません。
　インドで最も広く受け入れられているその時期は紀元285年とされています。これはインド政府が公認しているラヒリのアヤナムシャです。インドの多くの占星術家がこれを採用しています。これに従うと、2000年1月1日のアヤナムシャは23度51分となっています。
　もし、ある人の西洋占星術におけるASCが蠍座の13度51分である場合、その人のインド占星術におけるASCは天秤座の20度にくることになります。つまり、23度51分ASCが前にズレます。
　その他にフェーガンの24度42分、クリシュナムルティの23度43分、ラーマンの22度22分などがあります。
　現在インド政府が公認しているのはラヒリのアヤナムシャであり、一般のインド占星術家はこの説に従ってチャートを作成するのが最も妥当

と思われます。

(3) サイデリアル方式によるチャート作成法

　ここでインド占星術のチャート作成法に簡単に触れておきましょう。現代では、チャートの作成計算はコンピュータがやってくれますが、占星術の構造をよく知るには一度は手計算をしてみることも大切です。
　チャートの手計算による作成法は以下の手順に従います。
　まずチャートを作成するには以下のデータが必要になります。

1 必要なデータと参考資料
　チャート作成に必要な基本データは、「生年月日時間」と「出生地」の二つです。
　それも戸籍に届けられた誕生日ではなく、実際に生まれた時間と場所のデータです。そしてそれを、①天文暦、②室項表、③地図帳を使用して具体的に調べていきます。
　天文暦の使用により各惑星の時間単位でその位置を知ることができます。室項表はASCやMC、その他ハウスの位置を決めるのに必要になります。
　実際に生まれた場所の緯度と経度は地図帳を見ることによって確認することができます。最近では優れた占星術のデータベースを見るとこれらをすぐに知ることができます。
　占星術の計算はグリニッジ標準時を基準にして計算をしますので、まず天文暦（エフェメリス）を参照しなければなりません。これを使用して世界標準時である毎日のグリニッジ正午の各惑星の位置や各惑星がどの星座を何日何時何分に移動するか、各惑星が1日にどの位の速度で動くのかを知ることができます。
　天文暦で有名なのは「ラファエルの天文暦」です。グリニッジ標準時

は天文暦では「GMT = Greenwich Mean Time」と表記されています。日本標準時は「JST(+0900) = Japan Standard Time」と表記され世界標準時より09時間00分時間が進んでいます。これを覚えておくと随分便利です。『日本占星天文暦』(実業之日本社)を使用すると修正時間をグリニッジ標準時に修正することなしにそのまま計算できます。

室項表(Tables of Houses)では、「Raphael's Tables of Houses for Northern Latitudes」が有名です。これを使用すると北半球の動きがわかります。

日本国内だけならこれで十分です。出生地が南半球の人を調べる場合は、北緯の表を元に計算方法をアレンジして算出します。

2 サイデリアル方式の作り方の手順

いったんトロピカル方式のチャート作成してからサイデリアル方式に変換するやり方で作成してみましょう。

全体の流れは以下の通りです。

① 出生データと出生地の確認をします
② 生年月日／出生時間をグリニッジタイムに修正します
③ 地方恒星時の計算をします
④ 出生時間から午前0時までの時間差を求めます
⑤ 時間差の加速度を求めます
⑥ 室項表を使用してハウス分割を行い、ASC、MC などの位置を計算します
⑦ ホロスコープ上での各ハウスカスプの星座と度数を確認します
⑧ それをサイデリアル方式に変換して ASC の位置を定めます
⑨ それに従って、サイデリアル方式で各ハウスに各惑星を書き込みます

ここでは日本版の天文暦（『日本占星天文暦』など）を使用した実際の例で計算してみましょう。日本版の天文暦とは、日本時間午前0時を基準として毎日の星の位置が載っているものを指します。

最近では占星術の本の巻末や占星術のデータベースで惑星位置のデータを入手することができます。

3 計算の具体例

> **作曲家 小室哲哉さんの例**
>
> 出生年月日／1958年11月27日
> 出生時刻／午後5時05分＝17：05
> 出生地（東京都）／139 E 46、35 N 42　明石市との時差は19分
> 出生時までの時間差／午前0時から17時05分までの経過時間
> 　　　　　　＝時＋分＝17＋（5÷60）＝17.88

下図の表に基づいて計算すると、地方恒星時は21時47分08秒となります。

	計算項目	時	分	秒
1	恒星時（1958年11月27日午前0時）	4	20	8
2	出生時刻（午後5時5分）	17	05	
3	明石市との時差（生誕地の経度－135）×4分		19	
4	時間の加速度（17.88÷60）×10秒		3	
5	合計	21	44	
6	地方恒星時	21	47	8

次頁から計算手順を説明します。

地方恒星時の計算

　恒星時とはサイデリアルタイムのことです。天文暦を見ると、生まれた年月日の所に恒星時による時分秒が載っています。その数字をまず確認します。その次に24時間換算した出生時刻を求めます。日本の標準時間はグリニッジタイムより9時間進んでいます。ですから、出生時間から9時間マイナスすればすぐに計算できます。

　日本の標準時間は兵庫県明石市になります。しかし、日本各地の実際の時間は明石市の日本標準時間とはズレがあります。したがって、日本の各地方の時間を計算するには、明石市の時間に対してどの位のズレがあるかを計算しなければなりません。この手続きが地方恒星時の計算です。地方恒星時（LST=Local Sidereal Time）を求めるには、明石市（日本時間の基準・東経135度）と何分の時差があるかを計算しなければなりません。明石市よりも東側にある場合はプラス、西側にある場合はマイナスになります。

　経度がわからない場合は、「全国主要都市の時差表」を見るとわかります。（暦、時差、占星術関連のサイトやデータベースから見ることができます）必ずしも日本全国の各都市が載っているとは限らないので、その場合は出生地に経度が最も近い都市のもので代用します。

　時間の加速度とは「その日の0時から生誕時間まで、恒星時がどれほど進んだか」を表す指標です。恒星時は時計時より10秒不足しています。このズレを修正するために、午前0時までの時間差に10秒を掛けた数値を求めます。地方恒星時の計算は合計した後、「時間」が24時間を超えた場合は、そこから24時間を引きます。

各惑星のハウスカスプの位置の計算

　生まれた場所に 緯度が最も近い所の室項表を選びます。その中から地方恒星時が最も近いものを探します。よくあるケースですが緯度ごとに分かれた室項表の本がない場合は、最も近い地方恒星時を探します。近い数字間で案分比で数値を求めます。そこから惑星の星座と度数を計算します。

　当日午前０時から出生時刻までに動いた時刻を計算します。生まれた当日午前０時の惑星の度数に、各惑星の１日に進行した度数を求め、それを生まれた当日午前０時の惑星の度数に足します。惑星が逆行する場合は、逆に引きます。

（例）金星の位置

例えば、当日午前０時の金星の位置が、翌日午前０時が
♀10°06′ならば、

1958年11月27日午前０時　　♀07°36′
1958年11月28日午前０時　　♀08°51′

7°36′+（8°51′－7°36′）×17.88÷24
= 7°36′+ 1°15′× 0.745
= 7°36′+ 0°55′
= 8°29′

トロピカル方式による ASC の位置の確認

　西洋占星術の円形チャートで1ハウスのハウスカスプの星座と度数を一番左側の位置に置き、2ハウス以下のハウスを反時計回りに記入していきます。

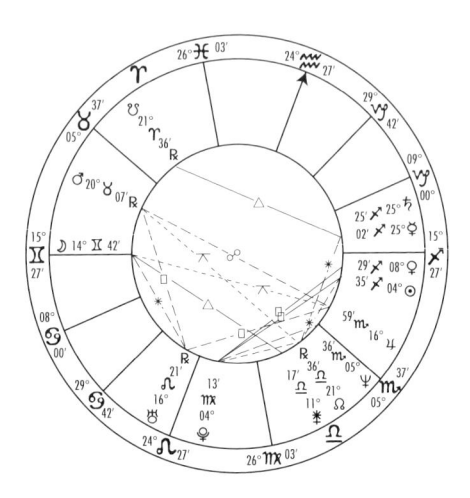

トロピカル方式からサイデリアル方式に切り替える

　ASC の位置を確認したらそれを毎年のアヤナムシャのズレに従って、星座および度数をサイデリアル方式の ASC の位置に変換します。

ASC15°27′→これを1958年11月27日のアヤナムシャに変換します
【トロピカル方式】→ ASC15°27′
　　　　　　　　23°17′1″＝1958.12.1現在のアヤナムシャ
【サイデリアル方式】→ 15°27′＋23°17′1″－30°＝8°44′
　　　　　　　　30°－8°44′＝ASC22°16′
（※コンピュータソフトの数字とは若干の誤差が出ます）

各惑星の位置を決める

ASC の位置が決まったら、サイデリアルエフェメリスを参照して、毎年のアヤナムシャのズレに従って各惑星の位置を決めます。

$$4°\,35' = 244°\,35' - 23°\,17'\,1'' = 211°\,17' = 11°\,17'$$
$$14°\,42' = 74°\,42' - 23°\,17'\,1'' = 51°\,25' = 21°\,25'$$

以下、同じ手続きで計算していきます。

Asc 22:09:41 Tau
☉   11:17:28 Sco
☽   21:25:03 Tau
♂R 26:50:06 Ari
☿   03:44:38 Sag
♃   23:41:35 Lib
♀C 15:12:05 Sco
♄   02:08:10 Sag
☊   28:08:56 Vir
☋   28:18:56 Pis

サイデリアル方式の惑星の位置と度数

☋ 28.08	♂R 26.50	☽ 21.25 Asc 22.09	
♄ 02.08 ☿ 03.44	☉ 11.17 ♀ 15.12	♃ 23.41	☊ 28.08

サイデリアル方式のチャート（南インド式）

※アヤナムシャについては巻末資料 381 頁を参照してください。

6 分割図

　インド占星術において分割図は重要な位置を占めます。
　インド占星術では通常 16 種類の分割図を使用します。
　ASC ラグナと月ラグナから見たラーシチャートと第 9 分割図であるナヴァムシャチャートの分析は、リーディングの際、特に重要視します。
　ラーシチャートから導く分割図の計算方法は、ジョン・アディーの西洋占星術のハーモニクスとは全く違います。分割図の意味するものも違い、もっと実際的具体的な内容を見ていくことができます。

主要分割図の名称とテーマ

	分割図	分割数	1分割の度数	主要なテーマ
1	ラーシチャート	1	30°	すべてのテーマ
2	ホーラチャート	2	15°	財運
3	ドレッカナチャート	3	10°	兄弟姉妹、健康
4	チャトゥルシャムシャチャート	4	07° 30′	財運、不動産運
5	シャプタムシャーチャート	7	04° 17′	子供運
6	ナヴァムシャチャート	9	03° 20′	全体運、結婚、晩年運
7	ダシャムシャチャート	10	03°	仕事運
8	ドゥヴァダシャムシャチャート	12	02° 30′	両親運
9	ショダシャムシャチャート	16	01° 52′	乗り物運
10	ヴィムシャムシャチャート	20	01° 30′	宗教性

分割図表

	分割数	1分割の度数	主要なテーマ
1	1	30°	すべてのテーマに使用
2	2	15°	財運について見る
3	3	10°	全体・兄弟姉妹運
4	4	07° 30′	財産や幸運について見る
5	7	04° 17′	全体・子供運
6	9	03° 20′	全体・結婚運、晩年運、霊性
7	10	03°	社会運、仕事運について見る
8	12	02° 30′	全体・両親運
9	16	01° 52′ 30″	乗り物運
10	20	01° 30′	精神性
11	24	01° 15′	知性
12	27	01° 06′ 40″	生来的な強さと弱さ
13	30	01° 00′	不幸
14	40	00° 45′	幸・不幸
15	45	00° 40′	全体
16	60	00° 30′	全体

　分割図は、ラーシチャートとは全く別個の異なるチャートとして扱い、かつ解釈します。それぞれの分割図で見ていくテーマは分割図表にまとめた通りです。

　リーディングの仕方としてはまずラーシチャートで全体の人生を見ていき、それを補うものとして上表の示す分割図のテーマごとに、分割図を補助的に使用します。

　分割図はラーシチャートの示す内容をより具体的に深めて見ていくもので、ラーシチャートを見ないで分割図だけを見るものではありません。

　また、ラーシチャートの示す結果と分割図の示す結果に矛盾はありま

せん。分割図はラーシチャートの示す傾向をより強調するか逆に緩和するかを見るために使用します。つまり、ラーシチャートの示す傾向の具体的な内容と程度が分割図によって明らかになります。

　例えば、ナヴァムシャ（第9分割図）は主に結婚運と晩年運を見る分割図です。

　もし、ラーシチャートで示す結婚運が良くないとして、ナヴァムシャが良い場合はどう解釈すればよいでしょうか。ラーシチャートの結婚運が悪い場合、中年までずっと未婚で異性とは縁のない人生を送るか、全く気の合わない相手と嫌々と暮らすか、あるいは結婚と離婚を繰り返す不幸な結婚生活を送るかなどのことが予想されます。

　しかし、人生の前半はそうであったとしても、ナヴァムシャが良ければ人生の後半は良い相手が見つかり、幸せな結婚生活に恵まれます。なぜなら、ナヴァムシャは「結婚」と同時に「物事の結果」や「人生の晩年」を見ていくからです。

　分割図はこのようにラーシチャートと併用して見ていきます。そうするとインド占星術ならではの細かい点まで具体的に指摘することができます。

7 ダシャーシステム

　インド占星術を特徴づけるのは、何といっても驚異的な予測結果を示すダシャー（運命サイクル）です。

　西洋占星術にはその時の運気を示すプログレスやトランジットはありますが、中長期的な運の動きを見るダシャーの概念はありません。ダシャーはきちんと読み取っていければ実に的中度の高い予測技法です。

　ダシャーは英語では「Age（年齢）」とか「Period（期間）」と訳されます。

　人生の特定期間が特定の惑星によって支配され、吉凶含めて大きく影響を与えられるものとなります。

　ダシャーには多くの種類がありますが、大きくナクシャトラダシャーとラーシダシャーに分けられます。

　ナクシャトラダシャーとはナクシャトラ（月の星宿）を期間計算の基礎とするものでヴィムショッタリダシャー、アショッタリダシャー、ヨーギニダシャーなどがその代表的なものです。

　ラーシダシャーは惑星が在住するラーシ（サイン）によって期間が決定されるもので、ジャイミニチャラダシャーが代表的なものです。

　この他に、特定のチャートの条件を満たした人だけに適用する条件つきのダシャー（Conditional Dasha）と呼ばれるものもあります。

　その数として約30といわれているダシャーのうち、最も使用頻度が高くかつ当たるといわれているのがヴィムショッタリダシャーです。本書でも195頁でヴィムショッタリダシャーの読み方を中心に解説をしていきます。

命理は開運法に勝る 〜ムフルタに見る事例〜

　インド占星術を始めとして、西洋占星術、四柱推命、紫微斗数などはその人の先天運を見て人生全般の傾向、努力の方向性、開運の時期などを示す命理系の占術です。これに対して気学、家相、風水、改名、択日、宝石療法、エレクションなどは開運系の占いです。

　しかし、インド占星術にもムフルタと呼ばれる中国系占術の言葉でいうと「択日法」による開運法があります。私の所にも結婚式の日取りとか、引越しの吉日、開店に良い日、入院・手術の時期などで相談に来る方がいます。しかし、結婚運がもともと良い人は、良い時期に良い相性の人と結婚するという例がいくつも確認されています。そしてその逆も真なりです。結婚運の悪い人のムフルタを行うのは不可能ではありませんが実に苦労するし限界があります。

　ある結婚運の良いチャートの持ち主がある日、結婚したいので日取りを見てくれといってきました。さっそく見てみましたが、簡単に良き日取りを選ぶことができました。

　ムフルタには無数の技法がありますが、完全無欠の日取り選定はできません。たとえ良い日があったとしても、10年後に結婚式を挙げろなどというのは無理な話です。せいぜい半年以内の中でベストな日を選ぶしかありません。

　この人の場合、結婚式を挙げたいと思う候補の中から、容易に良いトランジットチャートがありました。月の高揚、木星の高揚、金星のアスペクトバック、水星のアスペクトバックと良い条件が揃っている日を選びました。木星は結婚式当日に偶然にも高揚の7ハウスに入っていたし、月も満月近い位置にありました。私はこういう良き日を偶然に選ぶことができたとは思いません。この人の命理、先天運の強さによるものでしょう。開運法に効果がないと言っているのではありません。それなりの開運効果はあります。ただし、あくまで命理の範囲の中での開運ということです。

ムフルタによる結婚式の日取り選定

III　インド占星術の構成要素

1　12星座（サイン）

　黄道12星座とは、88の星座のうち、黄道上に現われる12の星座を指します。
　牡羊座から始まり、牡牛座、双子座、蟹座、獅子座、乙女座、天秤座、蠍座、射手座、山羊座、水瓶座、魚座ときて牡羊座に戻ります。
　実際のそれぞれの星座が占める割合はまちまちで必ずしも30度ではありません。しかし、占星術ではすべての星座を30度に区切って割り当てています。それを「サイン」と呼びます。
　ですから、正確には星座ではなくサインと呼ぶのが正しい呼び方です。しかし、一般の習慣に従って、星座という表現を使っても特にさしつかえないと思います。

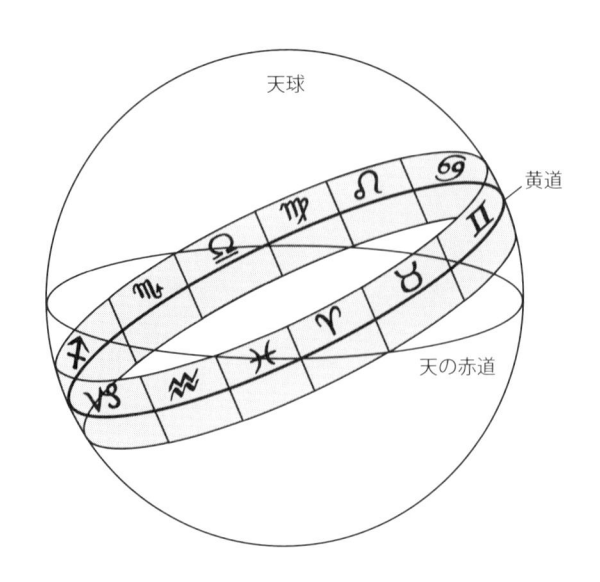

サインの象意については、基本的に西洋占星術と変わりませんが、インド占星術の方がよりスピリチュアルな意味を含みます。性格についても、西洋占星術では太陽のある星座がその性格を示しますが、インド占星術においてはASCの星座の支配星と、特に月の星座の支配星がその性格を表しています。

　サイデリアル方式を採用するインド占星術では、サイン＝ハウスとして機能します。

　したがって、ここではサインについては2区分、3要素、4元素および各サインの代表的象意の記述にとどめます。細かい象意についてはハウスの方で解説します。

サインの区分

12星座には、宇宙を構成する要素が割り当てられます。それは陰陽の2区分、行動性の3要素、性質の4元素になります。

2区分 2区分とは最も根本的な分類方法で陰と陽、男と女、または＋と－などの表現方法で表されます。

● **陽の星座**
牡羊座、双子座、獅子座、天秤座、射手座、水瓶座で、陽の星座は能動的、積極的、指導的という特徴があります。

● **陰の星座**
牡牛座、蟹座、乙女座、蠍座、山羊座、魚座で、陰の星座は受動的、消極的、従順という特徴があります。

2区分一覧表

陽の星座	牡羊座、双子座、獅子座 天秤座、射手座、水瓶座	能動的、積極的、指導的
陰の星座	牡牛座、蟹座、乙女座 蠍座、山羊座、魚座	受動的、消極的、従順

3要素　3要素とは外側から見た行動性の特徴を示し、活動（Cardinal）・固着（Fixed）・変通（Mutable）に分けられます。

● **活動星座（Cardinal Sign）：牡羊座、蟹座、天秤座、山羊座**
活動星座は活動的、決断力、自己顕示欲という特徴があり、活動星座に全惑星が集中している場合、旅行を大変好む、見た目が良い、野心的、冷酷、富を求めて何度も異国の地を訪れることを好むなどの特徴が表れます。行動パターンはまず動いてみてからいろいろ考えるタイプです。

● **固着星座（Fixed Sign）：牡牛座、獅子座、蠍座、水瓶座**
固着星座は沈着、頑固、反抗的という特徴があり、固着星座に全惑星が集中している場合、堂々としている、学識がある、富裕である、支配者から好意を持たれる。名声を得る、断固とした普遍の性質を持つ、多くの息子に恵まれるなどの特徴が表れます。行動パターンは慎重です。

● **変通星座（Mutable Sign）：双子座、乙女座、射手座、魚座**
変通星座は神経質、融通性、受動的という特徴があり、変通星座に全惑星が集中している場合、絶えず目的を追求する、大変利口である、財産が変動し続ける、見た目が良い、自分の身近な人々を愛するなどの特徴が表れます。行動パターンはケースバイケースで柔軟性に富んでいます。

3要素一覧表

活動星座 Cardinal Sign	牡羊座 蟹　座 天秤座 山羊座	活動的、決断力、自己顕示欲、旅行を大変好む 見た目が良い、野心的、冷酷 富を求めて何度も異国の地を訪れることを好む 行動パターンはまず動いてみる
固着星座 Fixed Sign	牡牛座 獅子座 蠍　座 水瓶座	沈着、頑固、反抗的、堂々としている、学識がある、富裕である 支配者から好意を持たれる、名声を得る 頑固とした普遍の性質を持つ、多くの息子に恵まれる 行動パターンは慎重
変通星座 Mutable Sign	双子座 乙女座 射手座 魚　座	神経質、融通性、受動的、絶えず目的を追求する 大変利口である、財産が変動し続ける、見た目が良い 自分の身近な人々を愛する 行動パターンはケースバイケース

● **4元素**　4元素とは宇宙や現象世界の構成要素で、火、地、風、水に分けられます。

●【火の星座】牡羊座、獅子座、射手座

活動的で攻撃的な傾向。野心的で独立心が旺盛、強い自尊心と正義感、行動は素早いが短気なのが欠点などの気質が強められます。

●【地の星座】牡牛座、乙女座、山羊座

現実的で物質的な傾向。現実的な価値観の持ち主、堅実な経済観念、忍耐心は強いが反面頑固などの気質が強められます。

●【風の星座】双子座、天秤座、水瓶座

知性的でクールな傾向。知的で理屈っぽい傾向、陽気で社交的だ

が本質的にはクール、経済的な堅実性は乏しいなどの気質が強められます。

● **【水の星座】** 蟹座、蠍座、魚座
激しい感情で霊的な傾向。内向的で一見静かだが内面の感情は激しい、感受性は敏感で霊的なものを感じ取るなどの気質が強められます。

4元素一覧表

火の星座	牡羊座 獅子座 射手座	活動的で攻撃的な傾向、野心的で独立心が旺盛、強い自尊心と正義感、行動は素早いが短気
地の星座	牡牛座 乙女座 山羊座	現実的で物質的な傾向、現実的な価値観の持ち主、堅実な経済観念、忍耐心は強いが反面頑固
風の星座	双子座 天秤座 水瓶座	知的でクールな傾向、知的で理屈っぽい傾向、陽気で社交的だが本質的にはクール、経済的な堅実性は乏しい
水の星座	蟹　座 蠍　座 魚　座	激しい感情で霊的な傾向、内向的で一見静かだが内面の感情は激しい

星座分類一覧表

星座	牡羊座	牡牛座	双子座	蟹座	獅子座	乙女座	天秤座	蠍座	射手座	山羊座	水瓶座	魚座
2区分	陽	陰	陽	陰	陽	陰	陽	陰	陽	陰	陽	陰
3要素	活	固	変	活	固	変	活	固	変	活	固	変
4元素	火	地	風	水	火	地	風	水	火	地	風	水

表を見てわかるように、2区分、3要素、4元素を組み合わせると、全く同じものはありません。

　例えば、牡羊座と天秤座は同じ積極性と活動性を持っていますが、その背景にある性格的な反応が全く逆で、牡羊座が直観的なものだとしたら、天秤座は充分検討した結果といった具合です。インド占星術では、星座の意味づけにギリシャ神話などの象徴的なものよりも、このような性質の組み合わせと、後から説明する惑星との関係を重要視しています。

3 サインの象意一覧

牡羊座		記号	♈	英語	Aries
				サンスクリット語	Mesha
2区分	陽（＋）	象意	活動的、野心的、独創的、エネルギッシュ、パイオニア、大胆、衝動的、積極的、自信家、攻撃的、確信、勇気、口論、頑固、嫉妬心、冒険家、警察官、軍人、化学者、機械工、工学系、格闘家		
3要素	活動（Cardinal）				
4元素	火				
支配惑星	火星				
身体配置	頭	場所	森、牧草地、丘陵地帯、天井、馬小屋、東、煉瓦		

牡牛座		記号	♉	英語	Taurus
				サンスクリット語	Vrishabha
2区分	陰（－）	象意	娯楽、蓄財、用心深い、現実的、控えめ、物質的、野心、忍耐、根気、愛嬌、誠実、怠惰、好色、美食、世俗的、化粧品・香水販売、贅沢品・宝石販売、俳優、芸術家、農業		
3要素	固着（Fixed）				
4元素	地				
支配惑星	金星				
身体配置	顔	場所	農地、草地、平野、牛小屋、低い階層、派手な建築物、レストラン		

双子座		記号	♊	英語	Gemini
				サンスクリット語	Mithuna
2区分	陽（＋）	象意	二面性、肯定的、多才、落ち着きがない、知性的、分析的、記憶力、適応力、論理的、おしゃべり、旅行、優柔不断、好奇心、出版関連、会計士、講師、ビジネスマン、数学者、旅行関連		
3要素	変通（Mutable）				
4元素	風				
支配惑星	水星				
身体配置	首、肩、腕、胸の上部	場所	倉庫、教室、大学		

蟹座	記号	♋	英語	Cancer
			サンスクリット語	Karka
2区分	陰（ー）	象意	想像力、感情的、感受性、同情心、神経過敏、記憶力、誠実、変化、ヒステリー、家庭的、質素、執着心、怒りっぽい、臆病、不安、接客業、液体関連、飲食関連、海洋関連	
3要素	活動（Cardinal）			
4元素	水			
支配惑星	月			
身体配置	心臓	場所	川、池、貯水槽、台所、レストラン、雑貨店	

獅子座	記号	♌	英語	Leo
			サンスクリット語	Simha
2区分	陽（+）	象意	権威、頑固、威圧的、活動的、勇敢、明るい性格、堅固、高貴、広い心、公平、寛大、組織の長、高い地位、虚栄心、横柄、ギャンブル、浪費、政治家、公務員、宝石・貴金属	
3要素	固着（Fixed）			
4元素	火			
支配惑星	太陽			
身体配置	上腹部、胃	場所	山、深い森、洞窟、砂漠、宮殿、火を使う場所	

乙女座	記号	♍	英語	Virgo
			サンスクリット語	Kanya
2区分	陰（ー）	象意	真面目、識別力、知的、分析的、機転、謙虚、正確、実務的、ビジネスライク、合理的、状況適応力、優柔不断、神経質、批判的、教師、会計検査官、医師、税理士、法律家	
3要素	変通（Mutable）			
4元素	地			
支配惑星	水星			
身体配置	中腹部	場所	草原、果樹園、農地、図書館、書店、酪農	

天秤座		記号	♎	英語	Libra
				サンスクリット語	Tula
2区分	陽（+）	象意	バランス、ロマンティック、知的、洞察力、良識、穏和、紳士的、平和主義、博愛主義、公平、好色、浮気性、快適さ、社交的、八方美人、事業家、俳優、芸術家、建築家、セールスマン		
3要素	活動（Cardinal）				
4元素	風				
支配惑星	金星				
身体配置	下腹部	場所	市場、銀行、娯楽施設、浴室、トイレ、ホテル		

蠍座		記号	♏	英語	Scorpio
				サンスクリット語	Vrischika
2区分	陰（−）	象意	辛辣、皮肉、過激、向こう見ず、独立独行、奮闘、直情的、勇敢、利己的、直観力、献身的、刺激を好む、嫉妬深い、性的、神秘的、研究、化学関連、内科・外科、軍人、警察、探偵		
3要素	固着（Fixed）				
4元素	水				
支配惑星	火星				
身体配置	外部性器	場所	洞窟、鉱山、地下室、廃墟、湿地、流し台		

射手座		記号	♐	英語	Sagitarius
				サンスクリット語	Dhanu
2区分	陽（+）	象意	活動的、楽観的、陽気、バイタリティー、大胆、勇敢、野心、貪欲、自信家、旅行、広い心、高い教育、直観力、宗教的、信仰心、自己犠牲、誇張、公務員、法曹関連、教師、銀行員、ギャンブラー		
3要素	変通（Mutable）				
4元素	火				
支配惑星	木星				
身体配置	尻から太ももまで	場所	政府施設、駐屯地、賭博場所		

山羊座

記号	♑	英語	Capricorn
		サンスクリット語	Makara

2区分	陰（-）	象意	経済的、用心深い、野心的、保身、道徳、思慮深い、忍耐、打算、実務的、現実主義、悲観的、根性、仕事熱心、組織的、利己的、保守的、激務、自治体関連、鉱物関連、研究者
3要素	活動（Cardinal）		
4元素	地		
支配惑星	土星		
身体配置	膝	場所	材木置場、荒地、低地、牛小屋

水瓶座

記号	♒	英語	Aquarius
		サンスクリット語	Kumbha

2区分	陽（＋）	象意	道徳心、洞察力、独創的、理想主義、人道主義、理性的、知的、自己犠牲、好き嫌い、反抗的、直観、霊感、慈善活動、公務員、通商関連、エンジニア、研究者、宗教家、ボランティア
3要素	固着（Fixed）		
4元素	風		
支配惑星	土星		
身体配置	膝から足首まで	場所	採石場、研究施設、慈善団体、水源

魚座

記号	♓	英語	Pisces
		サンスクリット語	Meena

2区分	陰（-）	象意	変わりやすい、落ち着かない、正直、慈善的、信心深い、同情心、忘れやすい、許容、寛大、ロマンティック、芸術的、霊的、神秘家、禁欲的、液体関連、輸出入関連、俳優、ボランティア
3要素	変通（Mutable）		
4元素	水		
支配惑星	木星		
身体配置	足首から足先まで	場所	病院、牢屋、醸造所、隠遁場所、ため池

♃ サインの象意の出方

　インド占星術はサイデリアル方式のホールサインシステムを使うので、サインとハウスが一致します。西洋占星術におけるようなサインとハウスカスプのズレがありません。だからこそインド占星術はハウスシステムがよく機能します。

　そのために、一部のインド占星術研究者はサインを軽視しがちです。しかし、インド占星術においてもサインは十分に機能します。

　リーディングの時にハウスを重要視するからといって、サインを無視した見方をするのは間違いです。

　例えば、惑星の品位を見る時に、金星が魚座で高揚し乙女座で減衰するという法則は、明らかにサインの性質と惑星の性質との相性の問題からきています。水のサインであり強い情緒性、霊性を示す魚座のサインでは、同じく強い情緒を表す金星は場を得て強く働きやすいのです。

　しかし、地のサインで現実性や論理重視の乙女座のサインでは金星の持つロマンティックな性質は十分に働くことはできません。

南インド式

♓	♈	♉	♊
♒			♋
♑			♌
♐	♏	♎	♍

恋愛の星といわれる金星にしても、それがどのサインに在住するかで恋愛結婚の在り方は大きく違います。牡牛座のサインに金星が在住すれば、財産地位など現実的な恋愛をします。天秤座のサインに金星が在住すれば芸術へ情熱を注ぐことはあっても恋愛問題では極端な行動はとりません。獅子座のサインの金星なら派手で目立つ恋愛をします。蠍座のサインに金星がある時は、愛情問題では執着が強くセックス絡みの問題が生じます。

　このようにインド占星術においてもサインはちゃんと機能します。

　インド占星術においてチャートを深く読むためには、やはり各サインの性質を深く理解しておく必要があります。

　インド占星術では、サインは性格も示さないことはないですが、どちらかというと、本人の生涯にわたる生き方に関わるような気がします。以下に、活動星座、固着星座、変通星座を代表する人物を紹介します。

ケーススタディ　活動星座の優勢　〜エミール・ガレ〜

　ガラス工芸家として名高いエミール・ガレのチャートです。

　エミール・ガレはフランスロレーヌ州ナンシーで生まれています。日本の伝統工芸の影響を受けているといわれており、日本で大変人気のあるガラス工芸作家です。大手のデパートに行くと、家具調度品や照明器具ではなく、むしろ高級美術品として売られていることが多いのではないでしょうか。

　彼の生まれた時間は不明なので、お昼の12時に時間設定し太陽ラグナで見ていきます。

　彼のチャートを一見してわかる特徴をいくつか挙げてみましょう。

エミール・ガレ（お昼の12時に時間設定）

♀	☿ ☊ ☉ ♃		♂
♄			
			☾ (Asc)
		☋	

1　カーディナルサインが多い
2　金星の高揚
3　太陽の高揚
4　牡羊座の惑星集中
5　水星と火星の星座交換
7　スーリアグルヨガ
8　ガージャケサリヨガ

　これらは、エミール・ガレの生涯を明らかに特徴づけるものです。太陽ラグナから見て2ハウスと7ハウス支配で12ハウスにある高揚の金星は、彼の工芸作品に対する日本をはじめとする海外での高い評価と関わります。

　彼は若い時にドイツにガラス工芸の技術を身につけるために留学もしています。

　また、プロシアとの戦争の際に義勇兵として志願しています。

　単なる芸術家として終わらず、自らガラス工場を作り数百人を超える職人を使い、芸術と産業の融合を図っています。こうした彼の事業家精神に富んだ生き方は、活動的なカーディナルサインの多いことや火のサインである牡羊座への惑星集中などで明らかに示されます。

　ナンシー派と呼ばれる分野の先駆者となり大勢の人を引っ張っていった所以でもあります。

ケーススタディ

固着星座の優勢 ～クロード・モネ～

　固着星座は沈着、頑固、反抗的という特徴があります。情緒的には極めて安定し、忍耐力と持久力に富んでいます。

　クロード・モネは9惑星のうち、8惑星が固着星座の牡牛座、獅子座、蠍座、水瓶座にあります。その中でも水のサインである蠍座には太陽、水星、金星、木星、土星が在住しています。

　物静かな反面、内面に激しい執念と鋭い直観を持つ蠍座の生き方そのものの人生を歩みました。

　自分の好きな何かに対して、困難に挫けることなく生涯をかけて取り組む情熱こそ、金星蠍座の真骨頂です。

　クロード・モネはフランスを代表する印象派の画家です。「光の画家」の別称があり、時間や季節とともに移りゆく光と色彩の変化を生涯にわたり追求した画家です。

　モネは印象派の画家の中で最も長生きした人物で、有名な「睡蓮」の連作などを残しています。

　ルノワールやセザンヌ、ゴーギャンなどは最終的には印象派を離れていきますが、モネは終生印象主義の画風を追求し続けました。このように生涯にわたり一つのテーマを追求し続ける生涯こそ、まさに蠍座のカルマを持つ人間の生き様といえましょう。

　モネのチャートを見ればわかる通り、太陽ラグナから見て2ハウス蠍

クロード・モネ（お昼の12時に時間設定）

		☽	
	♌		
	(Asc)		☋ ♂
		♃ ☿ ♀ ♄	☉

Ⅲ　インド占星術の構成要素

座に4惑星が集中しています。火星は4番目のアスペクトを蠍座にかけ、月は7番目のアスペクトを蠍座にかけています。すべての意識が蠍座に集中しています。

　情熱を傾けた何かに対して、終生かけてこれを追求する蠍座パワーが満開する生き方をすることになります。モネの画風にもこれは表れています。正確にいうと画風というより絵画に対する態度が出ているということです。睡蓮というテーマにこだわり、これを徹底的に追求しています。モネの絵は必ずしも情緒的ではありません。しかし、こだわりを持つテーマに深い洞察を試みようとする態度はまさに蠍座パワーそのものです。

　金星から見て10ハウスに火星とケートゥが在住しています。伝統の破壊者として非難され、それと闘った職業人生でもあります。印象派は今でこそ芸術として認められていますが、モネやマネ、ドガが始めた頃はまさに伝統的な絵画芸術の破壊者としてサロンから非難されました。ケートゥのジスポジスターの太陽は減衰し、社会的屈辱を味わう運命にあります。

　モネの月は、金星から見て7ハウスにあります。金星は牡牛座の7ハウスにアスペクトバックしています。モネは愛妻家として有名であり、有名画家の中では最も夫婦仲の良い一人といわれています。

　月は高揚の位置にありますが、同時にケマドルマヨガにもなっています。画家として社会的な名声を保ち、太陽ラグナの1ハウスに惑星集中していることからその絵もよく売れたことでしょう。良き生活を楽しむこともできたと思います。

　反面、昔の仲間はみんな去っていきました。モネ一人だけ最後まで「印象派」の画家として生涯を貫いたわけです。その生涯からは同時に深い孤独感が感じられます。

　蠍座の惑星集中は同時にサンニヤシヨガにもなっています。パリ郊外のジベルニーに居を構えて、わずらわしい画壇の世界から遠ざかろうとしたことは、まさに出家隠遁者の生活態度と思われます。

**ケース
スタディ**　　　　　　　　　　　　変通星座の優勢　～安藤美姫選手～

　フィギュアスケートで活躍している安藤美姫選手がインターネットのWikipediaで紹介されている記事に以下のような一節があります。

　スケート教室に入会した直後、最愛の父親が交通事故で亡くなっている。トリノ五輪シーズンのショートプログラムでは父親に捧げる「戦場のメリークリスマス」を選曲。いつも愛用しているネックレスのリングは父親の結婚指輪で、心の支えにしている。

　大のスヌーピー好きとして知られる。海外遠征で使っているスーツケース等は殆どがスヌーピーや親友のウッドストックが描かれた物を愛用している。友人が安藤に送る寄せ書きもピーナッツの漫画でスケートがモチーフしているのが多い。

　オフィシャルホームページ内で「Twinkle　Band」を数量限定発売し、その収益金全額をユニセフへ支援金として寄付した。非常に人気のある選手である。

　このようなエピソードは彼女が寛大で気前が良く慈悲深い性格を物語るものです。夢見る乙女のような一面が確かにあります。
　乙女座のケートゥは繊細で深い内面性を持つことを意味します。ちなみに彼女は魚座に定座の木星とラーフが在住し、木星が魚座で良い作用

をしているので、当然高い人気が出ます。

その反面、優れたアスリートの一面もチャートからうかがえます。

月ラグナで見ると、まず火星とコンジャンクションしてチャンドラマンガラヨガを形成します。いざとなれば強気の行動に出ることでしょう。

しかし、火星は2ハウス、7ハウスのマラカハウス支配となり、大事な時の怪我などに注意を要します。事実、彼女は時々右肩脱臼や衝突などの怪我に見舞われています。

月ラグナから見て3ハウスに凶星の太陽、土星があり土星は4ハウス、5ハウス支配のラージャヨガカラカです。しかも直情傾向の射手座サインにありますので、スピードを要する演技に強みを発揮できます。実際にジャンプが得意な選手です。

スポーツトレーニングでは強い忍耐力と才能を授けています。6ハウスにはラーフがあり、強力な木星も在住しています。彼女は乙女チックな割にはいざという戦いには勝負強さを発揮します。彼女は試合では取りこぼしの少ない選手として評価されていることからも明らかです。

安藤美姫選手（お昼の12時に時間設定）

(Asc)☊ ♃			
♀			
♄ ☉	☿	♂ ☽	☋

減衰惑星と宿命への挑戦
～徹底した努力の価値～（前編）

　インド占星術というと、カルマ＝宿命を表して、暗いイメージを持つ人もいるかもしれません。しかしそれはとんでもない誤解です。「努力の価値」をちゃんと認めています。ただし、前向きな気持ちになりましょうという程度の薄っぺらな努力などは鼻にもひっかけない厳しさがあります。

　宗教的修業にもつながる徹底した努力をしてこそ、初めて宿命から抜け出せるとあくまで考える立場です。

　下のチャートは楽聖ベートーヴェンのものです。

　音楽の神様というからには一般的なイメージとしては金星や月が高揚していそうなものですが、驚くべきことに月が減衰しています。山羊座の金星は方角を得ていて、土星からアスペクトバックしているので良い状態にありますが、想像しているほど特に良いということはありません。

　彼のチャートをよく見ると、努力と訓練のハウスである3ハウス（音楽のハウスでもある）に凶星の太陽、水星、定座の木星が在住しています。天賦の才能の持ち主というより努力の人です。

　ついでにいうと、マラカハウス支配の火星が3ハウス、4ハウスにアスペクトしており、晩年に聴力を失い音楽活動に支障が出ることを示しています。

　ベートーヴェンは聴力を失った以後も、それに挫けることなく「交響曲第9番」他の傑作を残した不屈の精神の持ち主でもあります。（92頁に続く）

ベートーヴェン

		☋	♂R
			♄R
♀			
☉ ♃	☊ ☽	Asc	

Ⅳ 惑星の基礎

1　9惑星の特徴と象意

(1) 太陽

太陽は銀河系の恒星の一つです。インド占星術では、太陽は凶星と位置づけられていますが、火星や土星ほど破壊的ではなく弱い凶星として位置づけられています。太陽の凶意は吉星からアスペクトされることによって幾分緩和されます。

太陽はウパチャヤハウス（3ハウス、6ハウス、10ハウス、11ハウス）に在住する時、始めは困難でも最終的には良い結果をもたらします。太陽は精神的な惑星ですが、個人のエゴも表す惑星です。したがって、太陽の状態は気質や相性を表します。西洋においては、エゴあるいは自己のアイデンティティの確立は良いこととして受けとめられます。しかし、インドにおいて太陽は、自己犠牲や他への見返りのない献身を阻害するため、必ずしも肯定的に受けとめられていません。西洋的価値観と仏教

	銀河系の恒星の一つ
記号	☉
英語	Sun もしくは Solar
サンスクリット語	Surya
性別	男
方角	東
場所	寺院
色	暗い赤
金属	銅
社会的地位	王
神々	シヴァ
生来的吉凶	弱い凶星
支配星座	獅子座
高揚星座	牡羊座（0度〜10度）
減衰星座	天秤座（0度〜10度）
ムーラトリコーナ	獅子座（0度〜20度）
中立星座	双子座、乙女座
友好星座	牡羊座、蟹座、蠍座、射手座、魚座
敵対星座	牡牛座、天秤座、山羊座、水瓶座
方角の強さ	南（10ハウス）
象意	父親、王、魂、エゴ、勇気、プライド、地位、名誉、権力、政府、王室、健康、薬、不毛、熱、エネルギー、赤、骨、心臓、血液、胃、目

的価値観が交じり合っている日本では、相手の価値観によって若干修正が必要になるでしょう。

太陽は生命の源であり活力の源泉です。物事の中心としての存在です。その代表的な象意は社会的名声、地位、権威、政治などです。太陽の象意を人間の特性に当てはめれば魂、エゴ、プライド、勇気の意味になります。それを人物像に当てはめれば、家族であれば父親、夫婦間なら夫になります。組織であれば政府、国王、自治体、公共機関に当たります。

身体部位としては心臓、頭など生命維持の中枢部位を支配します。太陽は生命の与え主となります。

支配星座、高揚星座、減衰星座、ムーラトリコーナ、中立星座、友好星座、敵対星座、方角の強さについては各惑星の特徴を解説した後で説明します。

なお、「コンバスト」とは惑星が太陽と近い度数で太陽の熱に焼かれる状態をいいます。コンバストされた惑星は、惑星の持つ影響力や強さを失い凶意を増すと考えられています。

(2) 月

月はインド占星術において最も影響力を持つ重要な星です。ラグナハウスに次いで重要です。リーディングの際、ASCの次に見るのは月です。これを「チャンドララグナ」といいます。

月は心を支配し、基本的に生来的弱い吉星に分類されます。しかし、月の明るさは満月に近づくほど明るくなり、新月に近づくほど

	地球の周りを公転する唯一の衛星
記号	☽
英語	Moon
サンスクリット語	Chandra
性別	女
方角	北西
場所	水辺
色	白
金属	銀
社会的地位	王
神々	パールヴァティー

暗くなりますが、満月に近く光の強い月は吉星的性質が強く、新月に近く光の弱い月は凶星的性質が強くなります。

また月は、太陽から0度〜180度の位置にある時、つまり新月から満月までの間は満ちつつあるといい、成長や発展する傾向を帯びます。逆に180度〜360度に位置する時、つまり満月から新月に至るまでの間は、欠けつつあるといい、衰退や清算する傾向を帯びます。

月が傷ついていた場合、一般的にですが成功が難しくなり一般社会で地味な存在となります。あるいは幼年時代に孤独や病弱な傾向が見られます。

生来的吉凶	弱い吉星
支配星座	蟹座
高揚星座	牡牛座（0度〜3度）
減衰星座	蠍座
ムーラトリコーナ	牡牛座（4度〜27度）
中立星座	牡羊座、牡牛座、天秤座、蠍座、射手座、山羊座、水瓶座、魚座
友好星座	双子座、獅子座、乙女座
敵対星座	なし
方角の強さ	北（4ハウス）
コンバスト	12度
象意	母親、妻、女性、家族、心の安定、記憶力、快適さ、幸福、豊かさ、変化、名声、人気、旅行、園芸、海産物、水（海・川・湖）、液体、白、胃、胸（心臓・肺）、体液、子宮、左眼

月は心を意味し、特に「心の安定」を表します。そこからいろいろな月の象意が展開されます。人は心の安定がある時は集中力が出るので記憶力を増します。

月の強い光に支えられる時、人は親しみやすい大衆性を持ち、周囲からの人気も出てきます。月の光は移ろいやすいものなので旅行や変化を好む性質も生まれます。また、月は太陽に対する性質を持つところから、母親や妻、女性という象意があります。身体部位としては子宮や胃になります。

月は人間の心に深く根ざした傾向や性質を表し、権威や能力よりも慰めや安らぎ、豊かさ、名声の方に重きが置かれます。

月は情緒的性質を持ち大衆を支配します。月を取り巻く惑星の存在は重要で、月が孤立していると孤独や固心の淋しさ、不運をもたらします。

(3) 火星

　火星と土星は共に強い凶星です。西洋占星術では、速度の遅い土星は火星に比べ「より影響力の大きい凶星」と考えます。つまり、土星に比べて太陽に近い軌道を回る火星は運行速度が速く、十分な影響を与えることができないと考えています。

　インド占星術の重要な技法であるヴィムショッタリダシャー（惑星周期）では、火星に7年の期間が割り振られ、土星には19年の期間が割り振られているため、火星の表すカルマは土星より十分に現象化する期間を与えられていません。したがって、火星より土星が「より影響力の大きい凶星」と考えることが可能です。

　火星は情熱、行動力、集中力、争いの象徴です。そこからいろいろの象意が派生します。火星は行動が素早いですから、スピード、精力、力という象意が出ます。

　インド占星術独特の象意としては土地という意味があります。火星の行動力が良く出れば、スポーツマン、外科医、エンジニア、武道家として優れます。悪く出ると、暴力、犯罪、短気、怪我などに走りがちです。

	太陽系の太陽に近い順から4番目の惑星
記号	♂
英語	Mars
サンスクリット語	Mangal
性別	男
方角	南
場所	火のある場所
色	濃い赤
金属	銅
社会的地位	司令官
神々	ガナパティ
生来的吉凶	強い凶星
支配星座	牡羊座・蠍座
高揚星座	山羊座（0度〜28度）
減衰星座	蟹座（0度〜28度）
ムーラトリコーナ	牡羊座（0度〜12度）
中立星座	牡牛座、天秤座、山羊座、水瓶座
友好星座	蟹座、獅子座、射手座、魚座
敵対星座	双子座、乙女座
方角の強さ	南（10ハウス）
コンバスト	17度
象意	弟妹、情熱、集中力、欲望、焦り、怒り、武術、暴力、犯罪、スピード、精力、闘争、力、火、土地、固着産、科学、論理、運転・操縦、ゲラ手術、赤、筋肉、肝臓、胃（消化の炎）、血液

才能としては科学的才能や運転、機械操作などに優れます。身体的部位では筋肉、血液、健康面では怪我、炎症となります。肉親としては弟妹という象意があります。

火星には破壊、攻撃、暴力、衝動、事故、粗野などの意味がありますが、その反面、エネルギー、活動力、意志力、支配力などの力強い意味もあります。

火星の弱い人は闘志や野心を欠く傾向があります。火星が良く働く人は成功にとって必要な勇気、闘争心、寛大さ、リーダーシップを与えられます。また、機械操作の能力や技術的能力があり機械工や職人などに向きます。

火星は男性星座、火のサイン、ドライな性質を持ち、10ハウス（南）においてディグバラ（方角の強さ）を獲得します。

（4）水星

水星は、木星や金星と比べると弱い吉星です。他の惑星の影響を受けやすいので、どの惑星とコンビネーションを組むかで吉凶が変化します。

出生図において水星が生来的吉星と同じハウスに在住していたり、アスペクトを受けていたりする場合、水星は十分に吉星として機能します。逆に生来的凶星と同じハウスに在住していたり、アスペクトを受けていたりする場合、水星は生来的吉星としての機能を失います。

	太陽系の第1惑星で太陽に最も近い惑星、太陽系の中では最も小さい
記号	☿
英語	Mercury
サンスクリット語	Budha
性別	中性
方角	北
場所	遊び場
色	緑
金属	鉛
社会的地位	王位相続者
神々	ヴィシュヌ
生来的吉凶	弱い吉星
支配星座	双子座・乙女座
高揚星座	乙女座（0度～15度）
減衰星座	魚座（0度～15度）
ムーラトリコーナ	乙女座（16度～20度）

水星は、少年や王子という若くてまだ性的に未熟な年齢の象意を持つ惑星なので中性に分類されます。コネクションする惑星が吉星か凶星かにより変化しやすい中立・中性としての性質を持ちます。

水星の象意は大きく二つに分類できます。一つはコミュニケーション機能であり、もう一つは論理性・分析力です。コミュニケーション機能は双子座に属するものであり、論理性は乙女座に属するものです。

中立星座	牡羊座、蟹座、射手座、山羊座、水瓶座、魚座
友好星座	牡牛座、獅子座、天秤座
敵対星座	蟹座
方角の強さ	東（1ハウス）
コンバスト	13度
象意	親戚、教育、知能、論理性、合理性、中性的、性的不能、言葉、手紙、コミュニケーション、商業、貿易、出版、印刷、事務員、会計、文筆、数学、占星術、踊り、緑、皮膚、肺、呼吸器、腸、神経、手足

コミュニケーションの基本は言葉であり、商業・貿易がうまくいく根本でもあります。論理や分析を行う際の手段も言葉であり、数学、会計、占星術、文筆、出版、情報、通信はその発展概念です。これを行うには知能、教育を必要とします。身体機能にたとえると流動性のある性質から皮膚、肺、呼吸器、神経などが関係します。人物としては中性的人物になります。

水星は知識、情報、コミュニケーションを司る惑星です。知性、スピーチ、教育という意味を持ち、作家や講師、教師に向きます。貿易、商業を司りビジネスマンとしての適性もあります。

水星の配置が悪い場合、神経過敏で過剰反応したり神経症になったりします。あるいは詐欺、不誠実、偽善、二面性といったかたちで出てきます。

水星は中立、中性、コールド、モイストの性質を持ち、1ハウス（東）で方角を得ます。

(5) 木星

木星は吉星中の吉星です。「生来的吉凶というのは、在住星座や支配するハウスによる影響を考慮せず、惑星そのものが良い出来事を担当するのか、困難な出来事を担当するのかを表します。木星は惑星の中で最大の生来的吉星となり、他の影響でどんなに悪い振る舞いをしたとしても、木星の良い部分は残ります。

木星の象意は西洋占星術のそれとはかなり異なります。インド占星術において木星は、宗教性、倫理性、思想性という意味が強く前面に出てきます。宗教や倫理道徳を教えられる人物は、教師、グル（宗教上の指導者）、裁判官などです。こうした人達は知恵や識別力を持っていますし、高等教育を受け伝統的価値観の上に立っています。

また、倫理的で神への献身の行為をすると、善因善果の結果として幸運、チャンス、名誉、財産が得られます。身体的には肝臓、脂肪になります。

	太陽系の内側から5番目の惑星で、太陽系内で最大の惑星
記号	♃
英語	Jupiter
サンスクリット語	Guru
性別	男
方角	北東
場所	宝物庫
色	金色
金属	金
社会的地位	大臣
神々	シヴァ
生来的吉凶	強い吉星
支配星座	射手座・魚座
高揚星座	蟹座（0度〜5度）
減衰星座	山羊座（0度〜5度）
ムーラトリコーナ	射手座（0度〜10度）
中立星座	山羊座、水瓶座
友好星座	牡羊座、蟹座、獅子座、蠍座
敵対星座	牡牛座、双子座、乙女座、天秤座
方角の強さ	東（1ハウス）
コンバスト	11度
象意	子供、孫、教師、医者、裁判官、グル、智慧、識別力、幸運、チャンス、名誉、財産、拡大、外国、宗教、献身、伝統的、人文哲学、高等教育、占星術、聖典、マントラ、黄色、脂肪、肝臓、動脈、消化不良

木星にはもちろん拡大、発展という象意もあります。

木星は幸運の惑星であり、楽天性、拡大、膨張、楽天的なエネルギー

といった性質を持ちます。前述の通り、どの惑星と関わろうと良い効果を与えます。幸運、繁栄、豊かさ、お金、過去世の功徳を与えます。

　宗教、哲学、スピリチュアリズムという意味がありますが、オカルトや神秘的宗教というより伝統的宗教、信仰、献身という意味合いの方が強いです。

　木星には子供という意味があり、木星および5ハウスが良いと良き子供に恵まれます。これらがトランジットで関わると子供が生まれる時期にもなります、木星と土星のダブルトランジットもまた、運気上の大きな変化をもたらします。

　木星は蟹座で高揚し山羊座で減衰します。木星は1ハウス（東）で方角の強さを得ます。

（6）金星

　木星と金星は共に強い吉星です。西洋占星術では、太陽を1周する速度が金星より遅い木星は「より影響力の大きい吉星」と考えます。つまり、木星に比べて地球より内側の軌道を回る金星は運行速度が速く、十分な影響を与えることができないと考えています。

　しかし、ヴィムショッタリダシャー（惑星サイクル）では、木星に16年の期間が割り振られ、金星には20年の期間が割り振られているため、金星が表すカルマは木星より十分に現象化する期間を獲得しています。

	太陽系の太陽から2番目に近い惑星
記号	♀
英語	Venus
サンスクリット語	Shukra
性別	女
方角	南東
場所	寝室
色	白
金属	銀
社会的地位	大臣
神々	ラクシュミー
生来的吉凶	強い吉星
支配星座	牡牛座・天秤座
高揚星座	魚座（0度～27度）
減衰星座	乙女座（0度～27度）
ムーラトリコーナ	天秤座（0度～15度）

したがって、単純に金星より木星が「より影響力の大きい吉星」と考えません。

金星は、恋愛、結婚、芸術、文化、贅沢な暮し、乗り物など世俗の喜び事や楽しみ事を一切司ります。贅沢な暮しの中には、音楽、宝石、グルメ、娯楽、ウォータースポーツも含まれます。

恋愛結婚のシンボルの星ですので、人物としては配偶者、恋人、美人、女性が該当します。セックスも金星の象意です。ですから身体部位も、腎臓、生殖器になります。

中立星座	牡羊座、蠍座、射手座、魚座
友好星座	双子座、乙女座、山羊座、水瓶座
敵対星座	蟹座、獅子座
方角の強さ	北（4ハウス）
コンバスト	9度
象意	配偶者、恋人、恋愛、結婚、快適さ、贅沢、宝石、幸運、美しさ、芸術、文化、踊り、音楽、ウォーター・スポーツ、娯楽、乗り物、輝く白、生殖器、視力

（7）土星

土星は、老人という性的には衰退した年齢の象意を持つ惑星なので、性別は中性に分類されます。

土星もまた、西洋占星術とは大きく象意が異なります。インド占星術では土星は、奴隷や召使いの意味を持ちます。奴隷や召使いの人生は忍耐、疾病、苦悩、貧困、障害が伴います。犯罪も犯しがちです。奴隷といってもインド社会ではシュードラ（奴隷階級）が70％以上を占めるので、大衆的存在であり労働に従事し

	太陽系の太陽に近い方から6番目の惑星
記号	♄
英語	Saturn
サンスクリット語	Sani
性別	中性
方角	西
場所	廃品置き場
色	青
金属	鉄
社会的地位	召使
神々	ヤマ
生来的吉凶	強い凶星
支配星座	山羊座・水瓶座
高揚星座	天秤座（0度～20度）

ます。

　農業、建設、労働その他の日常の実務活動は彼等の職域です。そのような下層階級の人達は非伝統的で、改革を進める立場にあります。身体的には骨、神経が相当します。

減衰星座	牡羊座（0度〜20度）
ムーラトリコーナ	水瓶座（0度〜20度）
中立星座	射手座、魚座
友好星座	牡牛座、双子座、乙女座、天秤座
敵対星座	牡羊座、蟹座、獅子座、蠍座
方角の強さ	西（7ハウス）
コンバスト	15度
象意	召使い、寿命、忍耐、疾病、苦悩、悲しみ、貧困、奇形、恐怖、遅延、否定、破壊、障害、犯罪、農業、改革、建設、損失、安定、労働、民主主義、奉仕、青色、神経、骨

（8）ラーフ

　ラーフとケートゥは月の軌道と太陽の軌道の交点ですから、実体のない影の惑星とも呼ばれています。したがって、ラーフとケートゥは、在住する星座やコンビネーションを形成する惑星の性質をストレートに映し出すという性質を持っています。

　ラーフとケートゥは、生来的吉星の支配する星座に在住すると、生来的凶星としての性質が弱まり、吉星的要素が出てきます。特に水星や木星の支配する星座に在住するラーフとケートゥは、とりわけ良い働きをしやすくなります。

　また、吉星と同室したりアスペク

黄道と白道の交差のうち、昇交点をラーフという	
記号	☊
英語	Dragon's head もしくは North Node
サンスクリット語	Rahu
生来的吉凶	凶星
高揚星座	牡牛座
減衰星座	蠍座
象意	外国人、アウトカースト（最下層民）、王位、勲章、罪深い女性、蛇の毒、爬虫類、快楽主義、物質主義、飽くなき現世的欲望、勇気、向こう見ず、間違った理論展開、怠惰、偽善、異常、科学、外国での生活、賭博、専門技術、空、宇宙、骨、粘液、悪性腫瘍、皮膚病、むくみ

トを受けたりすると、生来的凶星としての性質が弱まり、吉星的要素が出てきます。生来的吉星の中では、特に木星とコンビネーションを形成するラーフとケートゥが吉星としての力を強めます。同じくラーフとケートゥが在住する星座の支配星が、吉ハウスに在住している場合も、ラーフとケートゥが良い働きをしやすくなる条件です。

ラーフにはカルマという意味はありません。ラーフはカルマの源になる煩悩を表します。つまり飽くなき現世的欲望です。このような人物は向こう見ずで、偽善、快楽主義、物質主義、賭博のような一か八かの行動に出て、既存の社会秩序にからはみ出たアウトカーストとみなされます。また、インドでは外国に出るとアウトカーストとなるので外国という象意があります。健康面では、悪性腫瘍、皮膚病の意味があります。

(9) ケートゥ

黄道と白道の交点のうち、降交点をケートゥといいます。ラーフと対極にありますので、ケートゥは煩悩を消す解脱(げだつ)を表します。ここから解脱を得るための禁欲、沈黙の行などの象意が生じてきます。このような人物は識別力や深い思考力に富み、言語、数学、コンピュータの適性を持っています。また、オカルト主義者でもあります。

俗世間を離れる傾向がありますので、ラーフとは違った意味でのアウトカーストになります。外国との縁もあります。健康面では、潰瘍、風邪の意味があります。

	黄道と白道の交差のうち、降交点をケートゥという
記号	☋
英語	Dragon's tail もしくは South Node
サンスクリット語	Ketu
生来的吉凶	凶星
高揚星座	蠍座
減衰星座	牡牛座
象意	医療従事者、外国人、アウトカースト(最下層民)、数学、コンピュータプログラム、言語、アートマン(真我)、禁欲主義、沈黙の行、断食、解脱、識別力、幽霊、毒のある言葉、陰謀、オカルト主義、ウパニシャッド哲学、苦痛を伴う熱、傷、潰瘍、天然痘、風邪

♌ サイン、惑星、ハウスの象意の組合せ

　実際のリーディングでは　サイン、惑星、ハウスの象意の組み合わせをいかに統合化していくかが重要になります。本書を読まれる方は、神秘現象や占いに興味がある方が多いと思うので、その事例を紹介します。

　ケートゥは不思議な作用をする惑星（厳密には惑星ではありません）です。その主な象意には、86頁の通り、医療従事者、外国人、アウトカースト、数学、言語、禁欲主義、沈黙の行、解脱などの意味があります。

　医療従事者と書きましたが、ケートゥが10ハウスにある人は医療関係の仕事をしている人が多いし、12ハウスが絡むと、海外との縁が深かったり、外国人とつき合ったり、オカルト従事者や占いを業としたりする人をよく見かけます。特に12ハウスにケートゥがあると、「現世からの離脱」の象意とオーバラップするせいか、鋭い直観力や霊能力を発揮する人がいます。12ハウスにケートゥがある人は、それが本当に霊能であるかどうかは別として、それなりに直観力や霊感が鋭い人であることは確かだと思います。

12ハウス牡牛座に在住するケートゥ

♄		☋	Asc
♂			
♃ ☽			
☿R ♀ ☉	♌		

前頁のチャートは、霊感があるといわれている知り合いの女占い師のものです。

　12ハウスにケートゥがあるばかりでなく、このケートゥに木星、火星、土星、ラーフとアスペクトが集中しています。しかし、このケートゥは減衰しているので霊能者にありがちなアクの強さはありません。この12ハウスのケートゥはフィックストサイン、地のサインの牡牛座にあります。

　霊能者というわりには現実的で経済観念はほどよく発達し、夢みるところは特にありません。ASCから見て7ハウスに3惑星が集中しているので、対人関係も良く異性からの人気もあります。

　占い師としては稼ぎも高く、そのためにしょっちゅう海外旅行に出かけています。さらに10ハウスに土星があるので仕事の進め方は非常に堅実です。牡牛座、ケートゥ、12ハウスが組み合わせると、このようにリーディングができます。

3 インド占星術における月の重要性

　太陽は約1ヶ月で一つのサインを移動します。このため、西洋占星術の一つの応用として太陽の動きだけで簡略して運勢や性格を見ていく太陽占星術なるものがあります。

　しかし、インドではそのような見方はしません。インド占星術では太陽よりも月をとても重要視します。モダンの西洋占星術のように改めて心理占星術とはいいませんが、月に関する法則と技法を駆使するだけで人間の心理的側面を十分に見ていけます。

　一定のリーディング手順に沿って読んでいけば、インド占星術による心理カウンセリングを行うことができます。そしてそれは西洋占星術や一般のカウンセリングよりはるかに具体的なアドバイスを与えることができます。

　例えば、

---

① 誕生時不明の時、月ラグナで見ていく。
② ジャンマナクシャトラ（誕生時の月の位置）により
　　ダシャー（運命サイクル）を決定する。
③ ナクシャトラ（月の星座）により選定を行う。

が挙げられます。

　インド占星術でよく出てくるとされている、人生における運命のサイクル、すなわちダシャーも実は月の動きを基本として決めています。

月を中心にしたチャートの事例

♀R ☉	☊ ☿	♃
♂ Asc		♄R
	☽	♌

　例えば、上のチャートはある人物のラーシチャートですが、ここからだけでも月に関わるいくつかの重要な技法が適用できます。

　上のチャートには記載していませんが、月は蠍座の29度にあります。蠍座の月は減衰しています。29度はガンダータになります。しかも8ハウスにも10ハウスにも惑星が在住していないのでケマドルマヨガになります。これはすべて心の弱さや寂しさを表します。

　また、月は太陽に対して満月から新月に向かうクリシュナパクシャとなっているので、凶星として働いています。しかし、一方で、月の対向アスペクトに木星があり、ケンドラハウス関係になっています。

　こういうかたちの月と木星のコンビネーションを「ガジャケサリヨガ」と呼び、ハウス支配により品位の差は出ますが、頭の良さを示すヨガとなります。

　これらはすべて月との関わりで見ていけます。月は5ハウス支配で9ハウス在住、木星は1ハウスと10ハウス支配で3ハウス在住なので、月と木星のコンビネーションはラージャヨガになります。木星と魚座の高揚の金星の星座交換も大変良い状態です。木星の怠惰さをどう克服するかがこの人の人生を左右する鍵となります。

　月は4ハウスのカラカでもあります。4ハウスは物事の基礎となる拠り所と母親の象意を表します。なぜなら自分の心の拠り所は母親だから

です。自分と母親との関係を見る時は4ハウスと月で見ていきます。もし月が傷ついている場合、その人は母親との関係も良くない場合が多いのです。

下の表は「ヴィムショッタリダシャー」と呼ばれる月のナクシャトラをベースに計算をする運命サイクルです。生まれた生年月日時の瞬間、月がどのサインの何度に位置するかでナクシャトラが決まります。

ナクシャトラは相性、日取り選定などに使える技法ですが、運命のサイクルを見る時も使用します。

惑星のダシャーが切り替わると運気、環境、ものの考え方などのすべてが変わるという不思議な法則があります。そしてこれはインド占星術独自の法則なのです。

ヴィムショッタリダシャー

☉ - ♃	Fri	07-20-2007
☉ - ♄	Thu	05-08-2005
☉ - ☿	Mon	04-20-2009
☉ - ☋	Wed	02-24-2010
☉ - ♀	Fri	07-02-2010
☽ - ☽	Sat	07-02-2011
☽ - ♂	Wed	05-02-2012
☽ - ☊	Sat	12-01-2012
☽ - ♃	Sun	06-01-2014
☽ - ♄	Thu	10-01-2015
☽ - ☿	Tue	05-02-2017

このように、インド占星術では月の動きを非常に重要視しています。

特に、女性のチャートを見る時、月は特に重要となるので覚えておいてください。

減衰惑星と宿命への挑戦
～徹底した努力の価値～（後編）

　一般的に、減衰惑星なのに本来苦手な分野で成功している人は、人生の教育のタイミングの良い時期に心理学でいう「過剰学習」を経験した人です。

　過剰学習とは既に獲得した知識、技能についてさらに反復・継続して学習し、それを強固なものとすることです。厳しい単純反復練習が実は創造性の源泉であることが近年の心理学の成果がわかってきました。

　ベートーヴェンも幼児時代に父親から音楽の激しいスパルタ教育を受けたことでつとに有名です。

　人生において努力が大切なことはいうまでもありません。ただし、教育の方向性、年齢的なタイミング、環境の整備、モチベーションの維持などがその努力を効果的にする上での条件になります。

　インド占星術のチャートはこうした効果的な人生の努力の方向性をその人の先天的資質や遺伝の範囲内で教えてくれます。ここにこそ占星術を人生に活かす価値があります。

ベートーヴェン

		☋	♂R
			♄R
♀			
☉ ♃ ☿	☊ ☽	Asc	

V ハウスの基礎

1　ハウスとは何か

　星座が宇宙や現象世界の構成要素を担当しているのに対し、ハウスはパーソナリティ、人間関係、事故・病気、人生の目的など、人が生まれてから死ぬまでに経験するテーマを12に分類して担当しています。
　ハウスは星座や惑星のエネルギーのコンテナの役割を果たします。
　ハウスは星座や惑星が各人にもたらすカルマに応じた12の異なる部屋にたとえることができます。それぞれのハウスはそれぞれの星座と関わりを持ち、かつ、特定の惑星によって支配されています。つまり、ハウスは星座や惑星と密接なつながりがあります。
　ハウスの支配星、ハウスに在住する惑星、それらの惑星が相互に織りなすコンジャンクションやアスペクトがハウスの吉凶や象意に影響を与えます。
　惑星が良いエネルギーをもたらす時には吉意となり、否定的なエネルギーをもたらす時には凶意となります。
　それぞれのハウスの象意はラグナから同じ距離と場所にあるハウスによって決められます。例えば、母親のハウスは4ハウスであり、配偶者のハウスは7ハウスになります。ハウスの象意は多岐にわたり、一つの意味だけにまとめることはできません。本項では、比較的重要で使用頻度の高い象意をまとめた簡易版を紹介しますが、377頁の巻末資料には、古典に基づいたハウス全般の象意をまとめたものを掲載しております。

インド占星術における
ハウスシステム

　現代西洋占星術では、プラシーダス、コッホ、イコールハウス、レジモターナスなどの地理的位置や考え方の相違により、さまざまなハウスの分割方法が多く存在していますが、インド占星術では一つの星座を丸ごと一つのハウスとして割り当てるホールサインを採用しています。

　インド占星術にも北インド式、南インド式、クリシュナムルティ方式などいくつかの流派はありますが、サイデリアル方式を用いるという点では共通しています。サインとハウスの位置が一致した単純なシステムですが、本場インドでは何世紀にもわたって連綿と使われ続けています。

　サインとハウスの位置が同じということはそれだけハウスシステムがよく機能することを意味します。実際に、インド占星術が最も高い精度を誇るものは、このハウスシステムの高い信頼性にほかなりません。

(1) ASCとラグナ

　ASCとは東の地平線を延長して黄道と交わる点のことで、このASCが存在する星座を1ハウスとします。ラグナとはハウスの起点となることで、通常、ラグナと呼ぶ時はASCが在住する星座のことを指します。

　このASCと同じように、太陽や月をラグナと見立てる見方もあります。その場合は、「スーリヤラグナ」、あるいは「チャンドララグナ」と呼び、それぞれを1ハウスとしてハウスを置き換えます。西洋占星術ではソーラーサイン、ルナーサインといわれるものです。

(2) 惑星とハウス

　惑星とハウスには同じテーマを示しているものがあります。例えば、月は母親を表しますが、4ハウスにも母親という意味があり、また4ハウスの支配星も同じように母親の意味を持たせます。これではどれを見ればよいのか混乱するかもしれませんが、インド占星術ではハウスの方を重要視します。それゆえ、出生時間の正確なチャートほど、正確な予測が可能となります。

　インド占星術は上達するにしたがって、同じテーマをさまざまな角度から検討する技法を身につけます。そこで、どこから見ても同じ結果が導き出される場合は、そのカルマは非常に強いものと判断することができます。

3 ハウスの特徴

　生まれてから死ぬまでを12ハウスに対応させる考えがあります。この考え方と結びつけるとハウスの象意が覚えやすくなります。
　また、ハウスにはさまざまな法則がありますが、特に重要なものを二つ解説します。
　第1に、前後のハウス関係で、基準となるハウスから2番目のハウスは、基準となるハウスが示すテーマから得る評価を表し、基準となるハウスから12番目、つまり一つ前のハウスは、基準となるハウスのテーマを失う、損失するハウスとなるということです。
　第2に、基準となるハウスからそのハウスの数だけ進めたハウスは、基準となるハウスの本質を表すとするものです。これは、インド占星術を上達する上で欠かせない大変重要な原則なのでしっかりと覚えておいてください。

1ハウス ASC	分類	トリコーナハウス、ケンドラハウス
	人生の方向性	ダルマ
	象意	本人、性格、幸・不幸、名声、平和、豊かさ、健康、自尊心、出生地、家系、家柄、身体、

　ASCとは東の地平線を延長して黄道と交わる点のことで、このASCが存在する星座を1ハウスとします。ラグナとはハウスの起点となることで、通常、ラグナと呼ぶ時はASCが在住する星座のことを指します。
　このASCと同じように、太陽や月を1ハウスにする見方もあります。その場合は、「スーリヤラグナ」、あるいは「チャンドララグナ」と呼び、それぞれを1ハウスとしてハウスを置き換えます。西洋占星術ではソー

ラーサイン、ルナーサインといわれるものです。

2ハウス	分類	中立ハウス、マラカハウス、パナパラハウス
	人生の方向性	アルタ
	象意	家族、過程、商売、収入、利益、財産、富の蓄積、飲食、言葉、スピーチ、会話、目、右目、顔(鼻、口、喉、頭)

2ハウスはアルタトライン(財産のハウス)の最初のハウスです。1ハウスを根本として所有するもの、蓄財できるものを担当します。また身体に取り入れる栄養として飲食することも2ハウスが担当します。

生まれてからの環境、身近にいる人々(家族)もこのハウスの象意となります。

幼時の飲食は家族が与えてくれますが、大人になってからは自分が稼いで収入を得なければなりませんので、利益・収入などの意味が生じます。

3ハウス	分類	ウパチャヤハウス、アポークリマハウス
	人生の方向性	カーマ
	象意	弟妹、努力、技術訓練、トレーニング、勇気、精神的な強さ、集中力、旅行、短距離の移動、近所の人、音楽、ダンス、俳優、本人の寿命・死因、愛国心、隣国、腕、肩、耳、右耳

3ハウスはカーマトライン(感覚的欲望のハウス)の最初のハウスです。努力と訓練のハウスであり、良き趣味を表すハウスでもあります。

自我が芽生えてきた頃で、いろいろなものに興味を示します。行動範囲も、家から離れ近所まで広がります。興味を満足させたり、見知らぬ近所で行動するには強い集中力や精神力、勇気が必要となります。

若さのみなぎる好奇心あふれるハウスで音楽やダンス、スポーツの意味もあります。

4ハウス	分類	ケンドラハウス
	人生の方向性	モクシャ
	象意	母親、過程、土地、建物、家具、乗り物（車・飛行機・船）、幸福、記憶、知識、基礎的な教育、農業、議会、野党、胸部、肺

4ハウスはモクシャトライン（解脱のハウス）の最初のハウスです。モクシャとはいえ最初のハウスですので、まず人生の基礎、安定を築く象意が強く出ます。例えば、母親や家庭、不動産など生活の土台を表すハウスです。

この4ハウスでさまざまな土台を築きます。それは母親からの躾(しつけ)であったり、学校の基礎教育などもこれに含まれます。土台が安定するということは心の安定ということです。

5ハウス	分類	トリコーナハウス、パナパラハウス
	人生の方向性	モクシャ
	象意	子供、創造、高等教育、知能、才能、文学、哲学、芸術、恋愛、威厳、宗教的実践、マントラ、投機、首相、胸部（胃）、心臓

5ハウスは創造のハウスです。4ハウスで基礎的な土台を構築した後、自分の意見を主張することになります。大学でいえば論文を発表する段階です。芸術でいえば自分のオリジナル作品を発表することが該当します。

子供、恋愛、高度な学問、芸術、娯楽などは一見関係なさそうですが、いずれも創造性と関わります。

6ハウス	分類	ウパチャヤハウス、アポークリマハウス
	人生の方向性	アルタ
	象意	敵、部下、親戚、争い、病気、事故、訴訟、試験、競争、選挙、労働、借金、奉仕、腹部（腸）

　6ハウスは争いのハウスです。5ハウスで主張した意見に問題があれば、ここで意見のぶつかり合いが生じます。争いによるストレスが生じることや、事故・病気になるのもこのハウスです。
　そこから派生して競争や試験、選挙などの意味もあります。その競争から遠のいた場合、今度は奉仕またはサービスの象意が出てきます。

7ハウス	分類	ケンドラハウス、マラカハウス
	人生の方向性	カーマ
	象意	配偶者、結婚、セックス、ビジネスパートナー、対人関係、社会的名声、記憶の喪失、腰腹部、泌尿器、生殖器

　7ハウスは結婚のハウスといわれますが、広くはパートナーのハウスでもあります。6ハウスで仕事のイロハを学び、ライバルと切磋琢磨し、社会人として責任を果たせるようになると、人生のパートナーを欲求するようになります。

8ハウス	分類	ドゥシュタナハウス、中立ハウス、パナパラハウス
	人生の方向性	モクシャ
	象意	本人の寿命、研究、秘密、突然、不規則、トラブル、遺産、名誉の失墜、罪、懲罰、残酷な行為、精神的苦悩、慢性病、ヨガ、瞑想、死因、外部生殖器

　8ハウスは苦悩のハウスです。7ハウスで価値観の違う人たちとの交流が生じ、さまざまな摩擦が生じます。
　今までのやり方が通用しません。そこでさまざまな人生の苦悩が生じます。慢性的な病に悩み、人生の意義を模索し出します。この苦悩に負

けると堕落して犯罪に手を染める人が出る半面、逆にそれを克服し人生の意義を模索しようとする人も出ます。

　この試練で大きく成長した人は、結果として人生や物事への深い洞察力や霊的能力を持つようになります。

9ハウス		
	分類	トリコーナハウス、アポークリマハウス
	人生の方向性	ダルマ
	象意	父親、グル、幸運、高度な知識、慈善、宗教、信仰、神やグルへの献身、高徳な行い、巡礼、長距離の移動、外国、大臣、腰（腸骨の両側）

　9ハウスは父親・宗教のハウスです。8ハウスでの経験は、心の成長・精神性の向上に対する必要性を実感します。不徳のなす行為が苦悩の原因であることを悟り、正しい道や善を行う習慣を培うことへと導きます。

　このハウスの高い宗教性、道徳性が結果として神の御心に叶い、幸運もたらすことがあります。

　しかし、不道徳な行為の積み重ねがある時、逆にこの清算を迫られることもあります。

10ハウス		
	分類	ケンドラハウス、ウパチャヤハウス
	人生の方向性	アルタ
	象意	上司、天職、天命、社会的使命、専門職、名誉、地位、社会的行動、社会的影響力、権力、政府、与党、大腸、膝

　10ハウスはいわゆる仕事のハウスです。仕事といっても単純な労働を指すものではなく、天職・天命を意味します。

　9ハウスで社会的・人間的に成長した魂は信頼され、責任のある地位を与えられます。そこで社会的責任を自覚し、人生の目的を追求します。

	分類	ウパチャヤハウス、パナパラハウス
11ハウス	人生の方向性	カーマ
	象意	兄弟、友人、支援者、定期的な収入、利益、社会的評価、成功、勲章、願望成就、権力、政府、与党、大腿、膝

　11ハウスは願望成就・利益のハウスです。10ハウスでの行為によって利益を得ます。徳を積むことによって願望が成就し、仕事によって給料を得、社会に貢献すれば支援者が集まります。それは高い社会的評価につながり多くの友人も得ます。

	分類	ドゥシュタナハウス、中立ハウス、アポークリマハウス
12ハウス	人生の方向性	モクシャ
	象意	損失、出費、投資、負債の返却、寄付、現世からの離脱、苦悩からの解放、出家、隠遁、投獄、入院、異郷の地、外国、海外移住、死、左目、足（足首から下全部）

　12ハウスはモクシャトラインの最終ハウスで、今まで得てきたものを失う消費・損失のハウスです。

　11ハウスで得た収入を消費します。社会でなすべきことをなした魂は引退し、隠遁生活をします。最後に肉体を離れ次の生へ旅立ちます。

　借金の返済、投資、社会の第一線から退いた労働への従事の象意が出ることもあります。

ハウスの分類と吉凶判断の方法

　本項はインド占星術のリーディングができるか否かの根本的なところですので何回も熟読してください。ここがよく理解できればそれだけでリーディングができるようになるといっても過言ではありません。

トリコーナハウス

インド占星術では1ハウス、5ハウス、9ハウスは「ラクシュミースターナ」と呼ばれ、過去（世）に積んだ功徳の結果として幸運をもたらすハウスとされます。幸運さの順番は9⇒5⇒1となります。このハウスを支配する惑星や在住する惑星が凶星であっても良い働きをもたらします。このハウスを支配することによって、一時的に吉星のような働きをする惑星のことを、「機能的吉星」と呼びます。トリコーナハウスに多くの惑星が集中する場合は、宗教性や道徳性が高くなる傾向があります。

ケンドラハウス

1ハウス、4ハウス、7ハウス、10ハウスは「ヴィシュヌスターナ」と呼ばれ、このハウスに在住する惑星は強い影響力をもたらします。西洋占星術では「アンギュラーハウス」と呼ばれます。強さの順番は10⇒7⇒4⇒1になります。ケンドラハウスを支配する惑星は、生来的に持つ惑星の吉凶を中立化する働きがあります。つまり木星・金星・水星がケンドラハウスを支配する場合は吉意が弱まり、火星・土星が支配する場合は凶意が弱まります。

ケンドラハウスに多くの惑星が集中する場合は、吉凶関係なく影響力が強くなるので、良くも悪くも目立つタイプとなります。

ウパチャヤハウス

3ハウス、6ハウス、10ハウス、11ハウスは「ウパチャヤハウス」と呼ばれ、このハウスに在住する惑星は、最初は苦難をもたらしますが、努力していくことによって改善していく働きがあります。このウパチャヤハウスのうち、ケンドラハウスの10ハウスを除いた、3ハウス、6ハウス、11ハウスは、支配する惑星にとって凶意が強くなるため、「凶ハウス」と呼ばれることもあります。この凶ハウスを支配することによって、一時的に凶星のような働きをする惑星のことを「機能的凶星」と呼びます。凶意の強さは11⇒6⇒3になります。ウパチャヤハウスに凶星が集中する場合はハードワーカーになる傾向があります。逆に吉星が集中する場合は、争い事を好まないタイプとなります。

ドゥシュタナハウス

6ハウス、8ハウス、12ハウスは「ドゥシュタナハウス」と呼ばれ、困難や不運と関係するハウスとなります。困難さの順番は8⇒12⇒6になります。このハウスに在住する惑星は、マイナスの影響をもたらすようになります。逆に支配する場合は、ウパチャヤハウスの6ハウスは機能的に凶星化しますが、8ハウスと12ハウスは中立となり、支配することによるプラス・マイナスの変化はありません。しかし、二つの星座を支配する惑星が、8ハウスあるいは12ハウスと同時に、凶ハウスを支配する場合は強い凶星として働きます。ドゥシュタナハウスに多くの惑星が集中する場合は、異端性や社会的困難さの多いタイプとなります。

マラカハウス

2ハウス、7ハウスは「マラカハウス」と呼ばれ、寿命の時期に関連するハウスとなります。マラカハウスとしての強さの順番は2⇒7になります。古典では太陽と月はマラカハウスとならないと記述されていますが、占星術家によってはマラカハウスとして扱っています。ケンドラハウスを二つ支配する水星と木星、トリコーナハウスを支配している機能的吉星はマラカハウスとならないとされます。また、3ハウス、6ハウス、8ハウス、11ハウス、12ハウスを支配する土星は、2ハウスや7ハウスの支配星と関連すると最も重要なマラカハウスとなるとされます。

中立ハウス

2ハウス、8ハウス、12ハウスは「中立ハウス」と呼ばれます。太陽と月以外の惑星は二つの星座を支配しますので、同時に支配するハウスの影響に左右されます。

パナパラハウス

2ハウス、5ハウス、8ハウス、11ハウスは「パナパラハウス」と呼ばれ、このハウスに在住する惑星は、ケンドラハウスに在住する惑星の半分の影響力となります。西洋占星術では「サクシーデントハウス」と呼ばれます。

ケーデントハウス

3ハウス、6ハウス、9ハウス、12ハウスは「ケーデントハウス」と呼ばれ、このハウスに在住する惑星は、パナパラハウスに在住する惑星の半分の影響力となります。西洋占星術では「アポークリマハウス」と呼ばれます。

惑星の在住支配一覧表

分類	吉凶 在住	吉凶 支配	1ハウス	2ハウス	3ハウス	4ハウス	5ハウス	6ハウス	7ハウス	8ハウス	9ハウス	10ハウス	11ハウス	12ハウス
トリコーナ	○	○	○				○				○			
ケンドラ	○	吉星× / 凶星○	○			○			○			○		
ウパチャヤ	吉星△ / 凶星○	×			○			○				○	○	
ドゥシュタナ	×	6ハウスは× / 8ハウス、12ハウスは△						○		○				○
マラカ	×	×		○					○					
中立	△	△		○										○

○ 吉
△ 中立
× 凶

ケーススタディ　　　　12ハウス 〜下請け会社社長としての成功〜

　12ハウスはいわゆるドゥシュタナハウスで、普通のインド占星術のテキストには困難と不運のハウスと書いてあります。そのため、初学者の中には12ハウスに惑星があるとそれを気にする傾向があります。

　しかし、これは無用な心配です。12ハウスと関わると確かに表舞台に出られない弱さや異端分野での活動という不満は出ます。しかし、個々人を見ているとその範囲の中で社会的に活躍している人はいくらでもいるのです。

　このチャートは数社の大手企業に自社で開発した部品をOEM供給して大きな利益を得ている某中小企業の社長さんのものです。

　ラグナにある土星が高揚し4ハウスと5ハウス支配のラージャヨガカラカとなっています。木星もアスペクトしています。技術者としては最高水準をいく才能があります。しかし太陽は12ハウスにあるし、水星は12ハウス支配です。そのため、彼は職業面で世間に名を知られるような権威になることはありません。

下請け会社社長

		♃
		☊ ☽
☋		♀ ♂
	Asc ☿ ♄	☉

　1ハウスに水星があるのでビジネスセンスがあり、優れた部品をタイムリーに提供することができます。10ハウスの月は定座にあるので、親企業からは可愛がられる存在となります。

　11ハウスの火星は2ハウスにアスペクトバックし、同時にダーナヨガを作ります。それと水星が12ハウス支配なので経理的に無頓着なと

ころがあります。

　水星は9ハウス支配でもあるので時々無料奉仕をする人の良さがあります。そのことで親会社から感謝されて多くの発注を受けることができます。まさに9ハウスのもたらす功徳です。しかし、彼の技術者としての才能は、世の中の表面には出ない、目立たない分野でいかんなく発揮されています。木星も1ハウスにアスペクトしているので、下請け企業とはいえ、十分な利益を上げています。

　大手企業の製品は、完成品こそその企業のブランドネームがつけられていますが、実はその部品や加工組立て工程の大部分は、下請け企業が請け負っています。大手メーカーの中には、極端にいえば、自社の技術や製造設備をもたず、関連企業を結びつける差配師(さはいし)にすぎないところすらあります。

　一口に下請けといっても、製品の加工組立てだけの会社は、コストダウンや受注競争などで下請けの悲哀を味わいます。しかし、大手企業が持っていない独自の技術がある中小企業は前記のような強みがあります。

　このチャートの持主はそうした付加価値の高い会社の社長さんの例です。このように他の条件が良ければ、12ハウス＝ドウシュタナ＝悲惨なハウスなどということにはなりません。

5 ハウスと人生の対応

　ハウスは人生の四目的に対応します。インド占星術に反映されているヴェーダ思想は、「人生の四目的」の考え方です。この考え方はインド占星術のハウスの概念に大きく影響を与えていると思われます。

　まず人生の理想として「四住期」という概念があります。ヒンズー教徒は人生を四つの段階で過ごすことを理想と考えています。第一はヴェーダの習い始めから学習の終わりまで絶対的に貞操を守らなければいけない学生期、次に結婚して家長として供儀（ぐ）を行い、息子をもうけ、社会的生活を送る家住期、そして人里離れた森で過ごす林住期、最後に解脱を可能にする完全な出家遊行（しゅっけゆぎょう）に生きる遊行期です。

　しかし、これは一つの理想であって、インド人に広く受け入れられていた考え方はむしろ人生の四目的の方です。人生の四目的とは、「ダルマ（法）」、「アルタ（利益・物質的な富）」、「カーマ（愛欲・欲望）」、「モクシャ（解脱）」の四つのことです。四目的のうち、モクシャは、至高神（しこうしん）との合一や梵我一如（ぼんがいちにょ）を通じた輪廻転生からの解放をいい、他の三目的とは区別されます。

　また、ダルマやモクシャだけが人生の目的ではなく、カーマもアルタも人生のある段階、それぞれの領域の中で満たされなければならぬものとして説いています。精神文化を重んじるインド人が、同時に世界を代表する商人としても有能であるという矛盾は、この思想から生まれているのです。

　ところで、インド占星術では人生の四目的のうちどれに生きる人かはチャートから読むことができます。1ハウス、5ハウス、9ハウスは「ダルマトライン」と呼ばれ、ここが強い人は、法の遵守や思想的価値に重点を置いた人生を生きる人になります。

ケーススタディ　ダライ・ラマ14世

　ダライ・ラマ14世のチャートを見ると、1ハウスに水星、太陽、ケートゥがあり水星はバドラヨガになります。そこに5ハウスから木星がアスペクトしています。

　ムーラトリコーナの土星は9ハウスにあり、ここにも木星がアスペクトしています。ダルマトラインの1ハウス、5ハウス、9ハウスに五つの惑星があり、水星と土星が強力であります。

　これで見るとダライ・ラマ14世は利害や欲望に生きる人ではなく、といって静かな瞑想生活を送る人でもありません。チベット仏教の普及とチベット族の自治確立を人生の目的として生きる、ダルマトラインの人であることがわかります。

ダライ・ラマ14世

			☿ Asc ☉ ☋
	♄R		
			♀ ☽
☊		♃R	♂

VI　コンビネーションの基礎

1　コンビネーション

(1) コンビネーションの基本的な考え方

　コンビネーションとは、組み合わせること、結合、連結という意味です。ここでは9惑星、12星座、12ハウスがどのような法則によって組み合わさるかを解説します。

　インド占星術では、コンビネーションの強い順番に星座交換⇒コンジャンクション⇒アスペクト⇒在住となります。組み合わさった惑星同士で相互に影響を与えあいます。

　例えば、吉星と凶星のコンビネーションの場合、吉星は凶星の凶意度を緩和し、凶星は吉星の吉意を傷つけます。

コンビネーションの4種類

星座交換
　二つの星座がお互いの支配星を交換しているコンビネーション。

コンジャンクション
　二つ以上の惑星が同じハウスに在住するコンビネーション。
　惑星が在住ハウス以外に影響を与えるコンビネーション。

対向アスペクト（相互）
　対向ハウスへの基本アスペクトは二つ以上の惑星がお互いにアスペクトする状態を相互アスペクトといいます。

特別アスペクト
　火星、木星、土星には特別アスペクトがあります。火星、木星、土星が他の惑星に一方的にアスペクトする場合をいいます。片側アスペクトともいいます。

(2) 星座交換

　二つの星座がお互いの支配星を交換している状態を「星座交換（Mutual Reception）」といいます。

　例えば、牡羊座の支配星の火星が牡牛座に在住し、牡牛座の支配星である金星が牡羊座に在住する時、火星と金星は星座交換しているといいます。コンビネーションの中では一番強い組み合わせです。

火星と金星の星座交換

	♀	♂	

　星座交換している惑星は、自分の支配している星座に在住しているかのような状態となるため、在住星座による惑星の吉凶（強弱）は底上げされます。

　また、それぞれの在住ハウスを強めます。上記の場合、ASC が射手座であるとしたら、金星は 5 ハウス、火星は 6 ハウスに在住ですので、5 ハウス、6 ハウスの働きを強めます。

　一口に星座交換といっても、どのハウス間で星座交換するかでその意味に違いが出ますし、吉意にも差が出てきます。

ケーススタディ 　　　　　　　　　　　　　　　　　　　　　　　松坂大輔投手

　このチャートは松坂大輔投手のものです。

　ラグナロードの金星が10ハウスに在住し、10ハウス支配の月がラグナにあってお互いに星座交換しています。金星はムーラトリコーナの天秤座支配であり、月は定座の蟹座支配です。金星はトリコーナハウスの1ハウス支配、月はケンドラハウスの10ハウス支配でこの星座交換の品位は最高に高いものとして現象化します。

　松坂大輔投手は高校野球では夏の全国高校野球選手権、春の選抜高校野球大会と2年連続で優勝し、埼玉西武ライオンズでの活躍、そしてメジャーリーグと、常に脚光を浴びる舞台で華やかな活躍をしています。

ケーススタディ 　　　　　　　　　　　　　　　　　　　　　　　鈴木亜美さん

　次頁のチャートは鈴木亜美さんのものです。

　小室哲哉さんのプロデュースで歌手デビューした鈴木亜美さんは、一時期アイドル歌手として人気を集めました。しかし、2000年末に所属事務所とトラブルを起こし引退に追い込まれました。その後、文藝春秋というレコード業界とは別ルートから新曲シングルと写真集を発売し、

奇跡のカムバックを遂げました。

彼女の木星と金星逆行が星座交換しています。木星は悩みの8ハウスを支配し、金星はトラブルの6ハウスを支配しています。どちらもドゥシュタナハウスと絡んでいます。星座交換なので結果としては良いのですが、品位が低いとこのように挫折や苦労などが伴い、必ずしも喜べません。

鈴木亜美さん

		Asc	☊
☿R ☉			☽
☋ ♀R		♃	♂ ♄R

(3) コンジャンクション

コンジャンクションとは、二つ以上の惑星が同じハウスに在住するコンビネーションです。この場合、惑星間の距離は関係ありませんが、オーブが狭いほど、影響力が強いと考えます。

火星と金星のコンジャンクション

	♂♀	☊ ☉	☿
			♄
☽	☋	Asc ♃R	

(4) アスペクト

インド占星術におけるアスペクトとは、惑星間の角度ではなく、自分の在住するハウス以外のハウスと、そのハウスに在住する惑星に与える影

響を指します。アスペクトするハウスに惑星が在住していなくても、そのハウスに影響を与えるというところが西洋占星術とは大きく異なります。この場合でも、惑星間のオーブが狭いほどその影響力は強くなります。

i 対向ハウスへのアスペクト

ラーフとケートゥを除く7惑星は、180度反対のハウスと、そのハウスに在住する惑星に対してアスペクトします。例えば、牡羊座に金星が在住する場合、180度反対にある天秤座にアスペクトします。

金星のアスペクト

ii 火星・木星・土星の特別アスペクト

インド占星術独特の技法で、火星・木星・土星はそれぞれ対向するハウス以外のハウスへ一方的にアスペクトをします。これらの惑星からのみ影響を与え、他の惑星から影響を与えられることのない状態です。

具体的には、火星は他の惑星に対して4番目、8番目のアスペクトをします。木星は他の惑星に対して5番目、9番目のアスペクトをします。土星は他の惑星に対して4番目、3番目、10番目のアスペクトをします。これらを特別アスペクトともいいます。

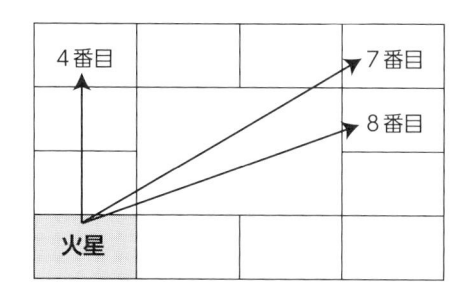

上のチャートの通り、火星の場合、火星が在住しているハウスから4番目、8番目のハウスに一方的にアスペクトします。この場合、4番目、8番目のハウスに在住する惑星からアスペクトをして返すということはありません。

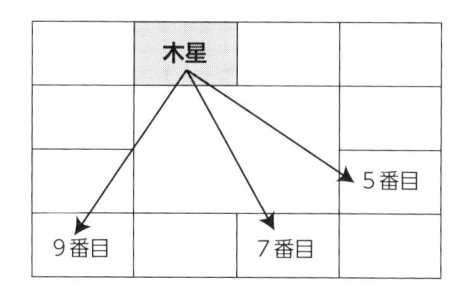

上のチャートの通り、木星の場合は、木星が在住しているハウスから5番目、9番目のハウスに一方的にアスペクトします。この場合、5番目、9番目のハウスに在住する惑星からアスペクトをして返すということはありません。

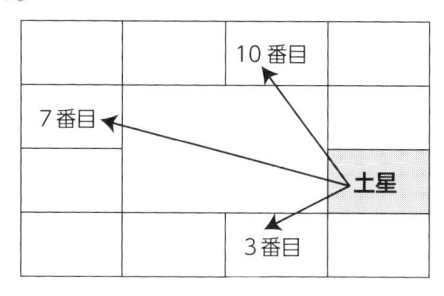

前頁のチャートの通り、土星の場合は、土星が在住しているハウスから3番目、10番目のハウスに一方的にアスペクトします。この場合、3番目、10番目のハウスに在住する惑星からアスペクトをして返すということはありません。

iii 相互アスペクト

通常、アスペクトは一方通行ですが、ある条件が揃うと相互アスペクトとなります。

【パターン1】

二つの惑星が180度対向のハウスにそれぞれ在住する場合。

牡羊座に在住する火星は対向の天秤座にアスペクトし、天秤座に在住する金星は対向の牡羊座にアスペクトをします。

火星と金星の相互アスペクト

【パターン2】

火星と土星の特別アスペクトによる相互アスペクト。

牡羊座に在住する火星は蟹座に4番目の特別アスペクトをし、蟹座に在住する土星は牡羊座に10番目の特別アスペクトをします。

火星と土星の相互アスペクト

(5) 在住

　在住とは、支配ハウスと在住ハウスが結びつくコンビネーションです。コンビネーションの強さとしては最も弱く、コンジャンクションの力を1とすると、在住はその半分程度となります。

　以下のケースでは、10ハウスと11ハウスを支配する土星が4ハウスに在住しています。ここで4ハウス、10ハウス、11ハウスが結びつくことになります。

　何番目のハウスにアスペクトかを整理すると下記のような表になります。

ASC、11ハウス、10ハウス、土星蟹座在住の関係

	Asc		
11ハウス			♄
10ハウス			

アスペクト表

	基本アスペクト	特別アスペクト
☉	7	
☽	7	
♂	7	4／8
☿	7	
♃	7	5／9
♀	7	
♄	7	3／10
☊		5／9
☋		5／9

(6) ケーススタディ

i　木星のアスペクトによる保護

　木星は生来的吉星ですから、木星からのアスペクトを受けると災難からの保護が与えられます。

ジョン・マケインはオバマアメリカ大統領選挙を争った共和党のベテラン議員です。彼はもともと海軍のパイロットだった人です。しかし、優秀なパイロットとは必ずしもいえず、5回も墜落経験があります。

彼のチャートを見ると、まず1ハウスに土星があります。これは人生の初期は困難ではあるが、その道のりを自分の力で切り開き、晩年になってから成功するキャリアであることを示しています。

ジョン・マケイン			
			☊
Asc ♄R			♂
☽			☉
	☋	♃	♀ ☿

水星は8ハウス支配の定座にありますから、政治家として必要な弁舌力やスピーチ力はあります。

6ハウスに火星、11ハウスにケートゥという凶星が在住するので、困難や障害はありますがそれを乗り越えていく力を持ちます。火星は減衰し、3ハウスと10ハウスを支配する機能的凶星です。このような火星は謙虚な姿勢を示していた方が周囲から好感を持たれますが、彼はこのことができがたい性格です。

9ハウスに凶星の火星とケートゥがアスペクトし、保守的な政治信条の傾向があります。2008年の大統領選でも彼のオバマに対するネガティブキャンペーンは成功しませんでした。むしろマイナスになっています。

彼は火星が減衰していると同時に10ハウスの木星から保護のアスペクトがかかっています。10ハウスの木星の保護の力が働いています。このことは彼のキャリアを調べると明らかです。爆撃機のパイロットになってから合計で5回の墜落事故や、戦場で敵からの攻撃で墜落し怪我をしています。しかし、そのたびに無事であるという幸運に常に恵まれます。

彼の乗り物に対する幸運度は第16分割図のショダシャムシャーでも

うかがえます。これは173頁で詳述します。

ⅱ　火星からの攻撃

　火星のアスペクトはそれを受ける惑星の凶意を増します。特に8番目のアスペクトの凶意は強いものがあります。

　このチャートは、43歳で腎臓癌で早世した在野の哲学者、池田晶子さんのチャートです。

　火星が2ハウス、7ハウスのマラカハウスを支配して8ハウスに在住しています。その火星は4番目のアスペクトを太陽、金星、ラーフにアスペクトしています。太陽は敵対星になります。

　また、火星から8番目のアスペクトを木星、土星にかけていて、ラーフも5番目のアスペクトをして木星を大きく傷つけています。

　木星は太陽、金星に5番目のアスペクトをしていますがガンダータであり、機能的凶星となります。これに加えて金星は太陽、火星、ラーフ、ケートゥの4凶星に挟まれ、一種のパーパカルタリヨガ的に働いています。こうした火星その他による攻撃がどのようなかたちで現象化したのかは、232頁のダシャーのところで解説します。

ⅲ　アスペクト集中

　あるハウスに惑星が在住していなくても、そのハウスにアスペクトが集中していればそのハウスは強く機能します。

バーを経営しているSさんのチャートでは、土星が10番目、火星が8番目、木星が7番目のアスペクトを2ハウスの射手座にしています。ここから多弁、商売熱心、飲食との強い関わりのある人生を歩むことになります。そのアスペクト集中が射手座サインなので率直な言動をする人でもあります。

木星と太陽が双子座でスーリアグルヨガを形成しています。実際に小賢しい駆け引きや嘘などつかず、堂々としたところのある人です。

7ハウスに火星、金星が在住するので結婚運はよくありません。離婚を2度しています。しかし、第9分割図（ナヴァムシャチャート）は良いので、現在は晩婚で結婚生活はうまくいっています。

バー経営のSさんのラーシチャート

ち		☊ ♀ ♂	☉ ♃
			☿
	☽ ☋ Asc		

Sさんのナヴァムシャチャート

♃ ♀			
☉			☿ ☋
☊			Asc ち
			♂ ☿

VII

ヨガ

1 ヨガの基本概念

(1) ヨガの意味

「ヨガ」は結びつきという意味になります。インド占星術におけるヨガとは、惑星やハウスがコンビネーションによって結びつくことで、1000以上のヨガがあります。

　今まで説明してきた基本法則の組み合わせによって導くことができるヨガもありますが、中には全く根拠が不明ながら結果が生じるヨガもあり、奥深いテーマといえます。

　インド占星術の初学者のうちは、良いといわれているヨガの数が多いと即吉意であるという錯覚を抱く傾向があります。しかし、それは間違いです。極端にいうならば、ヨガなど知らなくても結果として基本原則に沿ったリーディングをしていけば問題なく解釈できます。

　例えば、すべての惑星がケンドラハウスに在住すると「カマラヨガ」と呼ばれます。このヨガの持ち主は王者になるといわれています。生来的吉星がケンドラハウスに在住すると「マアラヨガ」と呼ばれ、幸運、贅沢な暮し、婦人との縁があるといいます。その逆に生来的凶星だけがケンドラハウスに在住すると「サルパヨガ」と呼ばれ、不幸と貧困を表すといわれています。これなどは、ケンドラハウスの意味をよく知っていればそのようなヨガの名前など知らなくても同じような解釈になります。

　あるいは、ラージャヨガという時、幸運のハウスである1ハウス、5ハウス、9ハウスのトリコーナハウスと保護を表す1ハウス、4ハウス、7ハウス、10ハウスのケンドラハウスがコンビネーションを組むから

良い意味が出てくるというわけです。
　具体的にいうと、社会的成功、高い地位、名声、権力をもたらします。同様に富、財産を表すダーナヨガも財産を表す2ハウスと収入を表す11ハウスが、「幸運」のハウスである1ハウス、5ハウス、9ハウスのトリコーナハウスとコンビネーションを組むからそのような意味が出てくるわけです。こうした根本的な意味をまずよく理解することが大切です。

（2）ヨガのクオリティ

　ヨガはできているから良いというものではなく、その品位が極めて重要です。惑星の在住星座、在住ハウス、支配ハウス、コンビネーションの強さなどを考慮に入れる必要があります。
　同じヨガでも、高揚やケンドラハウスと絡む場合と、減衰やウパチャヤハウス、ドウシュタナハウスと絡む場合ではその出方に大きな差が出ます。そのため、ヨガの数が少なくても品位が良ければ強い運を持てますし、ヨガの数が多くても本人の運気は必ずしも良くない場合が生じます。
　次頁からは主要なヨガを例にとって解説します。

代表的なヨガ

(1) ラージャヨガ

　ラージャヨガ は最も基本的なヨガです。ラージャヨガ は王者のコンビネーションという意味で、社会的成功、高い地位、名声、権力などをもたらします。

　ラージャヨガ にはさまざまな種類がありますが、まず基本法則の組み合わせによって導くことができる重要なコンビネーションを解説します。

i トリコーナハウスとケンドラハウスの支配星によるラージャヨガ

　このラージャヨガ は幸運のトリコーナハウスの支配星と保護のケンドラハウスの支配星のコンビネーションです。幸運のトリコーナハウスの支配星と保護を表すケンドラハウスの支配星のコンビネーションということであれば、それがおのずから社会的成功や社会的地位の確立をもたらすものであることが判断できます。

　具体的には、トリコーナハウスの1ハウス、5ハウス、9ハウスとケンドラハウスの1ハウス、4ハウス、7ハウス、10ハウスが星座交換したりコンジャンクションしたり、アスペクトする時に成立します。

　トリコーナハウスと1ハウス、5ハウス、9ハウスとケンドラハウスの1ハウス、4ハウス、7ハウス、10ハウスの組み合わせですので11種類のラージャヨガ ができます。

ラージャヨガ 組合せの内訳（11種類）

1	1ハウスの支配星（ラグナロード）と4ハウス、5ハウス、7ハウス、9ハウス、10ハウスの支配星	5種類
2	4ハウスの支配星と5ハウス、9ハウスの支配星	2種類
3	5ハウスの支配星と7ハウス、9ハウスの支配星	2種類
4	7ハウスの支配星と9ハウスの支配星	1種類
5	9ハウスの支配星と10ハウスの支配星	1種類

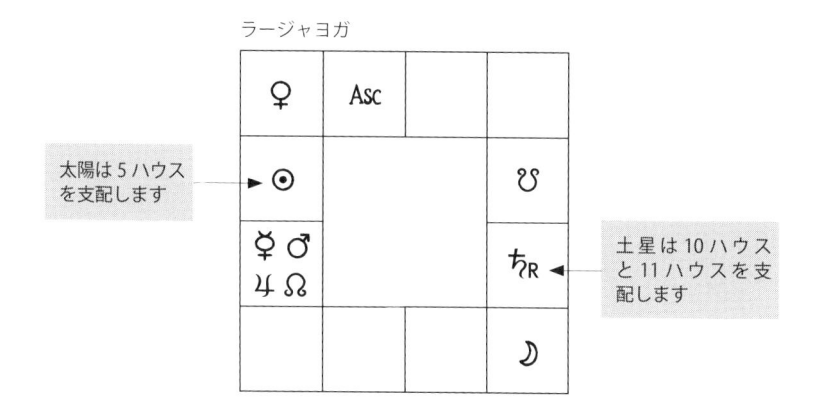

ラージャヨガ

太陽は5ハウスを支配します

土星は10ハウスと11ハウスを支配します

　太陽はトリコーナハウスの5ハウスを支配し、土星はケンドラハウスの10ハウスを支配しています。太陽と土星は相互アスペクトのコンビネーションなので、ここでラージャヨガが成り立ちます。

　このトリコーナハウスとケンドラハウスの支配星が形成するラージャヨガは、11種類もあることからわかるとおり、比較的よく見られるパターンです。そのため、それぞれの支配星がどの星座に在住しているのか、トリコーナハウスとケンドラハウス以外にどのハウスを支配しているのか、どのハウスに在住しているのか、そのコンビネーションの強さはどうなのかなど、そのラージャ

ラージャヨガのクオリティ

在住	高揚星座、ムーラトリコーナ、支配星座、友好星座
在住ハウス	ケンドラハウス（方角の強さがあればなお良い）
二重支配	凶ハウス、ドゥシュタナハウス、マラカハウス以外
コンビネーションの強さ	星座交換＆相互アスペクト＞星座交換＞コンジャンクション＝相互アスペクト

ヨガのクオリティが重要になってきます。

　ラージャヨガという時、その数が多いから成功するということはありません。

　普通、人でも4個〜5個はラージャヨガができていますが、たいして世俗的に成功はしていない人はたくさんいます。これは実占経験を積んでいけば、誰でもわかる歴然たる事実です。

ケーススタディ　　　　　　　　　　　　　　　　　　　　　小泉今日子さん

　右のチャートは小泉今日子さんのものですが、ラージャヨガの数は多くはありません。三つしかないのでむしろ少ないといえます。

　それでも彼女は世俗的には大成功しています。その理由は何でしょうか。

　チャートを見てみると、1ハウスはASCと太陽のダブルラグナになっています。真正の友好星である金星は5ハウスと10ハウスのラージャヨガカラカとなります。

　中立星の水星とは最強の9ハウスと10ハウス支配のラージャヨガを作り

小泉今日子さん

		☊ ♃R	☾
♂ ♄			
♀R ASC ☿ ☉			
	☋		

ます。

　主なラージャヨガ はこの二つだけですが、そこに木星が9番目のアスペクトをかけているなどの条件が加わり、ヨガの品位が良くなります。これだけ重要なハウスに集中して良き品位のヨガができていれば、それだけで十分な成功条件が成り立ちます。

　ただヨガの数だけ多くても成功条件とはいえません。それだけでは、たとえていえば贅肉がついているにすぎません。

　ヨガについては機械的に覚えないで、根本的な意味をまずよく理解することが何よりも大切です。

(2) ヴィーパリータラージャヨガ

　ドゥシュタナハウスの支配星（6ハウス、8ハウス、12ハウス）が、自分の支配する以外のドゥシュタナハウスに在住している場合に成立するラージャヨガ で、凶意が二重になることによって吉凶が逆転（ヴィーパリータ）することとされています。

　しかし、ドゥシュタナハウスの凶意はやはり残ります。たとえ社会的成功や財産をもたらしたとしても、反面ドゥシュタナハウスの影響でトラブルや苦悩をもたらします。

　ですから自分自身は精神的に満足したり充実したりという実感はないことが多いようです。

ヴィーパリータラージャヨガ

6ハウスの支配星が8ハウスか12ハウスに在住	幸福、名声、健康
8ハウスの支配星が6ハウスか12ハウスに在住	学識、富
12ハウスの支配星が6ハウスか8ハウスに在住	道徳的、満足

ケース スタディ ルイ・アームストロング

ドゥシュタナハウスの支配星が、自分の支配する以外のドゥシュタナハウスに在住するとヴィーパリータラージャヨガとなります。凶意が2重になることによって吉凶が逆転することになります。

このヨガと関わる惑星のダシャー期になると不思議と社会的成功をもたらします。財運も出てきます。

しかし、同時に成功までの苦労も多く本人は必ずしも幸福と感じないのがこのヨガの特徴です。つまり、社会的成功をもたらしたとしても、家庭的な不幸があったり、本人の健康に問題が出たりすることがあるかもしれません。

ダシャー期の成功は、それまでの本人の努力によってその成功度合いに大きな差が出ることはいうまでもありません。

このヨガの有名人にルイ・アームストロング、荒川静香さん、イチロー選手がいます。いずれもヴィーパリータラージャヨガ のダシャー期に社会的に成功しています。

ルイ・アームストロングの8ハウス支配の金星は6ハウスに在住しているので、いわゆるヴィーパリータラージャヨガになります。彼の幼年期は不遇でしたが、やがて良き師に恵まれてジャズミュージシャンとして世界的な名声と富を得ました。しかし、ミュージシャンとしての成功といっても正規の音楽教育を受けたわけではありません。

ルイ・アームストロング

☽ Asc	☋		
			☿ ☉
			♀
♃R ♄R		☊	♂

その師も少年院の中での出会いです。苦難の末の成功です。ヴィーパリータラージャヨガ の成功者にはこうした苦労がしばしばつきまといます。

また、この人の結婚も必ずしも幸せではありません。3度の離婚の末、4度目にやっと落ち着いた結婚をしています。この人はむしろハンサヨガ の木星が金星に向けて5番目のアスペクトをしているので芸術上の成功をもたらしたといえます。

もし、それがなくてただの金星単独のヴィーパリータラージャヨガなら金銭、恋愛、芸術上の悩みが深いだけでそれほど大きな成功はもたらさないと思います。

(3) ニーチャバンガラージャヨガ

i ニーチャバンガ成立の条件

「ニーチャ」というのは減衰、「バンガ」は無効という意味で、惑星が減衰星座に在住しているにもかかわらず、成功に結びつくとされています。

一般的には、ある惑星が減衰するとその惑星のパワーが弱くなり、良くない結果をもたらすといわれています。太陽は天秤座、月は蠍座、火星は蟹座、水星は魚座、木星は山羊座、金星は乙女座、土星は牡羊座でそれぞれ減衰します。しかし、惑星が減衰の星座にあったとしても、ある条件を満たしてニーチャバンガラージャヨガとなる時、減衰の意味合いがキャンセルされ、その惑星のダシャー期には社会的に成功するといわれています。

このニーチャバンガはいくつかの説があります。例えば、減衰する惑星がそのディスポジターと星座交換している場合（蠍座の月と蟹座の火星）、あるいは減衰する惑星がお互いにアスペクトしあっている場合（山羊座の木星と蟹座の火星）などが挙げられます。

しかし、私の鑑定経験上ではその有効性に疑問がもたれる場合がよく

あるので、ここでははっきりと有効性が認められるもののみを取り上げます。

ニーチャバンガラージャヨガはチャラクの著作に諸説が書かれていますが、ここではまず最も信頼性の高い、あるいは効果の高いものに絞って解説します。

ニーチャバンガラージャヨガ

減衰惑星が在住する星座の支配星が、1ハウスもしくは月の在住星座から数えてケンドラハウスに在住する。
減衰惑星が高揚する星座の支配星が、1ハウスもしくは月の在住星座から数えてケンドラハウスに在住する。
減衰惑星が在住する星座の支配星が、減衰惑星とコンジャンクションもしくはアスペクトしている。
減衰惑星が高揚する星座の支配星が、減衰惑星とコンジャンクションもしくはアスペクトしている。

右のチャート（ニーチャバンガラージャヨガになるケース①）は、表の1番目である「惑星が減衰している星座の支配星が、ASCや月から見てケンドラハウスに在住する」場合に該当します。木星が山羊座の位置で減衰していますが、その星座の支配星である土星はASCから見てケンドラハウスの7ハウスに在住します。

ニーチャバンガラージャヨガになるケース①

		☊ Asc	
♀ ♂			
☉ ♃			
☿	☋ ♄	☽	

次頁のチャート（ニーチャバンガラージャヨガになるケース②）は、ニーチャバンガラージャヨガの2番目のケースです。土星は牡羊座で減衰し

ています。その土星が高揚するのは天秤座です。そして天秤座の支配星は金星です。金星は右のチャートの場合、ASCから見てケンドラハウスの7ハウスにあります。そのため、この土星はニーチャバンガとなります。

例示した木星ニーチャバンガの人の場合、木星期になっても、本人の運気はたいして良くなりませんでした。この時期に社会的に成功することはなく、たいした人生は歩みませんでした。これはどうしてでしょうか。

木星は8ハウス、11ハウス支配で機能的凶星です。木星も太陽もラーシサンディの状態となっています。つまり、品位が低い状態にあります。せっかくのスーリヤグルヨガ が良いかたちで活かすことができていません。

一般に減衰する惑星のダシャー期は、悪いことが起きるとされていますが、ニーチャバンガが形成される場合、凶意がキャンセルされて、惑星の吉意が出るとされています。

しかし、実際はどうでしょうか。ASCまたは月から見て、「減衰する惑星が在住する星座の支配星」が、ケンドラハウスに在住する確率は、ASCだけなら3分の1、月だけなら3分の1です。つまり、3人に2人はバンガされることになります。

他にも、四つ以上はバンガする条件があるので、減衰惑星を持つかなりの人に、ニーチャバンガが成り立つことになります。それでは、この人達が、減衰惑星のダシャー期に全員成功するのでしょうか。それは大いに疑わしいところです。

ii　減衰同士の星座交換の効果の疑問

星座交換には、この他に二つの説があります。

> ❶ 減衰する惑星が、そのディスポジターと星座交換する。
> 　（蠍座の月と蟹座の火星がその場合に該当します）
>
> ❷ 減衰する惑星がお互いにアスペクトしあっている。
> 　（山羊座の木星と蟹座の火星がその場合に該当します）

この減衰する惑星同士が星座交換する時も、ニーチャバンガラージャヨガとなり歓迎されるという説があります。まだまだ研究を進めなければいけないので一概に否定はできませんが、132頁の四つのケースに比べると、鑑定経験上、その効果は弱いのではないかと思われます。

ニーチャバンガラージャヨガは惑星が減衰しているにもかかわらず、その惑星のダシャー期は成功に導かれるといわれていますが、上記の二つはその効果は薄いのではないかという疑問が残ります。

ニーチャバンガラージャヨガにはいくつかの形成パターンがありますが、右のチャートような減衰惑星同士の星座交換は、多くの場合減衰の弱さは残ります。4ハウスで月が減衰しているので、やはり母親との関係に問題が出てきます。

12ハウスでの火星減衰では自己主張力の弱さや駆け引きのまずさなどの欠点はそのまま残ります。これらはニーチャバンガになっていても消せない弱点として残ります。

また、そのダシャー期になって

減衰同士の星座交換

☉ ♃		
☿		☊ ♂ᴿ
☋ ♀ ♄		Asc
	☽	

もたいして成功もしていません。こうしたヨガがあるからといって、ぬか喜びはできません。

今までの鑑定経験からいうと、ニーチャバンガラージャヨガというのは確かに悪くはありません。しかし、少し過大評価されているように思います。

減衰惑星のダシャー期に成功するか否かはそれだけでは決められません。実際には、その時期に成功している人もいれば、たいして成功していない場合もあります。それはできるヨガの品位によって決まってきます。

ニーチャバンガヨガ になっている惑星が本当にそのダシャー期に力を発揮するかどうかは、いろいろな条件を考えて慎重に決める必要があるでしょう。

ⅲ　ヨガの品位の重要性

ケーススタディ ── バラク・オバマ米大統領

例えば、アメリカのバラク・オバマ大統領は木星減衰のニーチャバンガラージャヨガであり、今現在も木星のダシャー期にあります。

木星が1ハウスで減衰していますが、同時にラグナロードの土星が在住しますのでニーチャバンガラージャヨガです。木星は月から見ても8ハウスの在住で減衰するので特別のヨガが働きます。

土星は1ハウス、2ハウス支配のダーナヨガでトリコーナハウスとケンドラハウスにあるのでとても強力です。

月は5ハウスのトリコーナハウスにあり高揚します。これだけ品位が良いと木星期はきっと強力な運がめぐってくるでしょう。

オバマは2008年11月5日に大統領に選出されました。

MDは木星であり、ニーチャバンガラージャヨガが強力に働きます。ADは高揚の月でASCから見てケンドラハウスの7ハウス支配です。そのために大統領になったともいえます。

　2010年10月にノーベル平和賞を受賞した時は、木星／火星期です。火星は蠍座にアスペクトバックし勲章のラーフとコンジャンクションしています。

　しかし、その反面、減衰惑星は減衰惑星であり、オバマが大統領になってからリーマン・ショックに見舞われ未曾有の不況がやってきました。今現在もその対応に大変な苦労をしていますし、その後の選挙でも民主党は芳しい成果を上げていません。たいした外交成果も上げていません。やはり減衰惑星の時期はいくらバンガ（解除）していてもその弱さがどこかに残ることは否めません。

　実際に見ていると、減衰ニーチャバンガのダシャー期だからといって、社会的に成功しているとは限りません。多くの人はたいして成功はしていません。しかし、バンガしていない人に比べると、ある程度の底支えはしているに思います。そうひどい状態になってはいません。このへんがバンガのもたらす功徳なのでしょう。

　成功している人は、ヨガの品位が良かったり他の条件も良かったりするものです。例えば、減衰惑星が9ハウス、10ハウスを支配していて品位が高いなどの場合は、確かに成功をもたらしています。

バラク・オバマ米大統領

♃-☉	Sun	02-04-2007
♃-☽	Fri	11-23-2007
♃-♂	Tue	03-24-2009
♃-☋	Sun	02-28-2010
♄-♄	Tue	07-24-2012

3 財運のヨガ

(1) ダーナヨガ

　ダーナヨガも同様に、収入のハウスである2ハウス、11ハウスと幸運を表すトリコーナハウスのコンビネーションですから、富や財産をもたらすヨガとなります。

　具体的には、収入を表す2ハウス、11ハウスと、幸運を意味するトリコーナハウスの1ハウス、5ハウス、9ハウスが星座交換したりコンジャンクションしたり、アスペクトする時に成立します。

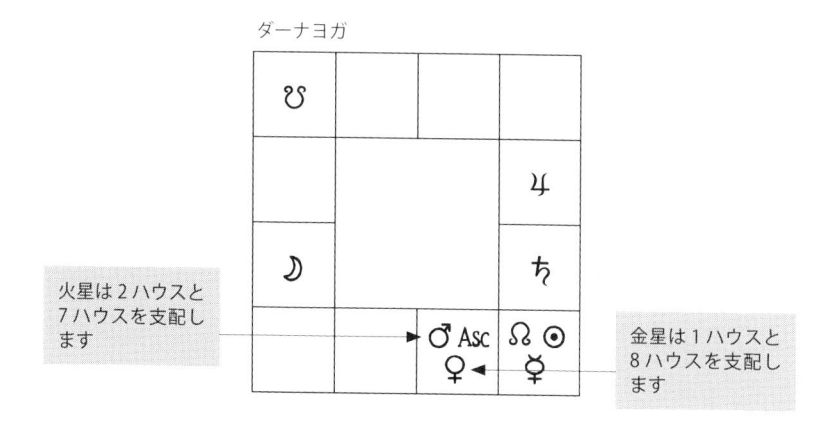

ダーナヨガ

火星は2ハウスと7ハウスを支配します

金星は1ハウスと8ハウスを支配します

　上のチャートでは、火星は2ハウスと7ハウスを支配しています。金星は1ハウスと8ハウスを支配しています。火星の2ハウスは収入を表し、金星の1ハウスは幸運のトリコーナハウスです。火星と金星はコンジャンクションしているので、ここでダーナヨガが成り立ちます。

この他に、金星トリコーナハウス支配の1ハウスと火星ケンドラハウス支配の7ハウスでラージャヨガが成り立っています。

(2) チャンドラマンガラヨガ

　チャンドラマンガラヨガは富をもたらすヨガの一種です。木星のアスペクトがない場合、手段を選ばぬ実行力や強引さを持っています。投資家やギャンブル好きの人、一部の犯罪者にもよくこのヨガが見られます。
　これが良く出るか裏目に出るかは既述のようにその品位に関わっています。有名人ではビル・ゲイツやトーマス・エジソンなどがこのヨガを持っています。

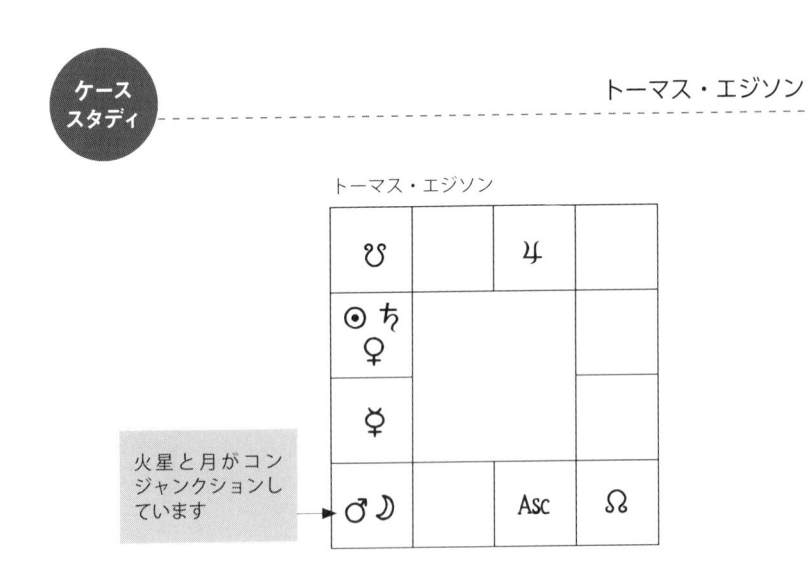

ケーススタディ ─────────────── トーマス・エジソン

トーマス・エジソン

	☋	♃	
	☉ ♄ ♀		
	☿		
	♂ ☽	Asc	♌

火星と月がコンジャンクションしています

　エジソンはいくつかの偉大な発明をしたことは間違いありませんが、同時に自らの権利を守るために訴訟をいとわず「訴訟王」という異名を持っています。また、他者の発明を積極的に金で奪い取ることもいとわ

ない2面性があります。

　彼の3ハウスの火星と月がコンジャンクションしてチャンドラマンガラヨガを作っています。彼が創造性に優れていたことは事実ですが、改良発明、製品化そしてそれを通じての事業化の方に彼の評価があります。チャンドラマンガラヨガの持つ強引性もこうした生き方に反映されています。

パンチャマハープルシャヨガ

　火星、水星、木星、金星、土星の五つの惑星がケンドラハウスに在住し、かつ高陽、ムーラトリコーナ、定座に位置する時、それぞれの惑星はその働きを最高限度に発揮する力を持ちます。ただし、これが良い結果を生じるにはチャート全体の強さや太陽と月が強い場合などの条件が必要です。このヨガがあっても平凡な人生を歩んでいる人は大勢います。

1	**ルチャカヨガ** 火星がケンドラハウスに在住し、かつ高陽、ムーラトリコーナ、定座に位置する時	このヨガを持つ人は、大胆、勇敢、良き外見、力強さ、争い事での強さを発揮します。
2	**バドラヨガ** 水星がケンドラハウスに在住し、かつ高陽、ムーラトリコーナ、定座に位置する時	このヨガを持つ人は、強い知識欲、高い知性、良き分析力があり、高い社会的地位を得ることができます。
3	**ハンサヨガ** 木星がケンドラハウスに在住し、かつ高陽、ムーラトリコーナ、定座に位置する時	このヨガを持つ人は、知識欲が高く人徳があり安らぎをもたらす。また、美しい妻に恵まれます。
4	**マラビアヨガ** 金星がケンドラハウスに在住し、かつ高陽、ハウスムーラトリコーナ、定座に位置する時	このヨガを持つ人は、美貌と美しい身体を持ちます。芸術芸能の才能があり富にも恵まれます。
5	**シャシャヨガ** 土星がケンドラハウスに在住し、かつ高陽、ムーラトリコーナ、定座に位置する時	このヨガを持つ人は、強いリーダーシップを発揮します。富に恵まれ勇気もあります。女性は妖艶な美人です。

5 幸運のヨガ

(1) ガージャケサリヨガ

　ガージャケサリヨガ は月と木星がケンドラハウス関係の位置にある時に成り立ちます。ケンドラハウス関係とは、二つの惑星間のハウス関係が、1ハウス、4ハウス、7ハウス、10ハウスの関係になっていることを意味します。
　このヨガの持ち主は、永続する名声、学識、優れた記憶力、組織のリーダーをもたらすことができます。
　しかし、このヨガは月の動きが早いために比較的できやすいヨガですので、その品位には十分考慮を払う必要があります。
　惑星の強さや品位の差によって、同じリーダーでも大組織の統率者となるか小サークルの世話役で終わるか、あまり世間から評価されない特殊な分野に妙に凝って時間やお金を費やすだけで終わるかなどの差が出ます。
　有名人としてはナポレオン・ボナパルト、アルバート・アインシュタイン、マハトマ・ガンジーなどがこのヨガを持っています。みな「永続する名声」を誇っています。

ケーススタディ：マハトマ・ガンジー

　ガンジーのチャートを見てみると、牡羊座の木星と蟹座の月が1ハウス－4ハウス関係、つまり、ケンドラハウス関係になっています。しかも木星は7ハウスにあり、火星がアスペクトバックしています。

　月は10ハウスで定座にあり、どちらもケンドラハウス在住です。「インド独立の父」としての彼の名声は、まさに永続する名声として今日に至るまで続いています。

マハトマ・ガンジー

		♃R	
			☊ ☾
	☋		
		Asc ☿ ♀ ♂	☉
	♄		

木星と月が4ハウス離れてケンドラハウス関係の配置をしています

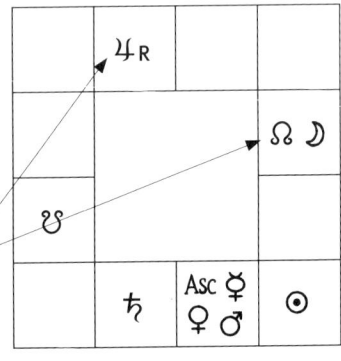

ケーススタディ：橋下徹大阪市長

　これは橋本徹大阪市長のチャートです。弁護士という専門職から政治家へという経歴を持ち、地方の活性化に向けて力を注いでいます。

　木星は7ハウスに在住し、1ハウスと10ハウスを支配しています。月は5ハウスを支配し10ハ

橋下徹大阪市長

☊ Asc	♄ ♀	☿	☉
☾	♂R		☋ ♃

VII ヨガ

ウスに在住しています。木星と月はケンドラハウス関係にありますのでガージャケサリヨガ が成立します。

　木星はケンドラハウス在住でトリコーナハウス支配、月もトリコーナハウス支配でケンドラハウスに在住しています。しかも月は満月状態になっています。木星が敵対星であることを除けば、ガージャケサリヨガとしては良質のヨガといえます。

　強いリーダシップが取れる人ですが、土星の減衰は見逃せません。政策の一貫性のなさ、気紛れさが目につきます。

　9ハウスに火星があり、2ハウスと9ハウスを支配しています。9ハウスには「法律」の意味がありますので、法律問題について弁舌で戦い利益を得る象意となります。つまり、弁護士としての職業上の成功です。水星は4ハウス、7ハウスの支配ですからアスペクトを受けることにより、ラージャヨガ とダーナヨガが成立します。

(2) グルマンガラヨガ

　グルマンガラヨガ は、本人の努力によって成功するヨガです。チャンドラマンガラヨガの持ち主ほどではありませんが、ある程度の強引さもあります。

　本人の努力が成功の秘訣ですが、それは裏を返せば成功のためには、他人を頼りにできず、自力更生でことを進めていかざるを得ない傾向を意味します。そのどちらで出るかよく他の条件を検討する必要があります。

　有名人としては、石井慧(さとし)選手、松田聖子さん、舛添要一さん、ヴィンセント・ヴァン・ゴッホなどがいます。いずれも自分自身の努力で成功を勝ち得た人達です。しかし悪く出ると独断専行の傾向が出る人もいます。

ケーススタディ　石井慧選手

　このチャートは、北京オリンピックにおいて柔道で金メダルを獲得した石井慧選手のものです。

　彼は柔道から総合格闘技に転向しました。友好星の火星と総合的に中立の土星とが星座交換をしています。これは優れた武道家の特徴です。

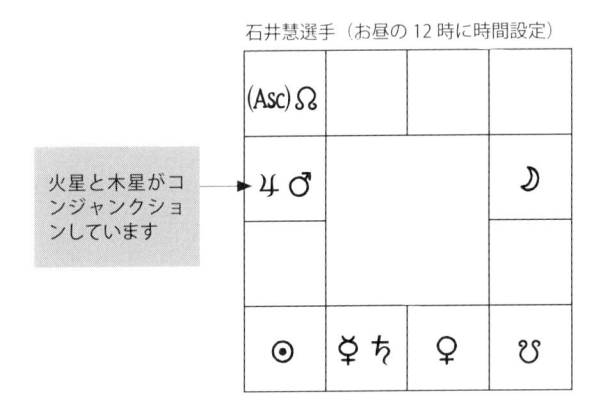

石井慧選手（お昼の12時に時間設定）

	(Asc) ☊		
火星と木星がコンジャンクションしています →	♃ ♂		☽
	☉	☿ ♄	♀ ☋

　太陽ラグナから見るとこのグルマンガラヨガは3ハウスに在住します。3ハウスの象意のスポーツ分野での努力や訓練により成功したことを意味します。実際に、彼の北京オリンピックでの金メダルは、自費で海外に出かけ、ブラジリアン柔道をはじめ海外の異質の柔道を研究し、その対策を練った賜物です。まさに自力の努力による成功です。

　典型的なケマドルマヨガの持ち主ですが、Wikipediaなどによると、剛毅な性格の一面、うつ病的要素の強い人でもあるそうです。

(3) スーリアグルヨガ

　スーリアグルヨガ は、高貴さや威厳、権威をもたらすヨガです。このヨガの持主は堂々たる態度があり、妙な隠し立てをしません。小賢しい嘘もつきません。
　これが良く出れば貫録や上品さ、王道を進むなどの出方をします。しかし、品位が低いと、馬鹿正直で世渡りが下手な傾向が出てきます。
　威厳が保たれるかどうかは、その人のチャートがそれだけ強いかどうかを考慮しまければなりません。
　有名人ではオードリー・ヘップバーン、マリア・カラスなどがこのヨガを持っています。ヘップバーンでは気品、マリア・カラスでは堂々たる歌姫の貫録というかたちで、スーリアグルヨガ が出ています。

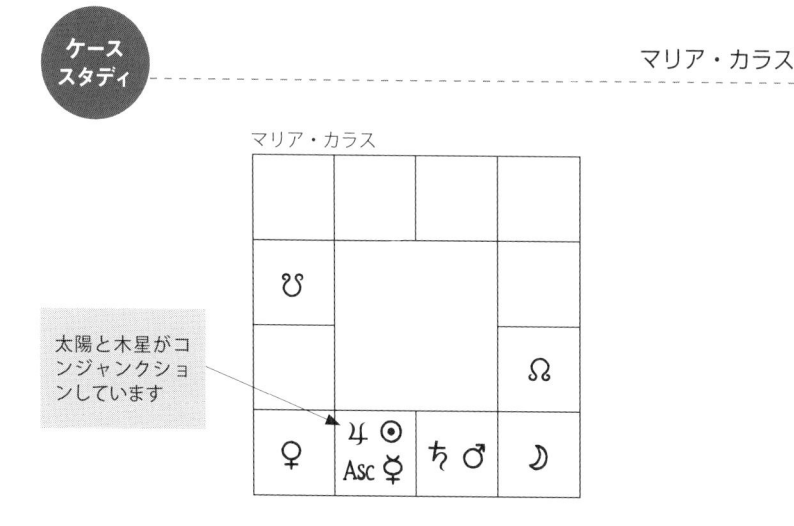

ケーススタディ ─────────────────── マリア・カラス

マリア・カラス

太陽と木星がコンジャンクションしています

　このチャートは、一世を風靡したオペラ歌手のプリマドンナ、マリア・カラスのものです。彼女の声は激しい訓練の賜物といわれています。長

時間の訓練に裏打ちされた安定した声が彼女のオペラ歌手としての身上でした。

　最初に音楽訓練を受けた場所は、両親の故国とはいえ、外国のギリシャです。12ハウスに在住する高揚の土星にそれが表れています。そこに火星がコンジャンクションしていますので、相当激しい訓練だったと思われます。

　その土星が2ハウスの金星にアスペクトしています。2ハウスは人体部位でいくと声帯や喉を表す部位です。そこに金星があるわけですから、持続的な声楽訓練により収入を得ることになります。ベルカント唱法による並外れた自己表現力を発揮しています。

　1ハウスは見事なスーリアグルヨガになっています。この太陽は第9分割図のナヴァムシャでも蠍座にあり、強力な働きをします。木星も2ハウスと5ハウス支配ですから、職業上の利益や名声を得ることができます。スーリアグルヨガとしては最高限度に良質なヨガです。

6 不運のヨガ

(1) ケマドルマヨガ

　月の両側のハウスに太陽とラーフ、ケートゥ以外の惑星が在住していない場合、孤独や心の寂しさを表すヨガとなります。

　一般的には恋愛運・結婚運は弱いですが、良きダシャー期になると結婚する人はいます。中には心の寂しさを紛らわすために多くの社交クラブやパーティーなどに顔を出して、表面的には多くの友人を持つケースもあります。その意味では、ケマドルマヨガ だからといって必ずしも社交性がないとはいえません。

　月や ASC からケンドラハウスに太陽以外の惑星が在住している場合、ケマドルマヨガ は緩和されます。これを「カルパドルマヨガ 」といいます。このヨガを持っている人は、心の寂しさを仕事に打ち込むことによって紛らわす傾向があります。そのため、成功している芸能人、スポー

ケマドルマヨガ

月が孤立しています。両脇に惑星がありません

ツマン、実業家の多くの人に、このヨガの持ち主がいるのは面白い現象です。

前頁のチャートは、牡牛座にある月の両側の星座に惑星がありません。

また、下のチャートも月の両側に惑星はありませんが、ASCから見てケンドラハウスの一つである7ハウスに木星があります。この場合は、ケマドルマヨガの持つ寂しさが緩和されます。

カルパドルマヨガ

月から見たケンドラハウスに惑星があります

ケマドルマヨガ の一つの変形です。ケマドルマヨガ ではあるがASCや月から見て、ケンドラハウスに太陽以外の惑星が在住しています。これがカルパドルマヨガです。心の寂しさを紛らわすために、人一倍仕事や趣味に打ち込んだりするので職業上の成功はかえって高いものがあります。

このため、世の中の多くの成功者、芸能人、スポーツ選手にカルパドルマヨガが見られます。有名人ではナポレオン、クララ・シューマン、福原愛選手、安室奈美恵さん、石井慧選手、エリザベス・テイラーなど多くの人がケマドルマヨガ となっています。

(2) パーパカルタリヨガ

ASCの両側のハウス、つまり2ハウスと12ハウスに生来的凶星が在住する場合、パーパカルタリヨガ となり、病弱、不健康な食事、過剰な性的情熱など1ハウスの象意が傷つく傾向が強くなります。

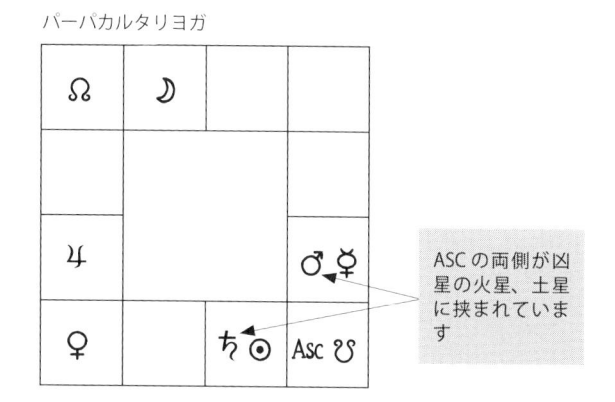

パーパカルタリヨガ

```
| ☊ | ☽ |   |   |
|   |   |   |   |
| ♃ |   |   | ♂☿|
|   | ♀ |   | ♄☉ Asc ☋|
```

ASCの両側が凶星の火星、土星に挟まれています

具体的には、偏食やヘビースモーカー、不規則な生活や食事で健康を害する傾向がよく見られます。

1ハウスだけでなく、ある惑星が周りを多くの凶星で囲まれていたりすると同じようが現象が出てきます。パーパカルタリヨガとなっている惑星とコンビネーションを組む惑星もこの影響を受けます。

このヨガを持っている有名人に浜崎あゆみさんがいます。

ケーススタディ ───────────────── 浜崎あゆみさん

次頁のチャートが彼女のものです。太陽の周りは土星、火星の凶星に囲まれています。同時にケートゥよりアスペクトを受け、ラーフと新月

状態の月とコンジャンクションしています。

それと同時に、彼女の金星はマラビアヨガ という金星の働きを最高度に発揮するヨガでもあります。彼女がモデル、歌手として芸能界で大活躍できる所以でもあります。

浜崎あゆみさん

☋	Asc		
			♃
			♄
		♂ ♀	☊ ☉ ☿ ☽

(3) アリシュタヨガ

ASCや月、または1ハウスの支配星や月が在住する星座の支配星（ディスポジター）が、ドゥシュタナハウス（6ハウス、8ハウス、12ハウス）やマラカハウス（2ハウス、7ハウス）と関連すると、アリシュタヨガ となります。生涯において病気・事故・死などの危険が生じる可能性があります。

ケーススタディ 三島由紀夫

次頁のチャートは三島由紀夫のものです。典型的なケマドルマヨガであり、かつアリシュタヨガ でもあります。1ハウスに在住する月の前後のハウスに惑星が存在せず、ASCおよび月から見てケンドラハウスに惑星がありません。彼の孤独感はきっと深いものがあったことでしょう。

三島はASC、月が獅子座でダブルラグナとなっています。ラグナロー

ドおよび月のラグナロードである太陽はドシュタナハウスの6ハウスに在住します。月は12ハウスの支配であり、そのディスポジターのラーフは12ハウスの蟹座から太陽に対して7番目にアスペクトしています。このようにラグナロード（1ハウスの支配星）とマラカハウスやドゥシュタナハウスが絡むとアリシュタヨガ となり、これらの惑星が絡む

三島由紀夫

	♂		
			☊
	☉ ☋		☽ ASC
	♀ ☿ ♃		♄

ダシャー期になるとその悪しきカルマが現象化します。

　彼の土星は努力と訓練のハウスである3ハウスで高揚し、自己表現を表す5ハウスにアスペクトしています。その5ハウスにはムーラトリコーナの木星、文章を表す水星、芸術性を表す金星が在住しています。三島の古典的ではあるが絢爛とした格調高い文章はこの辺の厳しい芸術的訓練と高い資質から生まれたものです。

　1ハウスの支配の太陽はウパチャヤハウスの6ハウスに在住し、1ハウス在住の月はドゥシュタナハウスの12ハウスを支配しています。ASCや月の支配星がウパチャヤハウスやドゥシュタナハウスと絡む典型的なケースです。病気、事故、不慮の死などの暗示になります。三島の割腹自殺の遠因となっています。

7 その他のヨガ

(1) スパカルタリヨガ

パーパカルタリヨガ の逆で、ASC の両側のハウスが生来的吉星に囲まれた場合です。健康、富、名声が約束されます。

(2) ダリドゥリャヨガ

12ハウス在住の ASC の支配星、1ハウス在住の12ハウスの支配およびこれらに対してるマラカハウス（2ハウス、7ハウス）の強い影響がある場合、貧困、苦しみ、不健康などの問題が出ます。

(3) チャンドラヨガ

月に関わるヨガは重要です。既に紹介したガージャケサリヨガ、ケマドルマヨガ も月に関わるヨガです。その他に以下のヨガがあります。

【スナパヨガ】月から見た2ハウスに太陽、ラーフとケートゥ以外の惑星がある時、スナパヨガ となります。このヨガは良き性質、富、財を稼ぐ能力、宗教的性質を与えてくれます。

【アナパヨガ】月から見た12ハウスに太陽、ラーフ、ケートゥ以外の惑星がある時、アナパヨガ となります。このヨガは健康、愛される性質、名声、高徳、有能さ、富、幸福を与えてくれます。

【ドゥルダーラヨガ】月の両側に太陽、ラーフ、ケートゥ以外の惑星がある時をいいます。このヨガの持ち主は名声、さわやかな弁舌、学識、高徳、富、安らぎ、乗り物などを与えらます。

【アディーヨガ】月から見た6ハウス、7ハウス、8ハウスに生来的吉星がある時に成り立ちます。高い社会的地位、指揮官としての能力、健康、長寿、繁栄が約束されます。

ケーススタディ ──────────────────── 小室哲哉さん

右のチャートは小室哲哉さんのものです。彼の6ハウス、7ハウス、8ハウスには木星、金星、水星があります。凶星の太陽、土星もありますので純粋なかたちではありませんが、アディーヨガ を形成します。彼が一時期は「小室ファミリー」と呼ばれた繁栄を築いたパワーの源泉でもあります。

小室哲哉さん

☊	♂R	☽ ASC
☿ ♄	☉ ♀	♃	☋

（4）シャカタヨガ

月から見て木星が6、8、12番目のハウスの位置にあり、かつ木星がケンドラハウス以外のハウスにある場合に成り立ちます。苦労の多い人生、不安定な運勢を表します。上の小室哲哉さんのチャートには同時にシャカタヨガ が見られます。

(5) サンニヤシヨガ

　サンニヤシヨガ は俗に「出家のヨガ」と呼ばれます。それは世俗的生活を捨てて出家することを意味します。代表的な例が、四つ以上の惑星がケンドラハウスかトリコーナハウスに惑星集中している場合です。それ以外のサンニヤシヨガ の例として、以下のものがあります。

> ❶ 月が火星の星座に在住し、土星からアスペクトされている。
> ❷ 月が土星の星座に在住し、火星からアスペクトされている。
> ❸ ケートゥが12ハウスに在住し、そこに5ハウス、9ハウスの支配の木星がアスペクトしている。

サンニヤシヨガ

月が火星支配の牡羊座に在住し、土星から10番目のアスペクトをするケース

♃R	☽ ☊		♂R
			♄R
Asc			
	☉	☿ ☊	♀

　このようなヨガの持ち主は、もちろん日本人でも多く見られますが、実際に出家するとは限りません。日本人の場合はむしろ少数です。宗教活動やボランティア活動をしている人は、むしろ6ハウス、9ハウス、火星などに特徴があります。

しかし、サンニヤシヨガの持ち主とよく話をしてみると、出家気分の人は非常に多いと思います。「隠遁生活への憧れを持ちつつも世俗的生活を続ける」、「職業生活の中で求道者的生き方をする」、「武道家や芸術家のように、いわゆる『道』を追求する」そのような生き方をしている人達にサンニヤシヨガ が見られます。いわゆる、世俗の生活を続ける中で、求道者的生き方を選択する人生を送ります。

　このようにインドではサンニヤシヨガ は「出家のヨガ」であるかもしれませんが、日本では上記のようなかたちで出ます。

　これまで説明してきたヨガはほんの一部ですが、惑星やハウスがどうなれば強くなるか、肯定的な良い働きをするのか、あるいは否定的な働きをするのかという基本法則を理解していれば、理論的に導き出せるものも多く存在します。

　全部記憶するのは至難の業ですし、中には眉唾物のヨガもあります。古典や英語の文献からヨガを勉強する機会のある方は、鑑定で使う前に実際にそのヨガの信憑性を確認してから使うようにしてください。

コラム

占術および占星術における
一般教養と常識の重要性（前編）

　占星術ばかりでなく占術全般にわたり、占う対象に対する知識が重要になります。

　理想をいえば、各分野の専門家がその分野の占いに限定してやると一番当たる確率が高いと思います。法律訴訟問題の占筮をやるのなら法律の専門家が一番当たります。胃の健康問題なら消化器系の医師が医療占星術を駆使すれば一番確かなリーディングができます。芸能界のことは芸能レポーターが占えば一番よく当たるでしょう。

　占術の法則は、抽象的な一般概念として示されることが多いのです。

　『易経』で示される概念は64卦、象伝、彖伝とも非常に抽象的です。そこから具体的な解釈をするのに一番重要なことは何でしょう。『易経』の精密な解釈の知識は役に立つけれどもそれは本質的な問題ではありません。

　それがわからない時はその部分を、辞書を引くようにきちんと読み返せばことは済みます。もちろん直観でもありません。断易との併用でもありません。

　大切なことは占おうとする対象の正確な情報、知識、状況把握です。

　「乾為天上九」を得て、「亢龍悔あり」と出たとしても、具体的にそれをどう解釈するかが大切になります。

　適切な対応水準とは具体的にどこまでのことを指すのか、どこまでの一線を越えたらやり過ぎなのか、きちんと確認しなくては適切な判断はできません。

　これを無視して『易経』だけをいくらこねくり回しても適切な答えは出てきません。

　占星術もこれと同様です。実占に当たって一番重要なことは、あまたあるサイン、惑星、ハウスの象意の中から、最も的確に当てはまる象意を引き出してくる作業です。これは占星術の知識だけではできません。

（176頁に続く）

VIII　リーディングのポイント

ๆ 惑星の支配と在住

(1) 支配星座

　正確なリーディングを行うには、まず支配星座の概念をよく理解してください。

　各星座はラーフとケートゥ以外の7惑星のいずれかが支配しています。太陽と月は一つずつ、火星、水星、木星、金星、土星は二つの星座をそれぞれ支配します。西洋占星術では天王星、海王星、冥王星に星座を支配させていますが、インド占星術では支配星としての役割を持たせていません。

　インドでは、惑星が星座を支配するようになったエピソードとして次のようなものがあります。

♓ 祭司	♈ 軍人	♉ 大臣	♊ 王子
♒ 召使い			♋ 王女
♑ 召使い			♌ 王様
♐ 祭司	♏ 軍人	♎ 大臣	♍ 王子

太陽と月はそれぞれ国王と女王を表します。

太陽は獅子座を城とし、乙女座・天秤座・蠍座・射手座・山羊座を所有していました。

月は蟹座を城とし、双子座・牡牛座・牡羊座・魚座・水瓶座を所有していました。

水星は国王の後継者である王子です。王子は、国王の居場所に最も近くなければいけません。彼は王様となるように訓練されなければならず、そのためには支配者の最も近くにいる必要があるのです。そこで、獅子座の一つ隣の乙女座と、蟹座の一つ隣の双子座を王子の所有地として与えました。

　国王にいろいろ助言を与える大臣は金星が担当しています。金星は世事における知恵と深い知識を備えており、国家の運営に長けています。大臣には王子の隣の所有地である、天秤座と牡牛座が与えられました。

　王様、王子、大臣を守るためには軍人が必要となります。これは火星が担当しています。軍人は大臣の隣の所有地である蠍座と牡羊座が与えられました。

　国王には、宗教的な助言を与える祭司が必要です。大臣と同様、いろいろなことについて王様にアドバイスする指導者です。これは木星が担当しています。祭司は軍人の隣の所有地である射手座と魚座が与えられました。

　最後に召使いや平民が最も王様から遠い所有地である山羊座と水瓶座が与えられました。

（2）惑星の支配と在住の再確認

　惑星の品位の説明に入る前に、惑星のハウス支配とハウス在住の違いについてもう一度確認します。

　次頁のチャートは、木星と金星のハウス支配と在住の説明図です。

　まずASCが水瓶座にあるとします。木星はASCを起点として時計回りで3番目のハウスに在住しています。木星が定位置となる星座は魚座と射手座です。水瓶座がASCの場合、その魚座と射手座は2ハウスと11ハウスになります。ですからこの場合、木星は2ハウスと11ハウスを支配して、3ハウスに在住する木星と表現します。

金星の場合、ASC が双子座にあるとします。この時、金星は ASC を起点として時計回りで3番目のハウスに在住しています。金星が定位置となる星座は天秤座と牡牛座です。双子座が ASC の場合、その天秤座と牡牛座は5ハウスと12ハウスになります。ですからこの場合、木星は5ハウスと12ハウスを支配して、3ハウスに在住する金星と表現します。

　少しややこしいですが、ここはインド占星術を理解する上で非常に大切な部分です。

木星の支配と在住の関係

金星の支配と在住の関係

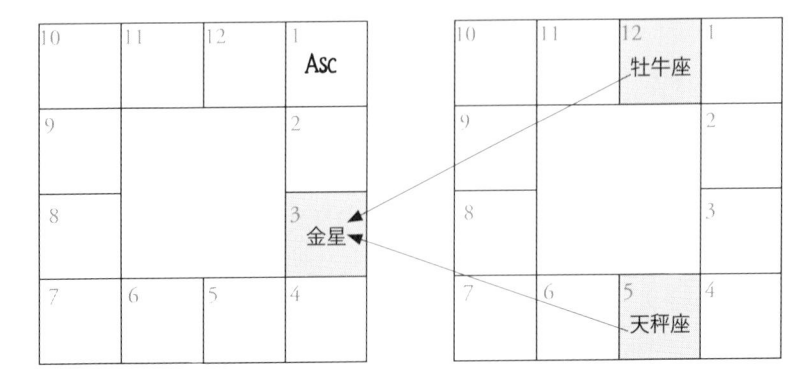

惑星の品位

　惑星の品位は、インド占星術を理解する上で、最も重要な概念の一つです。ここを覚えるだけでも、それなりの吉凶判断はできます。惑星の吉凶や強弱を判断する方法は複数存在しますが、ここでは在住する星座による方法を解説します。なお、微妙な判断の時は友好星、敵対星の役割は重要になりますので、友好星、敵対星については、一応解説します。ですが、初心者段階ではそこまで踏みこまなくてもよいと思います。

(1) 高揚の星座

　惑星が最も強くなるのは、高揚の星座に在住している時です。この時、高揚する星座に在住している惑星が支配する星座も強くなります。
　また、インド占星術では、高揚の星座だけでなく、その度数まで検討します。同じ高揚の星座内でも、高揚の度数に近いほど、惑星が強くなります。
　太陽なら牡羊座の10度に近い位置にあるほど高揚度は強いといえます。

高揚の星座

♀ 27	☉ 10	☽ 3	
			♃ 5
♂ 28			
		♄ 20	☿ 15

(2) ムーラトリコーナ

　高揚の次に惑星が強くなるのは、ムーラトリコーナになります。ムーラトリコーナの度数範囲に近く、ムーラトリコーナの度数を超えない時に、最も強くなります。

　しかし、惑星がムーラトリコーナになる星座の中に入っていれば、度数から外れても緩くはなりますが、一応ムーラトリコーナと考えてもよいでしょう。

ムーラトリコーナ

	♀ 0-12	☽ 4-27	
♄ 0-20			
			☉ 0-20
♃ 0-10		♀ 0-15	☿ 16-20

(3) 定位置

　惑星がそれが本来支配する星座の定位置（定座）にあれば、惑星は良い働きをします。

惑星の定位置（定座）

♃ 木星	♂ 火星	♀ 金星	☿ 水星
♄ 土星			☽ 月
♄ 土星			☉ 太陽
♃ 木星	♂ 火星	♀ 金星	☿ 水星

(4) 友好星座と敵対星座

　それぞれの惑星に対して他の惑星は、友好的な惑星、敵対する惑星、そして中立的な惑星のいずれかに分類される役割を持ちます。

　友好惑星が支配する星座に在住する惑星は強さを獲得しますが、敵対惑星の支配する星座に在住する惑星は弱くなり、十分に働くことができなくなります。また友好惑星とコンビネーションを組んでいる惑星は良い働きをしやすくなり、敵対惑星とコンビネーションを組んでいる惑星は良い活動をしにくい傾向が生じます。

　友好星座と敵対星座は以下の法則で決められています。

友好惑星	ムーラトリコーナの星座から、2、4、5、8、9、12番目の星座を二つ支配している惑星
敵対惑星	ムーラトリコーナの星座から、3、6、7、10、11番目の星座を二つ支配している惑星
中立惑星	上記以外
例外	火星にとっての土星、金星にとっての木星は、火星が山羊座で高揚、金星が魚座で高揚するため、敵対惑星とはならず中立となります。

(5) 一時的な友好と敵対

　永続的な友好星座と敵対星座とは別に、お互いの距離によってその関係が変化するという見方があります。

　例えば、Aという惑星が在住する星座の支配星Bが、惑星Aに在住するとします。この時、星座から数えて2、3、4、10、11、12番目の星座に在住する場合、惑星Aにとって惑星Bは一時的に友好惑星となり、その逆は一時的に敵対惑星となります。

　永続的な友好・敵対に慣れてきたら、永続的な友好・敵対と一時的な

友好・敵対を差し引きして総合的な友好・敵対を求めて検討するようにしてください。

（6）減衰の星座

惑星が最も弱くなるのは、減衰の星座に在住している時です。高揚の星座と減衰する星座は、お互いに180度反対側の星座になります。減衰の星座に在住している惑星は、減衰がキャンセルされる惑星配置があれば無効化され、逆に強い働きをすることもあります。

減衰の星座

☿ 15	♄ 20		
			♂ 28
♃ 5			
	☽ 3	☉ 10	♀ 27

（7）方角の強さ

チャートは、その人が生まれた瞬間の天体配置をその人の生まれた場所から見たものですから、チャートの中には天空の東西南北という方角が存在しています。

ASCの在住するハウスは東、その反対側の7ハウスは西になり、4ハウスが北の方角を表し、10ハウスは南の方角を表します。

また、ラーフとケートゥを除く七つの惑星は、惑星の強さを獲得する方角が決まっています。木星と水星は東の方角（1ハウス）で強く、金星と月は北の方角（4ハウス）で強く、土星は西の方角（7ハウス）で強く、太陽と火星は南の方角（10ハウス）で強くなります。

ケーススタディ　バラク・オバマ米大統領 〜月が高揚している〜

バラク・オバマ米大統領

月が高揚の位置にあります

		☽	♀
☋			☿ ☉
♄R ♃R Asc			☊ ♂

バラク・オバマは初の黒人大統領としてアメリカ国民から絶大な人気を博しています。月が高揚して品位の高い人はこのように異常人気が出ます。

ケーススタディ　ビル・ゲイツ 〜土星が高揚し太陽が減衰している〜

マイクロソフト社を立ち上げIT革命をもたらしたビル・ゲイツは伝統破壊の土星が高揚しています。強いリーダーシップが発揮できます。同時に金星はムーラトリコーナでもあります。しかし、太陽は減衰しています。

OSウィンドウズの独占禁止法

ビル・ゲイツ

☽		☋	Asc
			♃
	☊	☉♀♄	♂☿

違反をめぐって政府に訴訟を起こされるなど、太陽（政府）が傷ついています。

ケーススタディ 　　　　　　　　　金子みすゞ 〜水星が減衰している〜

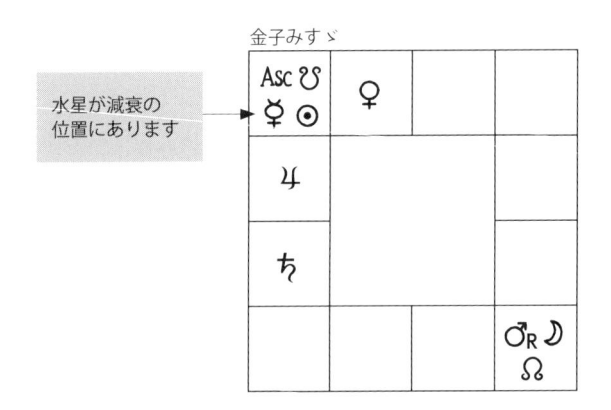

金子みすゞ

Asc ☊ ☿ ☉	♀		
♃			
♄			
			♂R ☽ ☊

水星が減衰の位置にあります

　天才詩人は、直観的表現力に富むので、その反面、論理的表現が弱くなります。このため、天才詩人や優れた霊能力者の中には、しばしば水星減衰の人が見られます。

3 ナヴァムシャチャート

　分割図の中で、ラーシチャートに次いで重要度が高いのは、ナヴァムシャチャート（第9分割図）です。ナヴァムシャチャートは、すべてのテーマを見ることができますが、主に結婚・恋愛、対人運、晩年運、霊性などを見る時に特に重要視されます。そのため、ラーシチャートに次いで重要なチャートとして、通常のリーディングでもよく使用します。

　ラーシチャートの重みを1としたら、ナヴァムシャチャートは0.8ぐらいの重みでリーディングに使用されます。ただし、ナヴァムシャチャートは一つの星座を九つ（3度20分ごと）に区切るため、出生時刻が最高で13分20秒も違えばナヴァムシャチャートでASCの星座が一つ移動してしまいます。したがって、出生時刻の精度に不安がある場合は、ASCを使用しない見方で活用する必要があります。

　出生時刻が正確な場合は、ラーシチャートと同じようにリーディングすることができますが、出生時刻が不明の場合は、ASCやハウスを抜きにして、惑星の在住星座による強弱などを見ることになります。

　例えば、出生時刻が不明の場合は、ナヴァムシャチャートは度数が3度20分違うと1ハウス分、ASCの位置がズレますので、残念ながらナヴァムシャチャートを精密に使えません。

　また、ラーシチャートで示される惑星の良し悪しは、ナヴァムシャチャートの惑星の状態で変化するとされます。例えば、木星がラーシチャートで良い状態でも、ナヴァムシャチャートで弱い状態である場合、その木星が示すテーマにおいて思ったような結果が出ないといった具合です。したがって、最終的にはナヴァムシャチャートをはじめとする各分割図をフル活用することが、インド占星術によるリーディングの精度

を上げるポイントの一つといえます。

(1) ナヴァムシャチャートの計算方法

ナヴァムシャチャートの計算方法は以下の方法に従います。ナヴァムシャチャートはラーシチャートのASCや惑星の位置の変換を行うことによって作成することができます。

ナヴァムシャチャートは文字通りラーシチャートを9分割したものです。

具体的には、30度で構成されているサインが30÷9＝3°20′で構成するように変換します。まず牡羊座の中を9分割してラーシチャートの牡羊座の0～3°20′までがナヴァムシャチャートの牡羊座、ラーシチャートの牡羊座の3°20′～6°40′までがナヴァムシャチャートの牡牛座、ラーシチャートの牡羊座の6°40′～10°までがナヴァムシャチャートの双子座になります。

例えば、金星がラーシチャートの牡羊座の4°55′にあったすると、ナヴァムシャチャートでは牡牛座にきます。以下、ナヴァムシャ配置表を見てチャートに置き換えていくとナヴァムシャチャートは作成できます。

(2) ナヴァムシャ配置表

ラーシチャート

♀ ☽ 18 07　00 26	☿ ☊ 06 01　24 33	☉ ♂ 00 38　19 18	
♃ 22 30			
	♄ 01 13	☋ 24 33	Asc 00 16

ラーシチャートでの各惑星の度数は以下の通りです。

牡羊座から追っていくと、各惑星は水星06♈01、ラーフ24♈33、太陽00♉38、火星19♉18、ケートゥ24♎33、土星01♏13、木星22♑30、月00♋26、金星18♋07の度数になります。

これを383頁の第9分割図のサインの配置に従ってナヴァムシャチャートに変換すると以下のようなチャートが出来上がります。

ナヴァムシャチャート

		☋	☿ ♆ ♂
			♄R ♃
Asc ☉			
♀	☊		☽

♃ 分割図のケーススタディ

ケーススタディ ─────────── 浅田舞さんの第3分割図

　第3分割図は「兄弟運」を表すと古典には書かれています。兄弟で活躍して、しかもその兄弟のチャートともわかる人はなかなか少ないので検証しにくいのですが、手元にあるいくつかの兄弟ファイルを見ると、なるほどと思う例がいくつかあります。

　例えば、浅田真央選手を妹に持つ浅田舞さんの第3分割図を見てみましょう。

　浅田舞さん自身ももちろんモデルやフィギュアスケーターで活躍している有名人ですが、それ以上に妹の浅田真央選手がよりフィギュアの各種大会では国際的に活躍しています。

　浅田舞さんについて確認されている事項を挙げてみます。

浅田舞さんのラーシチャート

♂		♃ ♀	☿
☊			☉
			☽ ☋
♄R ASC			

- ❖ 本人自身もフィギュア選手としてかなりの線までいっている。
- ❖ 甘いものが好きである。
- ❖ 妹はオリンピック銀メダル選手でありかつ仲が良い。
- ❖ 本人はモデルを務めるほどの美人である。

❖ スポーツキャスターを志すだけにマスコミ受けをする。
❖ 2003年〜2004年は世界ジュニア選手権で4位だった。
❖ 2009年にシニア強化選手から離れる。

　これらの事実から射手座ラグナとすると土星が弟妹を示す3ハウスにアスペクトバックして兄弟運を良くし、顔を表す2ハウスに木星がアスペクトし、7ハウスの双子座に定座水星がきてマスコミ受けするキャラとなります。

　そこからさらにチャララダシャー、ヴィムショッタリダシャーなどで主要イベントを確認しますと、射手座ラグナが一番有力と思われます(レクティファイの方法についてはここでは省略します)。

　これを元に第3分割図（ドレッカナチャート）を作ってみるとなるほどと思う特徴が出てきます。

　11ハウスに土星がアスペクトバックし、月もアスペクトしています。それから社会的立場を表す10ハウスには金星がきて木星のアスペクトがあります。

　水星は7ハウスにきて友好星となります。

　太陽その他に多少問題はあるものの全体として良いチャートです。

　つまり兄弟運が良いのです。このようなところからスポーツ選手として優れる妹を持ち、かつ妹が自分より活躍すると普通は焼きもちを焼くものですが、そんなこともなく姉妹は大変仲が良いことが示されます。

浅田舞さんの第3分割図

♂	☊ Asc	♃	
			☉
♀			☽
♄R		☊ ☿	

ケーススタディ ルイ・アームストロングの第9分割図

ジャズトランペッターのルイ・アームストロングは、4度の結婚の後、晩年になってやっと安定した結婚生活に入れました。ラーシチャートで見るとASCと月のダブルラグナになっていて、そこから見た7ハウスには凶星の火星がありクジャドーシャとなっています。

7ハウスのロードの水星は凶星の太陽とコンジャンクションしています。金星は3ハウス、8ハウス支配の6ハウス在住でケートゥからアスペクトを受けており、機能的凶星です。金星も7ハウスも良くありません。

ところがナヴァムシャチャートを見ると、木星、ラーフ、ケートゥは高揚、月はアスペクトバックとなっていてずっと良い状態になっています。こういうタイプの人は晩婚によって幸福になれます。

ルイ・アームストロングのラーシチャート

☽ ASC	☋		
			☿ ☉
			♀
♃R ♄R		☊	♂

ルイ・アームストロングの第9分割図

		☊	
ASC			☿ ♂ ♃R
☽			♀
☉	☋		♄R

| ケース
スタディ | ジョン・マケインの第16分割図 |

　分割図は西洋占星術にはないインド占星術独特の技法です。上手に使うと、結婚、職業など具体的なテーマに対して具体的な答えを用意してくれます。

　右のチャートは2008年の米大統領選で負けたジョン・マケインのラーシチャートです。彼のチャートは「火星の減衰の働き」と「ショダシャムシャー（第16分割図）」の研究のよいケースです。

ジョン・マケインのラーシチャート

			☋
Asc ♄R			♂
☽			☉
☊	♃		♀ ☿

　火星が減衰すると一般的には、運動神経が鈍くなるのでスポーツ選手や運転手などには不向きです。そして怪我をしやすく手術などをよく受ける傾向があります。しかし、その減衰火星がバンガされると話は別です。つまり、火星の弱さはそのまま残るのですが、極めて屈折したかたちの出方をします。

　減衰火星がバンガされるので、火星はそれなりに活性化するのですが、やはり火星の弱さは残ります。

　ジョン・マケインは当初ボクサーを志しますが力量不足で諦めています。また、海軍軍人としてパイロットになっていますが、彼の運転技術の不足かあるいは火星的な運の見放され方によるものなのか、何回も墜落遭難の危機に遭っています。しかし、いずれも命は保っています。

　彼の第16分割図が実に不思議な役割を果たしていることがわかります。事故を何回も起こしながら、無事生きながらえた運の力の源泉と思

えます。Wikipedia で彼の経歴を見ると、彼のチャートが示す傾向そのものがあることがわかります。以下に特徴的なものを紹介します。

- ❖ マケインは当時、短気で乱暴な運転をする若者であった。
- ❖ ライト級のボクサーとして3年間戦い、技術面で欠けていたものの、恐れを知らず、「後退ギアを持たない」ことで知られていた。
- ❖ マケインは卒業後に海軍少尉に任命され、2年半の間フロリダ州とテキサス州でA-1のパイロットとしての訓練を受けた。
- ❖ 彼にはマニュアルを勉強する忍耐力がなく、平均より下のパイロットであった。
- ❖ テキサスでの演習中に墜落したこともあったが、大きな怪我をせずに脱出することができた。
- ❖ スペイン上空を低く飛行しすぎ、送電線に激突するも無傷だったという出来事もあった。
- ❖ 1965年秋にはヴァージニア州ノーフォーク付近を飛行中に乗っていた飛行機がまたもや墜落し、無事に脱出するという出来事があった。
- ❖ マケインは、1967年7月29日に起きた出来事であやうく死ぬところであった。
- ❖ 1967年10月26日、マケインはハノイの火力発電所の攻撃に参加した。マケインの乗ったA-4はS-75によって撃ち落とされた。マケインは両腕を骨折し、航空機から脱出の際に足にも怪我を負った。パラシュートで脱出したものの、チュックバック湖に落ち、あやうく溺れるところであった。

第16分割図は乗り物運を見ていく分割図です。この分割図の良い人は不思議なことに交通事故などに遭いません。

彼の16分割図を見ると、木星高揚、土星高揚、月は光の強い月であり、太陽と水星は友好星座の位置にあります。木星はラグナと魚座の5

ハウスにアスペクトバックしています。その他大きな傷つきはありません。なかなか強いチャートです。ですからジョン・マケインは何回か危ない目に遭いながらも生き抜いてきたといえるのです。

このように、ラーシチャートの示す傾向と分割図の示す内容は、相互に絡んで面白い出方をするものであることがわかります。

ジョン・マケインの第16分割図

☉	☊☋	☿	
♂			♃
♀	Asc	♄R	☽

> コラム

占術および占星術における
一般教養と常識の重要性（後編）

　一般常識で解決できる対象分野ならたいして問題になりませんが、専門性が高くなればなるほどそれでは無理になります。既述した法律や医療分野はもとより金融、科学、政治経済、芸術、心理学などそれぞれの分野の専門知識を持っていないとできない分野の占いがあります。
　占い師や占星術師は、専門家レベルは無理としても、それぞれの分野の一般常識や通念となっていることくらいは知っておく必要があります。
　そういう意味で占い師や占星術師はインテリでなければなりません。しかし、実際はそれも大変です。そんなにすべての分野にわたって知識など持てるはずはありません。
　それならせめていろいろな情報源、例えば、百科事典、辞書、基礎知識シリーズを身近に備え、インターネットや図書館からいつでも情報を引き出せるようにしておくべきでしょう。
　あるいは各分野の専門家とコネクションを持つようにしておくとよいでしょう。
　要はできるだけ豊富なインデックス（情報源）を持っておくことです。
　豊かな一般教養を持っていれば、秘伝など知らなくてもちゃんと占いはできます。秘伝というのはしょせん例外規則にすぎません。それよりも基本法則を駆使できるレベルまで習熟することがまず優先します。
　そこまでできれば神技的予言は別にして、普通の占いなら十分にできるし当てられます。
　占い師は全知全能ではないので、その限界はわきまえるべきです。科学的知識に無知な占い師が、地震や医療などを知ったかぶりして語ったりするから悲喜劇が生まれます。
　政治経済の知識のない人はマンデーンなどは避けるべきです。結局、自分の不安心理や政治思想をチャートに投影させるだけに終わります。

Ⅸ 予測技法

1 良いチャートとはどのようなものか

　占星術師がチャートを見て良い悪いという時、何を根拠にいうのでしょうか。そもそも「良い」とはどういう意味でしょうか。

　一般的には人生において成功といわれる要素、具体的には地位、名誉、権力、財産、健康、良き配偶者や子供、良き友人や人間関係を得られる時を指します。しかし、インド占星術は輪廻転生や解脱へのプロセスを重視しているので、必ずしもそれだけで吉凶は語りません。精神的充実やカルマを消滅させる徳のある行いや解脱への道筋を歩むこともまたよしとしています。ただし、こういう人生を歩む場合は必ずしも世俗的成功は望めません。

　ところで、私が鑑定でよく見る一般人のチャートと、いわゆる有名人のチャートとは明らかに違いがあります。その人が人生全体に与えられたエネルギーの総量は、成功者も平凡な人生を送っている人も変わりはありません。ただそのエネルギーの使い方が効率的か無駄な使い方をしているかの差があります。

良いチャートの例

	☊		
♄			
			☽
♃ ☿ ♂ ♀	☉	☋	Asc

前頁のチャートは特定個人のものではありません。占星術でいう世俗的成功をしやすい人のチャートを私が作成したものです。このチャートの特徴を以下に挙げます。

---

① 1ハウスが良い（そもそもの先天運が良い）。
② 吉星がケンドラハウスに入っている（保護の力が働く）。
③ 凶星がウパチャヤハウスに在住している（逆境に耐える力がある）。
④ ケマドルマ、ムリュチュヴァーギャ、ガンダータがない。
⑤ これらの惑星が組み合わさって、品位の高いヨガを作っている。
⑥ ナヴァムシャチャートもこれと同様の条件を備えている。

大体このような条件が満足できれば良いチャートといえます。

ところが、たったこれだけの条件でもすべてを満足する人は滅多にいません。つまり、世の中の成功者はそうはいないということです。それが現実といえます。

前頁のチャートもこの6条件をすべて満たしてはいません。しかし、それでも基本的に良いチャートに属します。こういうチャートを持つ人達は運という名のエネルギーの使い方が効率的なのです。

成功者と平凡人の間に総合的全人格的な意味での能力差はありません。違いはある一点において際立って力強い要素があるかどうかです。これが成功の秘訣です。このことを自覚する方がつまらない成功哲学を学ぶよりよほど役に立つのではないでしょうか。

PACDARES システム

　インドの占星術家で後進の育成に熱心な K.N. ラオ先生は、リーディングで押さえておくべきポイントとして「PACDARES システム」を開発・提唱しています。
　PACDARES システムとはラオ先生が、リーディングをやりやすくするために編み出した素晴らしい方法です。

P	Position ポジション
A	Aspect アスペクト
C	Conjunction コンジャンクション
D	Dhana Yoga ダーナヨガ
A	Arishta Yoga アリシュタヨガ
R	Raja Yoga ラージャヨガ
E	Exchange エクスチェンジ（星座交換）
S	Special スペシャル（特徴のあるヨガ、占星術的特徴など）

　このポイントを順番に検討する練習を積み重ねていけば、安定的にリーディングの力は伸びていくと思います。次頁からそのポイントのみを紹介します。詳しい分析方法については、『ラオ先生のやさしいインド占星術入門編』（インド占星塾訳）を参考にしてください。

Position（ポジション）

ポジションでは、在住星座による惑星の強弱と吉凶、ハウス支配による機能的吉凶、在住ハウスによる強弱と吉凶を検討します。具体的には、惑星がどのハウスを支配してどの星座に在住しているかを検討することによって以下のような分析ができます。

✧

① 高揚星座、ムーラトリコーナ、支配星座、友好星座に在住していると良い。

② トリコーナハウスを支配している惑星は良い。

③ ケンドラハウス、トリコーナハウスに生来的吉星が在住していると良い。

④ ウパチャヤハウスに生来的凶星が在住していると良い。

⑤ 1ハウスの支配星、太陽、月はドゥシュタナハウスに在住しない方が望ましい。

⑥ 1ハウス、月の在住星座の両側に生来的凶星が在住しない方が望ましい。

⑦ トリコーナハウスに生来的凶星や機能的凶星が在住する場合、その惑星や惑星が支配するハウスには良い影響があるが在住されるハウスは傷つく。

⑧ 在住星座、在住ハウス、惑星同士によるヨガが成立するかどうか。

⑨ 1ハウス、1ハウスの支配星、月に凶星からの影響がないかどうか。

> Aspect（アスペクト）
> Conjunction（コンジャンクション）
> Exchange（エクスチェンジ）

まとめてコンビネーションということになります。どの惑星がコンビネーションを組むかによって、後に検討するハウスを主体とするヨガが成立するかどうかを分析しますが、ここでコンビネーションの強さを把握しておくことが必要です。

> Dhana Yoga（ダーナヨガ）
> Arishta Yoga（アリシュタヨガ）
> Raja Yoga（ラージャヨガ）

基本的な幸・不幸を示すヨガを分析します。

> Special（スペシャル）

その他のヨガ、占星術的特徴があるかどうかを分析します。

3 リーディングの手順

(1) リーディングの10ステップ

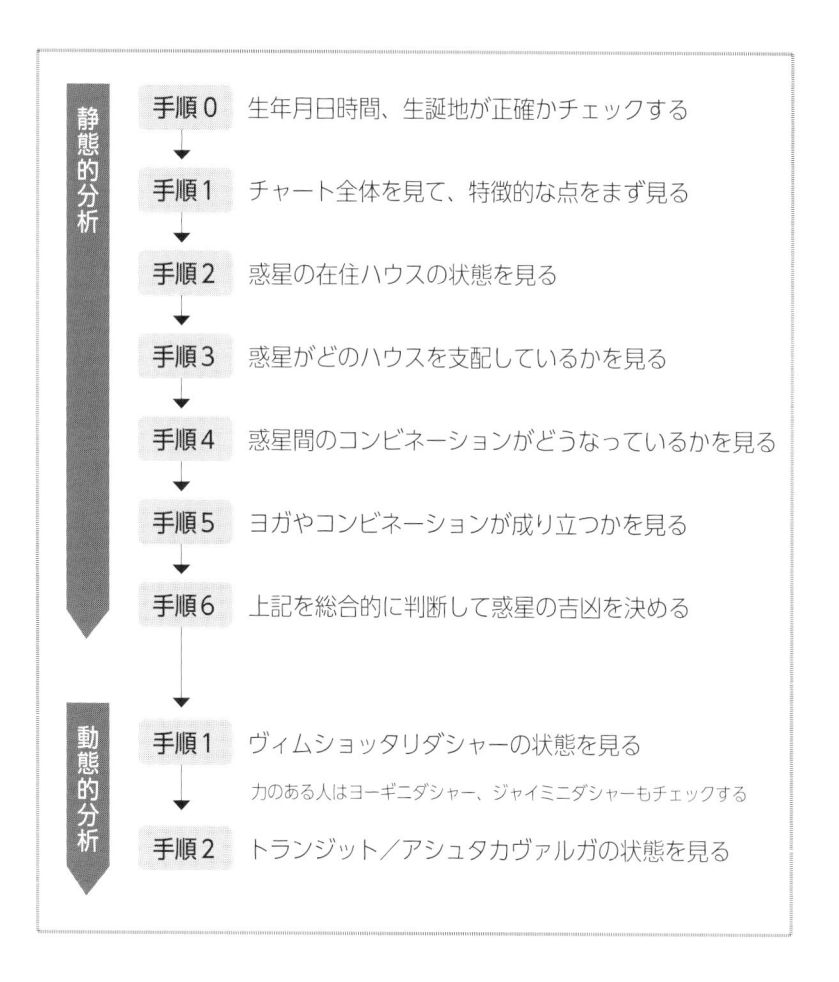

静態的分析

- **手順0** 生年月日時間、生誕地が正確かチェックする
- **手順1** チャート全体を見て、特徴的な点をまず見る
- **手順2** 惑星の在住ハウスの状態を見る
- **手順3** 惑星がどのハウスを支配しているかを見る
- **手順4** 惑星間のコンビネーションがどうなっているかを見る
- **手順5** ヨガやコンビネーションが成り立つかを見る
- **手順6** 上記を総合的に判断して惑星の吉凶を決める

動態的分析

- **手順1** ヴィムショッタリダシャーの状態を見る
  力のある人はヨーギニダシャー、ジャイミニダシャーもチェックする
- **手順2** トランジット／アシュタカヴァルガの状態を見る

(1) リーディングの手順の解説

静態的分析

手順0　生年月日時間、生誕地が正確かチェックする

- 緯度、経度、出生地のチェックをする
- 間違って入力していないかどうかをチェックする
- ASC、太陽、月の度数と位置の確認

※出生時間が不明の時は、可能であればレクティファイ（時刻修正）をかける。不可能な時は、月ラグナ、太陽ラグナの範囲で見れる点だけに限定して見ていく

手順1　チャート全体を見て、特徴的な点をまず見る

- 細かく見る前に、全体を俯瞰的に見て大雑把にそのチャートの特徴をつかむ
- どこに惑星が集中しているか（サイン、ハウス）、どこにアスペクトしているか
- 星座交換、高揚、減衰、主要なヨガ、ダルマトライン、アルタトラインなど
- これらをASCラグナ、太陽ラグナ、月ラグナのトリプルチェックをかける

手順2　惑星の在住ハウスの状態を見る

- 各惑星の在住ハウスをそれぞれチェックする
- どのハウスに在住するのかを見る（トリコーナハウス、ケンドラハウスなど）
- 生来的吉凶とハウスによる機能的吉凶の判断
- 高揚、減衰、ムーラトリコーナ、定位置などの位置的確認
- 特定テーマの時は、そのテーマに関わる惑星とハウスを入念に見る

手順3　惑星がどのハウスを支配しているかを見る

- どのハウスを支配しているのか、トリコーナハウスかケンドラハウスか
- それが機能的吉星となるか機能的凶星となるかを判断する

手順4　惑星間のコンビネーションがどうなっているか見る

- 星座交換、コンジャンクション、アスペクトがあるか
- それがその惑星にどのような影響を与えているか
- オーブの状態（広いか狭いか）
- コンバストがあるか

手順5　ヨガやコンビネーションが成り立つか

- ラージャヨガ、ダーナヨガ、星座交換、ケマドルマヨガ などの主要なヨガの有無とその品位を確認する

手順6　手順1～手順5を総合的に判断して、分割図などもチェックして惑星の吉凶を決める

- 太陽・月ラグナ分析の結果も参考にする
- ラーシチャートの特徴が分割図にも見られるかチェックする
- 機能的吉星凶星を決定し、これがダシャー期に現象化する

手順7　吉凶混合の場合の判断をつける

- どの象意が吉となり、どの象意が凶となるかを諸条件から判断していく

動態的分析

手順1 ヴィムショッタリダシャーの状態を見る

- 現在はどのダシャー期か、それは機能的吉星か凶星か
- MD（マハーダシャー）をラグナとして見るとハウスの在住、支配はどう変化するか
- MDとAD（アンタラダシャー）の関係はどうか（6ハウスと8ハウス関係など）
- いつダシャーは変化するか
- 力のある人はヨーギニダシャー、ジャイミニダシャーもチェックする

手順2 トランジットの状態を見る

- 惑星、特に土星、木星はどのサイン、ハウスを通過しているか
- その時の高揚減衰の状態はどうか
- どのサインやハウスにアスペクトが集中しているか
- アシュタカヴァルガはどういう状態になっているか

♃ リーディングの基本法則

(1) 確認事項

　リーディングの手順をきちんと踏んでいこうとすると、基礎力がかなり身についていないとできません。アスペクトやコンジャンクションの分類・整理段階まではかなりの人が学習できて進めるのですが、ここから先の実際のリーディングとなると、今一度基礎を確認する必要が出てきます。

　それらネックとなっている点を以下に列挙します。

> ① ハウスの在住と支配の区別がつかない。
> ② 高揚・減衰・友好・敵対などの惑星の品位の判断ができない。
> ③ トリコーナハウス、ケンドラハウス、ウパチャヤハウス、ドゥシュタナハウスなどハウスの種類と惑星の機能的吉の判断ができない。
> ④ コンビネーション、アスペクト、ヨガの品位が判断できない。
> ⑤ ①〜④の判断をダシャー期の吉凶に適用できない。

　これらは、初学者にはあまりにも法則が多くかつ複雑であると感じるかもしれません。

　しかし、この壁を突破するにはとにかく多くのチャートを実際にリーディングすることです。リーディングのテクニックの本当の修練はここから始まります。この壁を突破してこそ、具体的な鑑定が可能になります。

（2）技法に優先順位をつけ適切な取捨選択を行う

　次に必要なことが「技法に優先順位をつけ適切な取捨選択を行う」ことです。この取捨選択能力、統合化能力がリーディングの上でとても重要になります。

　右のチャートで金星が魚座の29度55分に入っているとします。このチャートを見れば、インド占星術の基礎を終えた人なら金星が2ハウスの魚座で高揚し、かつ逆行、ガンダータとなっていることは判断できるでしょう。この金星は吉凶合い半ばする金星です。

金星の象意と吉凶の読み取り

♀R	☉ ♃ ☊	☿	
Asc ☽			♂
♄R		☋	

　しかし問題なのは、この金星のどこの部分が吉であり、具体的にどういう象意が出ているのか、あるいはその逆にどこの部分が凶であり具体的にどういう悪い象意が出ているのかをいかに読み取るかにあります。

　このチャートの持ち主が、類稀(たぐいまれ)な美貌を誇り芸術的才能に優れるものの、恋愛結婚運には恵まれないことが読み取れるでしょうか。そしてそれが人生のどの時期に現象化するかをダシャーから読み取れるでしょうか。

　ここまで読めてこそインド占星術ができるということができます。ここがチャート解読ための修練のしどころであり、本書の狙いでもあります。

ケーススタディ　　　　特定のテーマから読み解く ～結婚の事例～

右のWさんのチャートから、結婚の傾向を判断するには、どういう要素を考慮に入れて総合的に判断していくかを解説します。

結婚問題を占うには、7ハウスおよび金星の状態を見ていきます。これは占星術に興味のある人なら誰でも知っている基本的事柄です。しかし、その次元でとどまらないで、このチャートを次頁の視点で一つひとつ検討していくことが大切です。

Wさんのラーシチャート

♄		☊ ♀ ♂	☉ ♃
			☿
			Asc
	☋ ☽		

[1] 7ハウスはどのサインに属しているか
　　① 活動星座か固着星座か柔軟星座か？
　　② どのサインに惑星が多いか？
[2] 7ハウスに3惑星が集中するのは何を意味するか？
[3] 7ハウス在住の各惑星はどのハウスを支配しているか？
[4] 7ハウス在住の各惑星の品位はどうか？
　　① 高揚または減衰があるか？
[5] 7ハウス在住の各惑星は特殊なサインの度数にあるか？
　　① ガンダータなどがあるか？
[6] 金星はどのハウスに在住しているか？
　　① 7ハウス在住の場合どうなるか？
[7] 金星の品位は高いか低いか？
[8] 金星は機能的に吉星か凶星か？
[9] 7ハウス在住の各惑星のコンビネーションはどうなっているか？
　　① コンジャンクションやアスペクトは形成しているか？
　　② そのアスペクトは吉星から受けているか凶星から受けているか？
[10] 7ハウス在住の各惑星のシャドバラの強さはどうなっているか？
[11] 7ハウス在住の各惑星のアシュタカヴァルガの得点は高いか低いか？
[12] 7ハウス在住の各惑星は有効なヨガを形成しているかどうか？
[13] そのヨガの品位は高いか低いか？
[14] 結婚に関する分割図（ナヴァムシャチャート）はどうなっているか？
[15] 分割図全体にわたる金星の状態はどうなっているか？
[16] これらを太陽ラグナ、月ラグナでもチェックしたらどうなっているか？

この手順に沿ってラーシチャートを分析すると、Wさんの結婚運は良くありません。ところが、Wさんのナヴァムシャチャートの示す結婚運は悪くありません。実際にWさんは離婚経験者ですが、50歳を過ぎてから10歳以上年の離れた男性と結婚し、晩年は幸福に暮らしています（ここでは一つひとつの分析は省略します）。

Wさんのナヴァムシャチャート

☽ ♃	♀ Asc		
☉			☋
♌			♄
		☿ ♂	

　上記の要素を一つひとつ検討していくと、当然のことながらある要素は吉、ある要素は凶となります。その際の重みづけはどうなるのか、何か一つでも見逃すと吉凶の解答は反転します。あるいは金星のどの象意がどの程度の強さ（弱さ）で出てくるのか、金星のどの象意がプラスで生じ、どの象意はマイナスで出てくるのかなどを詳細に検討を進めます。

　こうした細かい分析をするからこそ、インド占星術は占いの質問に対して具体的な答えが可能になるのです。リーディングのプロセスは「方程式を解く」プロセス、「プログラムを組む」プロセスとよく似ています。

コラム

医療占星術の健全な発展と可能性（前編）

「占い」とか「占星術」とか言うと、まだまだ迷信扱いされることが多い。占いは人間の心の弱さをついた「暗示」であると決めつける人もいます。しかし「今年の冬は寒い」とか「体質的に弱い部位は肝臓である」、「30歳で結婚した」ということを占星術が予言したとしたら、これを暗示といえるのでしょうか。こういう検証しやすい分野の占星術をまずは発達させたいものです。

比較的検証しやすい占星術の分野は、マンデーンと呼ばれる政治・経済現象や天候や地震などの自然現象の予言、医療占星術、ダシャー（運命のサイクル）などです。これらの分野はきちんと検証していけば、科学的法則は明らかではなくとも占星術的な法則は成り立ちます。

占星術的に見て、再現度の高い法則を見つけ出していく作業こそが占星術の研究です。

そんな中で、医療占星術は最も検証しやすい分野です。少し注意深くチャートを見ていくと、その人の弱い内臓部位、過去における病歴、近未来における発病の時期などを言い当てることはそれほど難しくありません。

医療と占星術は今でこそ完全に分離していますが、もともと占星術とは縁の深い分野です。

もし、現代医学が提供するデータと照らし合わせていくことができるのならば、占星術の象意や現象化のある部分がかなりはっきりしてくると思われます。

ただし残念ながら占星術に興味をもって適切な裏づけデータを提供してくれる医師は稀です。

しかし、医療行為に携わる人は、西洋医ばかりではありません。代替医療従事者の協力があれば面白い占星術研究ができると思います。

（234頁に続く）

X　ダシャーの基礎

1　ダシャー

　ダシャーとは惑星や星座に期間を割り当てる周期技法で、インド占星術において重要な未来予測技法となります。

　ダシャーの中には、広くその有効性が認められているものや、特定の条件下において有効性が認められるものなど多くの種類が存在しています。

　ダシャーは大きく分類して惑星ベースのものと星座ベースのものがあります。

　本書では、最も多くの占星術家が採用している、惑星ベースの代表的周期技法であるヴィムショッタリダシャーを中心にして解説していきます。

5 ダシャーの種類

　チャートに示されている特長は、性格的傾向や身体的特徴など人生全般にわたって示されるものもあれば、仕事の成功や結婚、病気など特定の時期に表れるものも含まれています。

　ヴィムショッタリダシャーは、その特定のイベントがどの期間に発現しやすいのかを絞り込む上で、重要な役割を果たしています。

　惑星はそのダシャーの期間中に機能し、惑星の生来的吉凶や機能的吉凶に基づいて、その事象が現象化されます。

　MDはその期間の一般的傾向を表し、ADはMDの範囲内で起こるイベントの吉凶の結果を示します。

　さらに細かい事象はPAD（プラアンタラダシャー）、Sookshma Dasha(シュクシュマダシャー)で見ていきます。

　周期は長いものから順に、MD → AD → PADとなります。PADまでくると、1週間前後の周期となります。

（1）ヴィムショッタリダシャー

　インド占星術は的中度の高い占いですが、その中でも驚異的な結果を示すのがダシャーです。西洋占星術にはその時の運気を示すプログレス、トランジットの技法はありますが、中長期的な運の動きを見るダシャーの概念はありません。

　ダシャーは30種類位あります。主なものにヴィムショッタリダシャー、ヨーギニダシャー、ジャイミニチャラダシャー、アショッタリダシャーなどがあります。その中でもヴィムショッタリダシャーは最も

的中率が高いといわれています。私の研究・鑑定経験の上から考えても、ヴィムショッタリダシャーは他に優先する法則のように思われます。

　ヴィムショッタリダシャーはナクシャトラを元に計算されます。それは各人の生まれつきの月のサインと度数の位置によって計算をします。

　多くの転職、大病、結婚、離婚、転居など人生の大きな変化はダシャーの分岐点の時に起こっています。MD はその時はあまりぴんときませんが、数年ベースで考えるとよくその時期の傾向を示しています。

　ダシャーの吉凶はその時の MD に当たる惑星の吉凶でほぼ決まります。その吉凶を判断するためには惑星の支配、在住、高揚・減衰などの惑星の位置、アスペクト、コンジャンクション、ヨガなどの基本的な原則をよく知る必要があります。

　ある天体の機能的吉凶が的確に判断できれば、各ダシャー期の吉凶判断は難しくありません。しかし、チャートのリーディングについてかなり習熟しないと吉凶の的確な判断はできません。自分の身近な知人・友人やマスコミなどに公表公認されている有名人チャートの研究を年譜に沿って研究することにより、このことが実感としてつかむことができるはずです。

(2) ヴィムショッタリダシャーの期間

　ヴィムショッタリダシャーは、九つの惑星に 6 年から 20 年の期間を与え、合計 120 年で 1 回りする周期技法です。さらにそれぞれの惑星が受け持つ期間は細分化され、その期間は際限なく短くすることができます。

MD	期間
太陽	6年
月	10年
火星	7年
ラーフ	18年
木星	16年
土星	19年
水星	17年
ケートゥ	7年
金星	20年
計	120年

AD	期間
太陽―太陽	3ヶ月19日
太陽―月	5ヶ月30日
太陽―火星	4ヶ月7日
太陽―ラーフ	10ヶ月25日
太陽―木星	9ヶ月16日
太陽―土星	11ヶ月12日
太陽―水星	10ヶ月8日
太陽―ケートゥ	4ヶ月7日
太陽―金星	1年
計	6年

(3) ヴィムショッタリダシャーの始まり

　各惑星が特定の期間に対して、その惑星の持つテーマ・強弱・吉凶や、惑星が支配するハウスのテーマ・強弱・吉凶、惑星が在住するハウスのテーマ・強弱・吉凶など、複雑に絡みあう影響を読み解いて予測することになります。そして、影響を与える惑星の順番はどのチャートでも同じですが、どの惑星からスタートするのかは月が重要なポイントとなります。心の経験・想いが輪廻転生を左右する、大きなポイントの一つとされるインド哲学が浸透しているインドにおいては、心を表す月を非常に重要視します。そして月の運行と密接な関係があるナクシャトラがこのヴィムショッタリダシャーの惑星の始まりと順番に関わってきます。

(4) ヴィムショッタリダシャーの期間計算

　ヴィムショッタリダシャーの期間計算はナクシャトラを元に計算されます。
　ダシャーナクシャトラとは、黄道12星座を別の方法で区分したもの

です。その区分方法にはいくつか説がありますが、ヴィムショッタリダシャーでは12星座360度を27個、各13度20分に区分した方法が用いられます。

　そのナクシャトラはその一つひとつに支配星が割り当てられ、その順番がヴィムショッタリダシャーにも反映されています。したがって、ヴィムショッタリダシャーの始まりの惑星は、月が在住するナクシャトラの支配星（ジャンマナクシャトラ）からとなります。

　ナクシャトラの区分方法や支配星については各種一覧表に掲載しています。ナクシャトラの支配星には12星座とは違ってラーフとケートゥも加わります。

　ナクシャトラの性質については後述するとして、ここではナクシャトラをベースとした計算手順と予測技法を説明します。

ケーススタディ ─────── **ヴィムショッタリダシャーの計算事例**

Aさん
(1985年1月15日午前7時30分東京生まれの場合)

		♌ 02:02	
♂ 22:07 ♀ 17:57			
Asc 11:14 ☉ 01:04 ♃ 01:04			
☿ 10:35	☊ 02:02 ♄ 02:18	☽ 13:35	

出生図において月が在住しているナクシャトラを「ジャンマナクシャトラ」と呼びます。Aさんの月は天秤座の13°35′にあります。天秤座の6°40′から20°00′まではスヴァーティーの領域です。そのためAさんのジャンマナクシャトラはスヴァーティーでその支配星は211頁を見ればわかる通りラーフになります。

全体のサイクルは120年間であり、その中でラーフ期は18年間になります。

ラーフの支配星を持つスヴァーティーは天秤座の6°40′から20°00′までの間を支配します。

ところでAさんが生まれた時点でのスヴァーティーは、天秤座13°35′で既に6°55′進んでいます。

残りの度数は13°20′ − 6°55′ = 6°25′です。そのため、ラーフの期間はまるまる18年間はありません。

そこでラーフの期間がどのくらいか比例計算をします。

18年間は18 × 365日 = 6570日になります。

ナクシャトラは13°20′ =（13°× 60分）+20′ = 800分ですから、Aさんの月のスヴァーティーは起点から415｛(6°× 60分) +55分｝/800 ≒ 51.88％を既に消化していることになります。

逆にいうと100％ − 51.88％ = 48.12％を残していることになります。

具体的な年数に直すと、ラーフの期間（18年間 × 365）× 48.12％ ≒ 3161.48日 ≒ 8年8ヶ月残っていることになります。

つまり、生まれてから3162日経過すると木星期の1993年9月12日が始まります。そこから遡って3162日の

Aさんのヴィムショッタリダシャー
（ラーフ期）

♌−♌	Sat	09-13-1975
♌−♃	Fri	05-26-1978
♌−♄	Sun	10-19-1980
♌−☿	Fri	08-26-1983
♌−☋	Fri	03-14-1986
♌−♀	Thu	04-02-1987
♌−☉	Sun	04-01-1990
♌−☽	Sun	02-24-1991
♌−♂	Tue	08-25-1992
♃−♃	Sun	09-12-1993
♃−♄	Wed	11-01-1995

ところがAさんのラーフMDの起点、つまり1985年1月15日になります。

　上記の計算は閏年や端数計算を簡略化しているので、数日のズレが生じていますが、厳密なコンピュータソフトの計算では1985年1月15日のラーフ／水星期が起点になります。

（5）ヴィムショッタリダシャーでの予測方法

　ヴィムショッタリダシャーの基本的な予測方法は、チャートには惑星の特徴、吉凶が示されます。そしてその惑星のダシャー期になると、その惑星に絡む特徴がその惑星周期に現実化、現象化していきます。

　例えば、金星にラージャヨガが成立しているチャートがあったとすると、金星のダシャー期においてそのラージャヨガが示す社会的成功が訪れます。金星の示す特徴は、例えば恋愛・結婚です。ですから金星のダシャー期が結婚の適齢期に来る人はその時期に幸福な結婚が約束されます。

　しかし、人生とは皮肉なもので若い適齢期の頃に金星期が来るとは限りません。ある人は10歳台の前半に、人によっては60歳を過ぎてから金星期が来る人もいます。

　人生の重要なイベントは最も適切な年齢時期に現実化した方がよいと考えるのが自然です。しかし、実際には必ずしもそう都合がよくはいきません。

　思いもかけない時期になってから、つまりラージャヨガを形成している惑星がヴィムショッタリダシャーの周期として巡ってきた時に、人生の重要イベントが現象化するというのが、今まで多くのチャートを検証してきた私の結論です。

（6）ヴィムショッタリダシャーの基本的な解釈方法

ヴィムショッタリダシャーが良いか悪いかを判断する上で、以下の基本的な条件が必要となります。

【良い時期】

ダシャーの支配星が、

① 高揚星座、ムーラトリコーナ、支配星座に在住。
② トリコーナハウスに絡む。
③ 生来的吉星や機能的吉星とコンビネーションを組んでいる。
④ MDの支配星から数えてADの支配星がトリコーナハウスやケンドラハウスに在住。

【悪い時期】

ダシャーの支配星が、

① 敵対星座、減衰星座に在住。
② ドゥシュタナハウスに絡む。
③ 生来的凶星や機能的吉星とコンビネーションを組んでいる。
④ MDの支配星から数えてADの支配星が6、8、12番目のハウスに在住。

ダシャー	良い場合	悪い場合
太陽期	健康に恵まれる、社会的地位を得る、楽しく生活を送る	富の損失、支配者からの不利益、地位の喪失、父を失う、海外居住
月期	有名になる、家庭的幸運に恵まれる、事業の成功、王国からの引き立て、地位の向上	富の損失、心の苦悩、母親関係の悩み、支配者の反対
火星期	地位の向上、土地からの収益、富の獲得、王の利益、車の獲得、外国の土地の獲得	顔を失う、反対者による支配、病気、事故
ラーフ期	多様な楽しみ、繁栄、宗教的傾向、外国での栄光	解任、精神的苦痛、肉体的苦痛、妻子を失う、富の損失
木星期	地位の向上、楽しみ、王からの恩恵、車の取得、妻からの慰め、詠唱やマントラの研究	解任、精神的苦痛、家畜の損失、巡礼
土星期	支配者からの恩恵、宗教的研究、学習と富、地位の向上、肉体的楽しみ	解任、恐怖、両親の喪失、妻子の病気、不吉な出来事、投獄
水星期	大きな慰め、富と繁栄、名声、知識の獲得、有徳の行為、健康、商売上の利益を得る	国王の怒り、精神的苦痛、親戚からの反対、富や喜びの損失、財産の損失
ケートゥ期	贅沢品の獲得、組織のリーダー、外国旅行、楽しみの実現	投獄、愛する人の死、解任、精神的苦痛、病気、低水準人との交際
金星期	高い地位、乗り物、豪華な衣装、装飾、住宅、繁栄、結婚、支配者からの寵愛	親しい人からの裏切り・別れ、女性関係でのトラブル、専門的地位の喪失

3 ヨーギニダシャー

　研究熱心なインド占星術家は予測の信頼性を上げるべく、いくつかのダシャーを併用しています。

　ヴィムショッタリダシャーと同じ惑星に期間を割り当てるものでは、36年周期のヨーギニダシャーがあります。使われる惑星や期間は違いますが、使い方はヴィムショッタリダシャーと似ているので、慣れればすぐ使えるようになります。月からラーフまで八つのヨーギニダシャーが支配します。吉星の支配期は良い時期、凶星の支配期は悪い時期と判断します。

ヨーギニダシャー

	ダシャーの支配星	期間	期間対応するナクシャトラ
1	月	1年	アールドラー、チトラー、シュラヴァナー
2	太陽	2年	プナルヴァス、スヴァーティー、ダニシュター
3	木星	3年	プシャー、ヴィシャカー、シャタビシャー
4	火星	4年	アシュヴィニー、アシュレーシャ、アヌラーダー、プールヴァバードラパダ
5	水星	5年	バラニー、マガー、ジェーシュター、ウッタラパールグニー
6	土星	6年	クリテッィカー、プールヴァパールグニー、ムーラ、レヴァティー
7	金星	7年	ローヒニー、ウッタラバードラパダ、プールヴァアーシャダー
8	ラーフ	8年	ムリガシラー、ハスタ、ウッタラアーシャダー
	合計	36年	

それぞれのダシャー期の吉凶現象

	ダシャー期	吉凶現象
1	月期	成功と繁栄、宗教的になる、楽しみと贅沢、異性の友達
2	太陽期	吉凶混合の時期 病気、富の喪失、政府からのトラブル
3	木星期	あらゆる面で繁栄する、富、知識、子供、高い社会的地位
4	火星期	吉凶混合の時期、外国旅行、移転
5	水星期	良い結果をもたらす、社会的地位の向上、名声を高める
6	土星期	困難な時期、多くの障害、遅延
7	金星期	非常に楽しい時期、住宅の取得、宝石、快適な生活
8	ラーフ期	非常に不幸な時期、損失、近親の死、訴訟、不名誉

　ヴィムショッタリダシャーとヨーギニダシャーを併用して使用すると、ダシャーの精度はより高まります。さらにジャイミニチャラダシャーも使用すると、予測の精度、時期はさらに高まりますが、ジャイミニチャラダシャーは今までの技法とはかなり異なるものですので、この技法の説明は本書の内容水準では省略し、別の機会に譲ります。

♃ ダシャーの見方

ケーススタディ　小泉今日子さん 〜結婚と離婚の時期〜

小泉今日子さんは1995年2月22日の水星／水星／ラーフ期に結婚しています。

まず、土星期から水星期へとMDが切り替わって環境や心境の変化が起こり、水星／水星期から恋愛状態となります。水星はASCラグナにあり、かつ結婚のカラカである金星ともコンジャンクションしています。1ハウス−7ハウスの軸を強める時期である結婚しやすい時期となります。PADのラーフも結婚をもたらす時期といえます。

離婚した2004年2月22日は水星／ラーフ期です。ASCと水星の両方から見て、ラーフは5ハウスにあります。逆行木星とコンジャンクションでグルチャンダラヨガ、凶星の火星から4番目のアスペクトを受けています。恋愛・結婚などをする

小泉今日子さん

	☊ ♃R	☽
♂ ♄		
♀R ASC ☿ ☉		
	☋	

1995年2月22日結婚時のダシャー

☿ − ☿ − ♂	Thu 12-22-1994
☿ − ☿ − ☊	Sun 02-12-1995
☿ − ☿ − ♃	Sat 06-24-1995

2004年2月22日離婚

♄ − ♃	Thu 03-28-1991
☿ − ☿	Sat 10-09-1993
☿ − ☋	Wed 03-06-1996
☿ − ♀	Mon 03-03-1997
☿ − ☉	Sun 01-02-2000
☿ − ☽	Wed 11-08-2000
☿ − ♂	Tue 04-09-2002
☿ − ☊	Sun 04-06-2003
☿ − ♃	Mon 10-24-2005

時期でもありますが、それが破綻しやすい時期ともなります。

ケーススタディ　　　　　　　　　　高橋尚子さん 〜優勝と引退〜

マラソン選手の高橋尚子さんがシドニーオリンピック女子マラソンで優勝したのは、2000年9月24日です。その時のMDのラーフ期であり、一般的に女性が活躍できる時期といえます。

2000年9月24日は、ラーシチャートで見るとラーフから見た金星は5ハウス、10ハウスを支配して、6ハウスに在住しています。金星とコンジャンクションする火星は4ハウス、9ハウス支配で同じく6ハウスに在住します。そして競争の6ハウスでラージャヨガを形成します。

火星はまたPADでもあり、この時は競争のパワーが強力になる時です。この時をトランジットで見ても運の強い時になっています。

今度はトランジットチャートで見てみましょう。トランジットの土星、木星ともにASCから見て競争の6ハウス、MDのラーフから見て繁栄

高橋尚子さんのラーシチャート

☿	☉	♄	♂ ♀
			☋
	☊ ☽		
♃R ASC			

☊ - ♀ - ♂	Wed 08-23-2000
☊ - ♀ - ☊	Thu 10-26-2000

シドニーオリンピック女子マラソン優勝時のトランジットチャート

	ASC	♄R ♃	☊
			☽
			♂
☋		☿ ♀	☉

の5ハウスに在住し、運気の強い時になっています。

2005年後半に肉離れを起こした後、2006年に木星期に入ってから不振が続きました。

2008年10月28日引退宣言をした時は、ダシャー木星／土星期です。

☊ - ♀	Wed 09-29-1999
☊ - ☉	Sun 09-29-2002
☊ - ☽	Sun 08-24-2003
☊ - ♂	Mon 02-21-2005
♃ - ♃	Sun 03-12-2006
♃ - ♄	Tue 04-29-2008
♃ - ♀	Wed 11-10-2010

MDの木星は逆行して不安定であり、ASCと木星の両方から見て土星は6ハウスにあり、マラカハウスの2ハウスを支配しています。まさに体調不調の時に当たります。

ケーススタディ　マハトマ・ガンジー〜暗殺時〜

マハトマ・ガンジーの人生で一番ドラマティックなのは、最後の暗殺時です。

彼は1948年1月30日18時に、パキスタンとの分離独立に反対するヒンズー教徒の手によって暗殺されました。この時のダシャーは木星／金星期になります。

マハトマ・ガンジーのラーシチャート

木星は逆行していて3ハウス、6ハウスを支配し、マラカハウスの7ハウスに在住している機能的凶星です。また火星によって傷つけられています。

金星はその木星から7ハウスにあります。金星は8ハウスを支配し、

2ハウスと7ハウスを支配する火星とドゥシュタナハウスの12ハウスを支配する水星によって傷つけられています。このように2重、3重に傷つけられている時に暗殺されました。

さらに、暗殺時のトランジットチャートを見ていきましょう。

土星は逆行で月と土星をトランジットしています。つまり、サディサティの時期に当たります。ラグナロードであるトランジット金星はトランジット火星からアスペクトされ、ネイタル月から見て8ハウスを、トランジット月から見て6ハウスをトランジットしています。

ガンジー暗殺時の
トランジットチャート

		☊		Asc
☿ ♀				♄R
☉				♂R
	♃	☋	☽	

♃ – ☿	Sat 09-02-1944
♃ – ☋	Mon 12-09-1946
♃ – ♀	Sat 11-15-1947
♃ – ☉	Sun 07-16-1950

トランジット木星はトランジット火星からアスペクトされ、ネイタルの月にアスペクトしています。トランジット木星とトランジット土星は月に対してダブルトランジットとなっています。

このようにサディサティやドゥシュタナハウスが複雑に絡んでいます。

5 ナクシャトラ

(1) ナクシャトラと星座の対応

　ナクシャトラを起源としている宿曜占星術や密教占星術を見てもわかる通り、それだけで一つの体系として成立しているほど奥が深いものです。

　宿曜占星術や密教占星術では星宿は12星座とは関係なく独立していますが、インド占星術では星座とナクシャトラは相互に、密接に関連しています。

　次頁の図は南インド式の星座配置に合わせて12星座と27ナクシャトラの対応を記したものです。牡羊座の始まりとアシュヴィニーの始まりが重なります。そして蟹座の最後とアシュレーシャの最後が重なります。

　牡羊座から蟹座までの4星座に、アシュヴィニーからアシュレーシャまでの9ナクシャトラが収まります。この九つのナクシャトラには7惑星＋ラーフとケートゥが支配星として割り当てられます。

　つまり、それぞれの惑星は三つのナクシャトラを支配することになります。

　どの惑星がどのナクシャトラを支配するかは211頁の一覧表にまとめてあります。

星座とナクシャトラの対応表

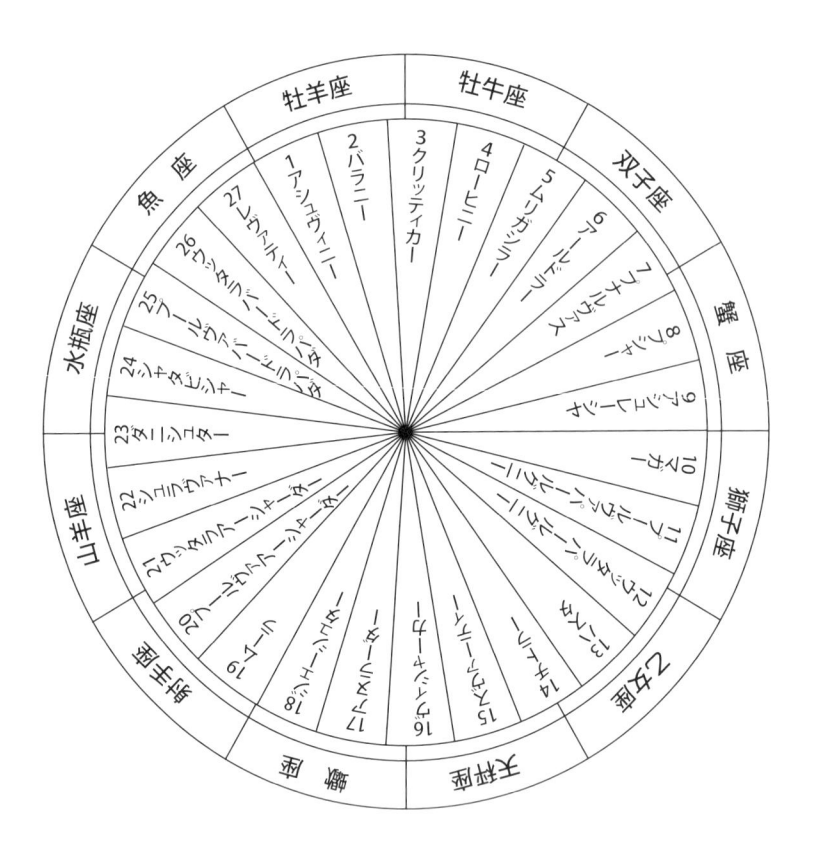

また、ナクシャトラは基本的に月に対して適用されます。
　インド占星術では12星座の境と、ナクシャトラの境は3ヶ所で一致します。これは占星術上大きな意味を持つポイントです。また、ナクシャトラは宿曜の星宿と対応関係を持ちますが、ナクシャトラは純粋太陰暦、宿曜は太陽太陰暦を計算の基礎としますので、実際の個人の誕生日では一致しません。

	ナクシャトラ名	度数	支配星	宿曜星宿名
1	アシュヴィニー	♈ 00° 00′～♈13° 20′	☋	婁宿
2	バラニー	♈ 13° 20′～♈26° 40′	♀	胃宿
3	クリッティカー	♈ 26° 40′～♉ 10° 00′	☉	昴宿
4	ローヒニー	♉ 10° 00′～♉ 23° 20′	☽	畢宿
5	ムリガシラー	♉ 23° 20′～♊ 06° 40′	♂	觜宿
6	アールドラー	♊ 06° 40′～♊ 20° 00′	☊	参宿
7	プナルヴァス	♊ 20° 00′～♋ 03° 20′	♃	井宿
8	プシャー	♋ 03° 20′～♋ 16° 40′	♄	鬼宿
9	アシュレーシャ	♋ 16° 40′～♌00° 00′	☿	柳宿
10	マガー	♌ 00° 00′～♌ 13° 20′	☋	星宿
11	プールヴァパールグニー	♌ 13° 20′～♌26° 40′	♀	張宿
12	ウッタラパールグニー	♌ 26° 40′～♍10° 00′	☉	翼宿
13	ハスタ	♍ 10° 00′～♍23° 20′	☽	軫宿
14	チトラー	♍ 23° 20′～♎ 06° 40′	♂	角宿
15	スヴァーティー	♎ 06° 40′～♎ 20° 00′	☊	亢宿
16	ヴィシャーカー	♎ 20° 00′～♏03° 20′	♃	氐宿
17	アヌラーダー	♏ 03° 20′～♏16° 40′	♄	房宿
18	ジェーシュター	♏ 16° 40′～♐00° 00′	☿	心宿
19	ムーラ	♐ 00° 00′～♐ 13° 20′	☋	尾宿
20	プールヴァアーシャダー	♐ 13° 20′～♐26° 40′	♀	箕宿
21	ウッタラアーシャダー	♐ 26° 40′～♑ 10° 00′	☉	斗宿
22	シュラヴァナー	♑ 10° 00′～♑ 23° 20′	☽	女宿
23	ダニシュター	♑ 23° 20′～♒06° 40′	♂	虚宿
24	シャタビシャー	♒ 06° 40′～♒20° 00′	☊	危宿
25	プールヴァバードラパダ	♒ 20° 00′～♓ 03° 20′	♃	室宿
26	ウッタラバードラパダ	♓ 03° 20′～♓ 16° 40′	♄	壁宿
27	レヴァティー	♓ 16° 40′～♈00° 00′	☿	奎宿

（2）ナクシャトラで見ていくもの

　ナクシャトラで主に見ていくものは、「性格」と「イベントのタイミング」です。そこから派生して「相性」も見ていくことができます。
　西洋占星術で「性格」を見るのは主に太陽ですが、インド占星術ではナクシャトラで見ます。
　毎日のナクシャトラの動きはエネルギーの変化の状態を表します。それに合わせて日々に何を行い、何を達成するべきを決めることができます。その意味で、ナクシャトラはマンデーンやムフルタ（日取り選定）にも使用されます。これについては312頁からのムフルタの項で詳述します。
　しかし、ナクシャトラの使用で何といっても重要なのは、既に197頁でも述べているヴィムショッタリダシャーの時期の決定です。各ナクシャトラに割り当てられた支配星としての惑星が、それぞれのダシャー期の運命の強弱とその性質を決めていきます。
　ナクシャトラは必ずしも月だけに限定して見ていくものではありませんが、そのうち最も重要視されるのが月のナクシャトラです。

XI　トランジットとアシュタカヴァルガ

1 トランジット

　出生図が生まれた瞬間の惑星位置を示したものであるのに対して、トランジットとは進行中の惑星のことを指します。

　古典では出生図の月を1ハウスとして、9惑星が何ハウスを通過しているかというのを重要視していますが、実占家はラグナから何ハウスを通過しているか、どのハウスにアスペクトしているか、どの惑星に影響を与えているかなど総合的に判断しています。

　トランジットを見る場合、中長期の影響を予測する場合は、火星、木星、土星、ラーフ、ケートゥなど公転速度の遅い惑星、1ヶ月から数ヶ月程度の予測は太陽、水星、金星で、数日から数週間は月を中心に検討します。

(1) トランジットとハウス

　出生の月またはラーシに対して、トランジット天体がどこに位置しているかを見ていきます。

惑星	良い影響	悪い影響
太陽	3、6、10、11	1、2、4、5、7、8、9、12
月	1、3、6、7、10、11	2、4、5、8、9、12
火星	3、6、11	1、2、4、5、7、8、9、10、12
水星	2、4、6、8、10、11	1、3、5、7、9、12
木星	2、5、7、9、11	1、3、4、6、8、10、12
金星	1、2、3、4、5、8、9、11、12	6、7、10
土星	3、6、11	1、2、4、5、7、8、9、10、12
ラーフ	3、6、11	1、2、4、5、7、8、9、10、12

各惑星のトランジットが出生の月またはラーシから数えて何ハウス目に当たるかで、さまざまな象意が生じます。

　太陽を例にとるならば、「太陽が月またはラグナから見て9ハウスからの妨害がない限り、3ハウスをトランジットする時、良き影響・良き結果を生じる」と読みます。

　各惑星が月またはラグナから見て特定のハウスを通過する時、さまざまな出来事が起こります。

ケーススタディ　　　　　　　　　交通事故時のトランジット

　その人の大きな運命の流れはダシャーによって示されます。しかし、その時その時の短期的なイベントは、トランジットによく示されます。惑星やハウスの象意に精通していると、どのようなことが近未来で起こりやすいか、ある程度まで予測可能です。

　次頁のチャートは、Bさんが2009年3月8日15時30分にちょっとした交通事故を起こした時のものです。土星トランジットは獅子座、木星トランジットは山羊座にあります。火星トランジットは水瓶座にあります。

　火星は3月7日19時50分に水瓶座のマラカハウスの2ハウスにサイデリアルイングレスしたばかりです。土星は逆行しマラカハウスの2ハウスを支配して、8ハウスに在住しています。木星はドゥシュタナハウス

Bさんのラーシチャート

		♂	
	☽ ☊		
Asc			☉ ☊ ☿
	♃ ♄R		♀

の12ハウスを支配し、減衰の山羊座で健康を示す1ハウスに在住しています。

　土星、木星、火星はすべて、Bさんのラーシチャートの火星にアスペクトしています。いうまでもなく火星には車や事故という象意があります。

　一方で、トランジットチャートの火星は同じく車を表す金星に8番目のアスペクトをしています。現在、ダシャーは土星／火星期であり、土星から見ると火星は12ハウスのドゥシュタナ支配、金星は事故を表す6ハウスを支配しています。

　このように、車の象意を持つ火星、金星に事故やトラブルのウパチャヤハウス、ドゥシュタナハウスが何重にも絡むと交通事故を起こします。

　ただし、このケースは木星トランジットがネイタル火星に5番目のアスペクトをかけているのが救いになっています。木星の保護のお陰で、たいした事故にはなりませんでした。

Bさんが交通事故を起こした瞬間

♀R			Asc
♂ ☿ ☉			☊ ☽
☋ ♃			♄R

木星と土星のダブルトランジット

　動きの遅い惑星である木星、土星のトランジットは運気の動きに大きな影響を与えます。木星は一つの星座をトランジットするのに約1年かかります。土星は約2年半かかります。その木星と土星が共に特定のハウスにアスペクトをする時、そのハウスの事象が現象化します。

　木星と土星のダブルトランジットは見方が簡単なわりには、よく当たる予測技法の一つです。木星・土星が同時に同じハウスにアスペクトする時、そのハウスの象意が強く現象化します。例えば、7ハウスなら結婚、10ハウスなら仕事上の成功などが現象化します。8ハウスなら突然の遺産が転がり込むか、何かの災難が起こる可能性があります。

　木星は拡大、発展、膨張、成長、新しい機会という象意があります。一方、土星は、破壊、制限、制約、障害、困難といった象意があります。

　木星はややもすると理想に走る傾向がありますが、土星の良き影響により拡大発展のエネルギーを現実的な方向に集中することができます。土星は制限、障害をもたらしますが、木星の良き影響によって緩和され、むしろ堅実で安定した力として働きます。このように木星と土星の良き影響力が相乗効果をもたらし、物事の達成、実現に向けて大きく働きかける力を持つようになります。

　木星と土星のダブルトランジットで一つ注意することは、正確にはヨガとダシャーの働きも一緒に見ていかなければならないことです。しかし、トランジットだけを見ていってもそれなりの作用は出てきますので、初心者段階ではそれで判断していってもよいと思います。

　より高度な見方は、インド占星術の知識量と技法を使いこなす力ができてから、考慮に入れればよいでしょう。

木星と土星がどのように片側アスペクトするのかは116頁ページを見て、もう一度思い出してみてください。それに従って、ダブルトランジットする時期を見ます。360頁の巻末資料1のフリーソフトの活用法で、自分が知りたい年月日時間を入力するか、または星座移動表を見てトランジットの位置をつかむことができます。

ケーススタディ J・F・ケネディ

次頁のチャートは、J・F・ケネディ大統領が暗殺された時のトランジットチャートです。ケネディ大統領の誕生日は1917年5月29日15時マサチューセッツ州生まれです。

まず、彼のラーシチャートを見てみましょう。

12ハウス支配の太陽が9ハウスに在住して、木星とコンジャンクションしています。スーリアグルヨガを作ります。太陽が良いことは政治家として大切な条件です。また、11ハウス在住の土星が自分の支配ハウスである5ハウスにアスペクトしています。ケネディは幸運のトリコーナハウスである5ハウスと9ハウスを良くしているチャートです。

ケネディが暗殺されたのは、1963年11月22日12時30分（米中西部時間）テキサス州ダラスにおいて起こりました。まず、この時のケネディのMDは木星期に当たります。木星から見た7ハウスに暴力の火星があります。次に、トランジットチャートとラーシチャートを比較し

てみましょう。

木星トランジットは7ハウス魚座に、土星トランジットは5ハウス山羊座に、火星トランジットは3ハウス蠍座に、ラーフトランジットは10ハウス双子座にあります。土星トランジットとラーフトランジットは死のハウスである2ハウスのマラカハウスにアスペクトしています。

木星トランジットは同じくマラカハウスの7ハウスに在住し、土星トランジットはその7ハウスにアスペクトしています。ここで木星と土星のダブルトランジットが成立します。

ダブルトランジットで現象化する事象をまとめると、以下のようになります。

ダブルトランジットで現象化する事象

ハウス	現象化する事象
1ハウス	開運、健康、仕事
2ハウス	商売、家族、死
3ハウス	趣味、自己啓発、訓練
4ハウス	母親、不動産、家庭
5ハウス	恋愛、出産、イベント
6ハウス	病気、争い、試験
7ハウス	結婚、人間関係、死
8ハウス	災難、悩み事、研究
9ハウス	幸運、宗教、教育
10ハウス	社会的成功、仕事
11ハウス	願望成就、社会的評価
12ハウス	投資、出費、海外

3 アシュタカヴァルガ

「インド占星塾」〈http://www.asc-21.com〉の用語集によれば、「アシュタカヴァルガ」と「各グラハ（Grahna）とアセンダントとの距離を判断して、惑星の好ましい位置・好ましくない位置を決めるシステムです」と定義されています。

アシュタカヴァルガは、数値的にその位置の吉凶を決め、それは各星座におけるトランジットの吉意を決めるのに使うことができます。また、チャート上の12ハウスの吉意を調べたり、寿命の計算のベースとしても使ったりすることができます。

あるハウスに割り当てられた得点が高ければ、そのハウスのテーマに関する幸運度が高くなります。そうでなければ幸運度が低いか、あるいはそのテーマで活躍できる期間が短いかのどちらかになります。

あるハウスに機能的吉星が在住し、かつそのハウスの吉ポイント（ビンドゥ）が高ければ、少なくとも28点以上あれば間違いなくそのハウスのテーマに関しては幸運に恵まれます。

アシュタカヴァルガとは、ある方法によってハウスに吉ポイントを与えられたもので、ポイントの高いハウスに惑星が在住する場合、生まれ持った特徴としてその惑星の良い影響が期待できます。逆に、吉ポイントが与えられないハウスの場合には、否定的な影響を受けることになります。

ポイントが高いハウスであっても在住惑星がない場合は、ダシャーやトランジットなどでそのハウスにスポットが当たる時期に、数値の状態に応じた影響を受けることになります。よって、サディサティの期間中でも、土星の通過ハウスのアシュタカヴァルガが高い場合、困難ではな

く目的の達成や社会的成功の期待できる時期となります。

（I）惑星アシュタカヴァルガのビンドゥ

　7惑星在住星座＋ラグナの八つのポイントから、各惑星にとって良い星座を調べることにより求めます。

　各星座のナンバーは下の通りとなります。

```
牡羊座＝1    獅子座＝5    射手座＝9
牡牛座＝2    乙女座＝6    山羊座＝10
双子座＝3    天秤座＝7    水瓶座＝11
蟹　座＝4    蠍　座＝8    魚　座＝12
```

　この星座ナンバーを前提に、太陽を例にとって説明しますと、出生の太陽が在住する星座から数えて、1、2、4、7、8、9、10、11番目の星座、つまり牡羊座、牡牛座、蟹座、天秤座、蠍座、射手座、山羊座、水瓶座は太陽にとって良い星座になります。

　出生の太陽から数えて2番目の星座をトランジットの太陽が通過している時、このトランジット太陽は1ポイントを得ている状態ということです。同様に、出生の月から何番目が太陽にとって良いのか、出生の火星から何番目が太陽にとって良いのか……というふうに、太陽、月、火星、水星、木星、金星、土星、ラグナそれぞれの在住する星座から何番目が太陽にとって良いのかを求めます。すると最大8ポイント、最小0ポイントの範囲で吉ポイントが存在することになります。

（2）各惑星のアシュタカヴァルガの吉ポイント表

各惑星は在住するハウスから数えた時のポイントを得るハウスがあります。下の図において〇に該当するハウス番号で1ポイントを得ます。

【太陽】

惑星順		惑星ポイントを得るハウス
1	太陽	1、2、4、7、8、9、10、11
2	月	3、6、10、11
3	火星	1、2、4、7、8、9、10、11
4	水星	3、5、6、9、10、11、12
5	木星	5、6、9、11
6	金星	6、7、12
7	土星	1、2、4、7、8、9、10、11
8	ラグナ	3、4、6、10、11、12
	合計	48

【月】

惑星順		惑星ポイントを得るハウス
1	太陽	3、6、7、8、10、11
2	月	1、3、6、7、10、11
3	火星	2、3、5、6、9、10、11
4	水星	1、3、4、5、7、8、10、11
5	木星	1、4、7、8、10、11、12
6	金星	3、4、5、7、9、10、11
7	土星	3、5、6、11
8	ラグナ	3、6、10、11
	合計	49

【火星】

惑星順		惑星ポイントを得るハウス
1	太陽	3、5、6、10、11
2	月	3、6、11
3	火星	1、2、4、7、8、10、11
4	水星	3、5、6、11
5	木星	6、10、11、12
6	金星	6、8、11、12
7	土星	1、4、7、8、9、10、12
8	ラグナ	1、3、6、10、11
	合計	39

【水星】

惑星順		惑星ポイントを得るハウス
1	太陽	5、6、9、11、12
2	月	2、4、6、8、10、11
3	火星	1、2、4、7、8、9、10、11
4	水星	1、3、5、6、9、10、11、12
5	木星	6、8、11、12
6	金星	1、2、3、4、5、8、9、11
7	土星	1、2、4、7、8、9、10、11
8	ラグナ	1、2、4、6、8、10、11
	合計	54

【木星】

	惑星順	惑星ポイントを得るハウス
1	太陽	1、2、3、4、7、8、9、10、11
2	月	2、5、7、9、11
3	火星	1、2、4、7、8、10、11
4	水星	1、2、4、5、6、9、10、11
5	木星	1、2、3、4、7、8、10、11
6	金星	2、5、6、9、10、11
7	土星	3、5、6、12
8	ラグナ	1、2、4、5、6、7、9、10、11
	合計	56

【金星】

	惑星順	惑星ポイントを得るハウス
1	太陽	8、11、12
2	月	1、2、3、4、5、8、9、11、12
3	火星	3、5、6、9、11、12
4	水星	3、5、6、9、11
5	木星	5、8、9、10、11
6	金星	1、2、3、4、5、8、9、10、11
7	土星	3、4、5、8、9、10、11
8	ラグナ	1、2、3、4、5、8、9、11
	合計	52

【土星】

	惑星順	惑星ポイントを得るハウス
1	太陽	1、2、4、7、8、10、11
2	月	3、6、11
3	火星	3、5、6、10、11、12
4	水星	6、8、9、10、11、12
5	木星	5、6、11、12
6	金星	6、11、12
7	土星	3、5、6、11
8	ラグナ	1、3、4、6、10、11
	合計	39

ケーススタディ　エドガー・ケイシー

右のチャートは、エドガー・ケイシーのものです。

まず、牡羊座に月、蟹座にASC、獅子座にケートゥ、射手座に火星と木星、水瓶座に水星、金星、土星、ラーフ、魚座に太陽があります。このうち、ラーフとケートゥはアシュタカヴァルガの計算には入れません。ASC（ラグナ）も個別惑星のビンドゥの計算対象にはなりますが、ラグナ自体は惑星ではありませんのでアシュタカヴァルガの構成要素にはなりません。

まず、太陽のアシュタカヴァルガを計算していきましょう。

太陽アシュタカヴァルガの計算で太陽が得点を得るのは、○印の個所です。太陽が在住する魚座から数えて、1番目の魚座、2番目の牡羊座、4番目の双子座、7番目の乙女座、8番目の天秤座、9番目の蠍座、10番目の射手座、11番目の山羊座で1ポイントを得ます。

月は在住する牡羊座から数えて、

エドガー・ケイシー

☉	☽		
☊ ☿ ♄ ♀			Asc
			☋
♃ ♂			

サルヴァアシュタカヴァルガ

18	29	29	29
23			30
24			20
38	25	39	33

太陽のアシュタカヴァルガ

3	4	3	5
2			3
5			4
5	3	6	5

XI　トランジットとアシュタカヴァルガ

3番目の双子座、6番目の乙女座、10番目の山羊座、11番目の水瓶座で1ポイントを得ます。

火星は在住する射手座から数えて、1番目の射手座、2番目の山羊座、4番目の魚座、7番目の双子座、8番目の蟹座、9番目の獅子座、10番目の乙女座、11番目の天秤座で1ポイントを得ます。

以下、同じ要領で水星、木星、金星、土星、ASCと各星座のどこでポイントを獲得するかを確認していきます。それらの数字を確認したら、次に各星座に獲得した得点を合計していきます。

牡羊座で5点、牡牛座で3点、双子座で5点、蟹座で5点……と得点を獲得しています。この数字は前頁の図の太陽のアシュタカヴァルガの点数と一致します。

太陽に続いて月、火星、水星、木星、金星、土星と同じ手続きで計算します。それぞれの惑星の点数の同じ星座の得点を合計すると総合点数が出てきます。それがサルヴァアシュタカヴァルガの点数になります。

太陽のアシュタカヴァルガの計算

サイン	1	2	3	4	5	6	7	8	9	10	11	12	合計
在住惑星	☽			ASC					♂ ♃		♀ ♄ ☿	☉	
☉	○		○			○	○	○	○	○		○	8
☽			○			○				○	○		4
♂				○	○		○	○	○	○	○	○	8
☿	○		○			○		○	○	○		○	7
♃	○	○			○		○						4
♀						○	○				○		3
♄		○		○		○	○	○	○		○	○	8
ASC	○	○	○		○		○		○				6
合計点	4	3	5	3	4	5	6	3	5	5	2	3	48

アシュタカヴァルガの得点による吉凶の判断方法

① あるハウスに割り当てられた得点が高ければ、そのハウスのテーマに関する幸運度が高くなります。そうでなければ幸運度が低いか、あるいはそのテーマで活躍できる期間が短いかのどちらかになります。この場合、サルヴァアシュタカヴァルガ（アシュタカヴァルガの総合計点の得点）を優先して見ていきます。

② 各惑星が高いアシュタカヴァルガ得点を得ているハウスを通過する時は良い現象が起き、逆に低いアシュタカヴァルガ得点を得ている時は悪い現象が起こります。この場合、土星トランジットの動きを一番重視します。

③ サルヴァシュタカヴァルガに関しては、20点以下は不運、25点は平均、30点以上は幸運と判断します。特にラグナハウスおよび9ハウス、10ハウス、11ハウスのビンドゥが30点以上あれば、人生における成功者になれます。

④ 個別のアシュタカヴァルガの得点は4点が平均点で、それ以上なら幸運、それ以下なら不運と判断します。

【得点が出てくる現象】
0… 屈辱、病気、危険
1… 病気、悲惨、辛苦、放浪
2… 苦悩、非難、盗難
3… 精神的・肉体的不快
4… 吉凶混合の現象
5… 学習、富、子供
6… 勝利、富、名声
7… 名誉、報酬、幸運
8… 栄誉、栄光

実際の運気は、ヴィムショッタリダシャーをはじめいくつかの要素を組み合わせてみていくので、これだけで決定されるものではありません。

※この他にアシュタカヴァルガによって寿命計算もできますが、ここでは省略します。

ケーススタディ　山口百恵さん 〜短かった芸能活動〜

　山口百恵さんといっても、今の若い人は知っている人が少なくなりました。彼女は1973年にデビューして一世を風靡し、1980年に結婚のために引退した元祖アイドル歌手です。

　普通、芸能人は、結婚や出産などで若いうちに引退しても、一定年月を経るとまた芸能界に復帰することが多いものですが、彼女の場合、ついぞ復帰することはなく芸能生活はわずか7年半しかありませんでした。

　しかし、その活動中は、「山口百恵は菩薩である」とある芸能評論家に言わしむるほどに人気がありました。実に不思議な存在です。

　こういう場合、特定のダシャー期だけが芸能活動に向いている星の配置となっていることが多いのですが、山口百恵さんのチャートを見てみたら、案の定、金星のダシャー期だけの芸能活動でした。

　山羊座の2ハウスにヴァルゴッタマの太陽と金星があります。2ハウ

山口百恵さん

☊	☽ ♂		
☉ ♀			
Asc ♄ ☿		♃	☋

サルヴァアシュタカヴァルガ

23	28	31	24
36			22
21			28
23	26	38	37

金星アシュタカヴァルガ

6	5	3	3
6			4
2			8
4	3	4	4

スには言葉、スピーチの象意があり、金星が在住していれば、言葉の芸術、つまり歌手に向いています。

彼女が芸能界にデビューしたのは1973年5月であり、この時のダシャーは金星／ラーフ期です。金星

♀	–	☊	Fri	08-20-1971
♀	–	♃	Tue	08-20-1974
♀	–	♄	Wed	04-20-1977
♀	–	☿	Thu	06-19-1980
♀	–	☋	Wed	04-20-1983
☉	–	☉	Tue	06-19-1984

のアシュタカヴァルガは想像通り2点しかなく、生涯において2ハウス金星が強く働く期間が短いことを示します。

1ハウス支配の木星は12ハウスにあり、引退しやすい生涯でもあります。しかし、金星期には金星は5ハウスと10ハウスを支配するラージャヨガとして働き、金星とコンジャンクションしているヴァルゴッタマの太陽も強力に援護射撃をしています。

引退したのは金星／水星期です。MDの金星から見て水星は9ハウス支配であり、ASCから見ると水星は7ハウスを支配しています。どちらも社会的引退の時期になります。

金星と7ハウスが絡む時期なので、当然、結婚の時期にもなります。

水星は射手座のハウスに在住し、10ハウス支配でもあるので、出版の機会にも恵まれます。彼女が自叙伝『蒼い時』（集英社）を書いたのも（たとえ実質的にゴーストライターが書いたものであったとしても）、この時です。

彼女は金星から9ハウス支配の太陽にダシャーが切り替わるまでは、作詞家として活動していた時もありましたが、太陽期以降完全に社会的に引退してしまいます。

ケーススタディ　朝青龍

　朝青龍はモンゴル出身の元大相撲力士で第68代横綱です。現在は実業家、タレントとしてマルチに活躍しています。1997年に日本の明徳義塾高校に相撲留学し、2年後に若松親方（当時、現高砂親方）によるスカウトにより、高校を中途退学して角界に入門しました。

　2007年前半までは横綱として十分な成績を残し活躍していました。しかし、負傷休場にもかかわらずモンゴルでサッカー試合に出たことが発覚してから、いろいろと問題が出てきました。

　2007年8月29日、朝青龍がモンゴルに帰国しました。この日のニュースは朝青龍のことでもちきりでした。そこで、朝青龍の今後の動向についてチャートを見てみます。

　彼の誕生日は1980年9月27日生まれです。

　彼のナクシャトラはバラニーです。牡羊座火星の影響の強いこの星宿生まれは、自信家で頑張り屋、勝負強いし頭も切れるが、人間関係で周囲との協調性を欠く面があります。

　まず、彼のチャートで目につく特徴は、月がラーシチャートでもナヴァムシャチャートでも、両脇に惑星が存在しないケマドルマヨガであることです。これは孤立しやすいことを示します。しかし、同時にこの月は太陽から遠い満月に近い月であり、10ハウス支配で7ハウスのケンドラハウスに在住する吉星でもあります。

　したがって月のダシャー期は良い

ことも悪いこともADとの関係で起りえます。7ハウスは配偶者との関係を示しますが、タミール夫人のような賢夫人との縁がある反面、離婚にまでは至りませんでしたが、危機が起こりやすくなります。

月を1ハウスとすると金星は蟹座の4ハウスに当たります。蟹座のビンドゥは41点もあり、彼の家族愛の強さを示すものです。実際に彼は故郷の家族のために尽くしたり、兄弟を日本に呼び寄せてビジネスを行ったりしています。

彼の12ハウスもまた特徴的です。土星は4ハウスと5ハウス支配、太陽は11ハウス支配で、12ハウスでコンジャンクションとなっています。自己の技量により海外で社会的地位を築く配置になっています。同時に木星は3ハウスと6ハウス支配の機能的凶星で敵対星座であり、しかも度数は乙女座0度です。木星の功徳は全く働くことがありません。先輩からの受けは悪く、社会的良識も欠くことになり、これが海外で失脚の因にもなります。

さて、彼の今後はどうなるでしょうか。まずヴィムショッタリダシャーで見ていきます。

朝青龍は2007年9月では、月のMD期にあります。ADは土星期です。彼の土星はなかなか強いので、この時期はいろいろなトラブルや病気があっても何とか持っている状態です。

しかし、2007年10月7日以降

ヴィムショッタリダシャー

☽ - ☊	05-07-2003
☽ - ♃	11-05-2004
☽ - ♄	03-07-2006
☽ - ☿	10-07-2007
☽ - ☋	03-07-2009
☽ - ♀	10-06-2009
☽ - ☉	06-07-2011
♂ - ♂	12-06-2011
♂ - ☊	05-03-2012
♂ - ♃	05-22-2013
♂ - ♄	04-28-2014

サルヴァアシュタカヴァルガ

29	24	26	32
31			41
25			33
28	23	23	22

は、ADは水星になります。ASCから見て水星は9ハウスと12ハウスです。9ハウスには引退の意味があるので、素直に解釈すればこの時期に引退の可能性があります。

　しかし、水星期は同時に良い意味もあります。7ハウス支配の火星は9ハウス支配の水星と1ハウスでコンジャンクションして、ラージャヨガを作ります。太陽から見ると水星は1ハウスと10ハウス支配で2ハウス在住のダーナヨガとなります。

　引退の可能性がありながらの思わぬ強さを発揮できる時期にもなります。こういう時、9ハウスの「幸運」の象意をもたらす生き方を、彼が日頃からしているかどうかが判断の鍵となります。その他の点を見ると、サルヴァアシュタカヴァルガは2009年4月の時点では33点とかなり高いので、この時点では暫くは現状維持のまましばらくいるかと思われました。

　しかし、2009年9月10日から22点と急激に点数が下がります。2010年になると、今度は木星のビンドゥが31点と高く上がります。

　朝青龍はこういう吉凶が交錯する展開になり何とかやってきました。しかし、遂に場所中の2010年1月16日未明に泥酔して暴れる騒動を起こし、2010年2月4日、暴行問題の責任を取るかたちで引退することを余儀なくされました。ASCから見て金星は1ハウスと6ハウス支配、月から見て2ハウスと7ハウスのマラカ支配で良い時期ではありませんでした。

ケーススタディ

池田晶子さん 〜ダシャーは死後にも作用する〜

在野の哲学者、池田晶子さんは2007年2月27日、腎臓癌のため惜しくも亡くなりました。しかし、2008年11月に『人生は愉快だ』（毎日新聞社）という本を出版し、話題となります。死を自覚した彼女が「死の豊かさ」について深く豊かな思索を綴っている内容です。

彼女は容姿に優れ、モデルのアルバイトをやっていました。哲学エッセイストの草分けであり、アカデミックな世界とは距離を置いていたといいます。また、ずっと既婚であることを隠していて、夫とは子供を産まない条件で結婚しました。また、愛犬家でもありました。

それでは、このような特徴がチャートに出ているか検証してみたいと思います。

池田晶子さんのラーシチャート

池田晶子さんのナヴァムシャチャート

10ハウスに月があり、哲学を大衆向けのものにしました。水星は9ハウスと12ハウス支配で精神性の高い仕事をしています。

5ハウスのケートゥは子供を好まないことを表し、月から見て6ハウス支配の木星があるのでペット好きです。7ハウス支配で8ハウス在住

の火星は、普通は結婚運が悪いとみますが、それ以外に傷つきがないので非伝統的なかたちの結婚とみることができます。

この分析を元にして、彼女のダシャーを見ていきましょう。

彼女の火星は ASC から見て 2 ハウスと 7 ハウスのマラカハウスを支配し、8 ハウスに在住しています。典型的な機能的凶星です。彼女が死んだ 2007 年 7 月 27 日の

池田晶子さんのダシャー

☾ – ♂	06-24-2006
☾ – ☊	01-23-2007
☾ – ♃	07-24-2008
☾ – ♄	11-23-2009
☾ – ☿	06-24-2011
☾ – ☋	11-22-2012
☾ – ♀	06-24-2013
☾ – ☉	02-22-2015
♂ – ♂	08-24-2015
♂ – ☊	01-20-2016
♂ – ♃	02-07-2017

ダシャーは月/ラーフ期です。月の MD が強く作用する時です。

月は定座にあるとはいえ光は弱く、月から見てのラーフは死のハウスである 2 ハウス在住しています。腎臓癌になったのはそれ以前のことと推測されますが、少なくとも進行していた AD の火星期は、火星がアスペクトしている金星（腎臓）、ラーフ（悪性腫瘍）が現象化します。金星とラーフ共に火星からのアスペクトを受けています。

しかし、木星のアスペクトを受けている金星とラーフである以上、死を目前にした彼女の著作内容からも推測できるように、精神的には安楽死のはずです。木星は死に際してそのような作用をします。

死後、AD は木星期に移ります。木星はガンダータではありますが定座に在住し、4 ハウスと 5 ハウスを支配するラージャヨガカラカの土星とコンジャンクションして水星の支配する双子座にアスペクトします。

月から見ると、木星は 6 ハウスと 9 ハウスを支配し、アスペクトを受ける双子座の支配星である水星は月とコンジャンクションしています。この時期は、射手座木星（宗教性）、9 ハウス（深い霊性の自覚）、水星（出版）、双子座（出版）の絡む時期になります。このように死後にもダシャーは作用しています。

コラム

医療占星術の健全な発展と可能性（後編）

　私の鑑定経験からもいえることなのですが、鑑定時に尋ねられる質問の中で、「医療」に関わる質問は微妙で、扱いには慎重さが必要です。

　単に健康に関する質問ということならば、質問者の病気をしやすい体の部位なり先天的体質を指摘すればよいので、その範囲にとどまるのならさほど難しくはありません。

　問題なのは、占い師は医師ではないことです。

　だから、占い師である限り医療行為そのものを行うことはできません。

　「風邪をひいたら卵酒がよい」くらいのアドバイス、あるいは代替医療従事者ならその職分範囲内にとどめておくべきです。病気の外科治療や化学的薬物療法そのものに踏み込むことは絶対に避けなければなりません。

　それでは占星術師にできる医療アドバイスは何でしょうか。

　それは「病気をしやすい部位はどこか」、「ある身体部位を病気しやすい時期はいつか」、「良き医師の選択とその時期」、「体質に合った治療法の選択」、「手術後の適切な過ごし方」、「体質の整え方」などです。それらに限定すべきです。

　それでもそのアドバイスが的確であれば、病気治療を側面からサポートすることができます。何よりも早期発見と早期治療、特に病気予防に貢献できます。

　人には病気運や医師運というものがあり、治療そのものは医師や代替医療従事者に任せるとしても、治療の時期、医師の選択、発病時期の診断などで占い師として有効なアドバイスができます。

　医療占星術が健全に発展すれば、我々の生活に最も身近に役に立つ可能性を秘めています。

XII　テーマ別ケーススタディ

1 恋愛運・結婚運

基本原則を一通り覚えたところで、テーマ別に具体的見方を解説していきます。実際には、それぞれの要素を組み合わせたより複合的な見方をしますが、ここでは個々の要素を取り上げたシンプルなかたちで説明していきたいと思います。

恋愛運・結婚運の見方のポイント

1 着眼点
〔1〕恋愛運は金星、5ハウスおよび5ハウスの支配星の状態で見ます
〔2〕結婚運は金星、7ハウスおよび7ハウスの支配星の状態で見ます

2 全体としての結婚運
〔1〕ASC、太陽、金星、月から見た7ハウスにどの惑星が在住しているか
〔2〕孤独や寂しさを表すケマドルマヨガがあるか
〔3〕第9分割図のナヴァムシャチャートが恋愛結婚の状態を示します

3 惑星とハウスから見た結婚運
〔1〕金星か7ハウスの状態が良いと結婚運が良い
- 金星がトリコーナハウスかケンドラハウスに在住している
- 金星がトリコーナハウスかケンドラハウスを支配している
- 7ハウスに惑星が在住していると結婚できる
- 7ハウスに金星以外の吉星が在住している

- ❖ 7ハウスに在住している惑星が機能的吉星になっていると良い
- ❖ 7ハウスに在住している惑星が吉星とコンビネーションを組んでいる

〔2〕金星か7ハウスの状態が良くないと結婚運が悪い
- ❖ 金星がドゥシュタナハウス（6ハウス、8ハウス、12ハウス）に在住している
- ❖ 金星がドゥシュタナハウス（6ハウス、8ハウス、12ハウス）からのアスペクトを受けている
- ❖ 7ハウスの支配星がドゥシュタナハウス（6ハウス、8ハウス、12ハウス）に在住している
- ❖ 7ハウスの支配星がドゥシュタナハウス（6ハウス、8ハウス、12からのアスペクトを受けている
- ❖ パーパカルタリヨガになっている
- ❖ 火星が7ハウスに在住する（クジャドーシャ）
- ❖ 火星が7ハウスに対して8番目のアスペクトをしている
- ❖ 火星がドゥシュタナハウスの8ハウスに在住している
- ❖ 金星が凶星からのアスペクトを受けている

4　結婚の時期
- ❖ ダシャーが切り替わる時
- ❖ 金星のMD、ADの時
- ❖ 7ハウス在住の惑星がMD、ADの時
- ❖ ラーフのMD、ADの時
- ❖ 金星からアスペクトを受けている惑星のMD、ADの時
- ❖ 7ハウスからアスペクトを受けている惑星のMD、ADの時
- ❖ 木星と土星のダブルトランジットが7ハウスをアスペクトする時

ラーシチャートで見るなら、恋愛なら金星、5ハウス、5ハウスの支配星を、結婚なら金星、7ハウス、7ハウスの支配星などで見ていきます。

不倫、情事、社会的に表に出せない男女関係は12ハウスと12ハウスの支配星の状態で示されます。

チャートを見ていくと、その人がどのようなタイプの人と因縁があり、どういう恋愛・結婚をしやすいのかという宿命・因縁が表示されているかが明確にわかります。また、下のケーススタディのように、5ハウスの恋愛運と7ハウスの結婚運は明確に区部して見ていくことが原則です。

ケーススタディ — **金星の傷つきと結婚運**

結婚運は主に金星、7ハウスおよび7ハウスの支配星で見ていくのが原則です。ラオ先生の『ラオ先生のインド占星術―運命と時輪―』(インド占星塾訳)によれば、結婚を妨げている要因についてさらに具体的に以下のように書かれてあります。

> ① 金星が傷ついている
> ② 金星から見た7ハウスが傷ついている
> ③ 金星から見た7ハウスの支配星が傷ついている
> ④ 金星から見た12ハウスが傷ついている
> ⑤ 金星から見た12ハウスの支配星が傷ついている

これらを実際に検証してみると五つの条件がすべて満たしていなくても、三つくらいが当てはまると結婚運は良くないと思われます。

下のチャートは生涯独身であった女性Aさんのものです。この人は、①金星が減衰している、②金星から見た7ハウスに火星と土星の2凶星がアスペクトしている、③金星から見た12ハウスに凶星のラーフが在住する、④ASCから見た7ハウスに火星が8番目のアスペクトをしているというチャートを持っています。

　これでは生涯結婚できなかったことが肯けます。彼女は仕事の方は順調な展開していますが、どういうものか恋愛・結婚運には恵まれませんでした。

　ASCは天秤座にありますので、10ハウスは蟹座に当たりますが、ここに木星が在住しています。木星は高揚しており、ナヴァムシャチャートの蟹座にも木星が在住しヴァルゴッタマになっています。ケンドラハウス在住の高揚の木星であるから、ハンサヨガとなります。

		♄R	
☊			♃
			☊
☽		ASC	♀ ☿R ♂ ☉

Aさん

　10ハウスは仕事のハウスです。この面ではAさんは確かに幸運といえます。強い責任感を持つ人で、上司からも頼りにされ、現在では、子会社の役員までやっている方です。

　アシュタカヴァルガの得点も7点と非常に高いものがあります。しかし、この木星は3ハウスと6ハウスを支配しているので必ずしも仕事が好きでやっているわけではないと思います。木星は土星から3番目のアスペクトを受けているので、享楽的には使えません。好きでなくても、勢い仕事一辺倒の人生になります。

　月は射手座0度のガンダータのポジションに在住する典型的なケマドルマヨガです。これは孤独と寂しさを表します。ケンドラハウスに木星が在住するので、仕事にはひたすら打ち込み、しかも成功するタイプで

す。しかし、これだけ木星が良いと、恋愛・結婚などできなくてもいじけたり世を恨んだりというようなことはなくなります。ここらへんが木星の持つ徳といえるでしょう。

Aさんのもう一つの大きな特徴は、12ハウスの乙女座にあります。ここに減衰の金星、高揚の水星、火星、ヴァルゴッタマの太陽と惑星集中しています。これは宗教的修行や実践を志すといわれているサンニヤシヨガの一つです。出家の可能性を示すヨガです。

減衰の金星は結婚運のないことを示します。恋愛を表す5ハウスにはケートゥが在住し、しかも風のサインの水瓶座に在住するため、クールな感情を持ち、強い恋愛感情はありません。

また、火星は結婚を意味する7ハウスに8番目のアスペクトをしています。7ハウスのサルヴァアシュタカヴァルガは22点と低いです。これも結婚運のないことを示しています。ASC、太陽、月、金星から見た7番目のハウスにいずれも惑星が在住していません。

まとめとして、Aさんの結婚運の弱さは、①ケマドルマヨガ、②サンニヤシヨガ、③金星の減衰、④5ハウスの弱さ、⑤7ハウスの弱さ、⑥火星の8番目のアスペクトが7ハウスにくる、⑧7ハウスの惑星のポジションの弱さ、に示めされているといえます。

Aさんは仕事では成功しますが、恋愛・結婚には縁のない典型的なタイプです。実際に本人の話を聞く限り、その通りの人生を歩んできています。

ケーススタディ　水木しげるさん 〜良き結婚運〜

2010年の流行語年間大賞は「ゲゲゲの女房」でした。言わずと知れた『ゲゲゲの鬼太郎』の作者水木しげるさんの奥さんである武良布枝さ

んの自伝のことです。『ゲゲゲの女房』は、漫画家水木しげるの妻である布枝さんが著した自伝を原案として、放送されたNHKの連続テレビ小説第82シリーズの同名テレビドラマ（2010年度上半期）は大ヒットしました。同名の映画も2010年11月20日に公開されました。

　物語の内容は1961年、布枝さんが29歳の時、39歳の貸本漫画家である水木しげるさんとの結婚を転機に、その後、喜びも苦しみも共にする夫婦の軌跡が妻の視点で描かれています。布枝さんが嫁いで来た時、暮らしはとても貧しく、先の見えない苦しいものであったそうです。それでも、ひたむきに貸本漫画を書き続ける夫の姿勢に心を打たれた布枝さんは、「何があっても、この人と一緒に生きよう」と決意したといいます。

　布枝さんの誕生時間がわかればよいのですが、残念ながらわかりません。それでは、ゲゲゲの女房の夫である水木しげるさんはどのような結婚運なのでしょうか。そこには「内助の功」がうかがえるような結婚運があるでしょうか。

　まず、太陽が水瓶座にあって、太陽から見た7ハウス獅子座にアスペクトバックしています。これは7ハウスを良くし、同時に7ハウスの支配星の太陽が1ハウスにきますので、自伝にある通り、女房から惚れこまれ好かれている人です。

　利益を表す2ハウスに神秘の魚座には高揚の金星と深い内面的思考を表すケートゥがあります。単なる「神秘家」ではなく、漫画という人を楽しませる分野での華やかな成功を物語ります。月から見ても魚座の10ハウスに高揚の金星があるので、神秘の世界での職業的成功を裏

水木しげるさん
（お昼の12時に時間設定）

♀ ☋			(Asc) ☽
☉			
☿			
	♂		♄R ☊ ♃R

づけます。

　太陽から見て神秘・オカルトを表す8ハウスに土星、木星、ラーフがあります。土星は12ハウス支配で8ハウス在住なのでヴィーパリータラージャヨガ、木星は2と11ハウス支配のダーナヨガで魚座にアスペクトバック、ラーフの乙女座在住は吉です。

　したがって、水木しげるさんは8ハウスの示す苦労、苦悩、トラブルはあったにしても、神秘家・妖怪漫画家として成功する運を持っています。

　高揚する金星から見た7ハウスにアスペクトバックする木星があるので、水木しげるさんは、配偶者からの援助や助けが期待できますし、また、女房思いでもあります。

　社会性を示す水瓶座の太陽には7ハウスの支配星である太陽が在住し、愛情を示す金星から見た7ハウスには、金星を1ハウスと見た場合の1ハウスの支配星である木星が在住します。そのため、結婚運が全面的に良いというわけではありませんが、水木しげるさんの場合は、相思相愛で夫婦相和し、助けあって過ごした夫婦であったといえるのです。

ケーススタディ　小室哲哉さん　～結婚運を妨げるもの～

　作曲家の小室哲哉さんのチャートは金星が良くありません。これを見ると、あれだけの大衆的人気があったにもかかわらず、どうして結婚と離婚を繰り返してきたのか、どうして結婚運が悪いのかがよく理解できます。

　①金星が結婚のカラカである

小室哲哉さん

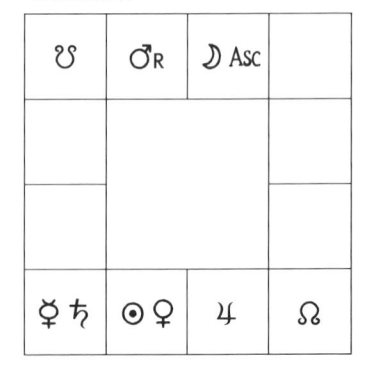

☊	♂R	☽ Asc
☿ ♄	☉ ♀	♃	☋

7ハウスに在住しています。このこと自体が結婚運の悪さを表示します。②その金星に対して火星が8番目のアスペクトをしています。③金星から見て12番目の木星に対して火星が7番目のアスペクトをしています。④ナヴァムシャチャートで太陽、土星が減衰しています。

こららはすべて結婚運の弱さを示しています。

ケーススタディ　モテるが結婚運はない

右のチャートの持ち主は、5ハウスに惑星がありません。ところが7ハウスには惑集中しています。しかもハウス支配は良くありません。そのためなかなか結婚にまで至りません。

7ハウスに惑星集中しているので恋愛機会そのものには恵まれますが、なかなか良い相手と出会えず、最終的にはケンカ別れを繰り返しています。7ハウスの火星は「クジャドーシャ」と呼ばれ結婚運の悪さを示します。8ハウスの金星もまた結婚運は良くありません。

次に重要なのは第9分割図、つまりナヴァムシャチャートです。その人の霊性・精神性を表示する

Bさんのラーシチャート

	☊ Asc	♃R	
			♄
☽			
	♀	☿ ☊ ☉ ♂	

Bさんの第9分割図

	♂		
☉ ♃R			☊ ☽
☊ ♄			
♀ ☿			Asc

ナヴァムシャチャートは、また結婚の傾向をよく表します。

ラーシチャートでの結婚運が悪くても、ナヴァムシャチャートが良ければ再婚あるいは晩婚で幸福になれます。

ナヴァムシャチャートを見ても7ハウスはパーパカルタリ状態で、7ハウス支配の木星も逆行で、凶星の太陽とコンジャンクション、火星は8ハウスにあり、良くありません。

結論として、Bさんの結婚はかなり問題が多いことがわかります。

ケーススタディ ── 結婚の時期を見る

結婚の時期は、未婚女性から最も尋ねられる質問です。インド占星術で結婚の時期を示すものは何でしょうか。その典型的なケースを紹介します。

結婚のタイミングについてはいくつかの着目点がありますが、まずはダシャーです。

Tさんが結婚したのは、1975年11月です。この時、MDのラーフは金星支配のサインにいます。ラーフ期や金星期は最も結婚しやすい時期です。

ラグナロードの水星はADの土星とコンジャンクションして、土星はラグナにアスペクトしています。結婚のカラカである金星がラグナ

Tさんのラーシチャート

	☽	☊	
			♄ ☿
			☉
	☋	♃	♂ Asc ♀

Tさんの結婚期のヴィムショッタリダシャー

☊-♄-☋	Sat 07-12-1975
☊-♄-♀	Thu 09-11-1975
☊-♄-☉	Tue 03-02-1976
☊-♄-☽	Fri 04-23-1976

ロードに在住しています。

次にトランジットチャートを見てみましょう。

木星のトランジットがラーシチャートの7ハウス魚座に在住しています。PADの金星は木星のトランジットと相互アスペクトをしています。

一方、土星トランジットは蟹座にあってラグナロードのネイタルの水星とコンジャンクションし、ラグナにアスペクトしています。

水星のトランジットはラグナとトランジットしていて、木星は7ハウスをトランジットしています。水星のトランジットと木星のトランジットは相互にアスペクトし、1ハウス―7ハウス軸を形成しています。

このように結婚の時期となると、3重にも4重にも結婚に関わる条件が重なって出てきます。

Tさんの結婚時のトランジットチャート

♃R	☋		♂
			♄
			♀
☽		☊	☿R ASC ☉

職業運

職業運の見方のポイント

1. ASCおよび月から見た10ハウスおよびその支配星の状態はどうなっているか
2. 10ハウス在住の惑星とその吉凶強弱の状態はどうなっているか
3. ホロスコープの中で最も強力な惑星はどれかで適職を見ます
4. 第9分割図の10ハウスの支配星の状態はどうなっているか
5. 10ハウスのサイン（火地風水）が職種に関係します
6. ハウスによる特徴
   〔1〕2ハウスが良い人は独立運があります
   〔2〕6ハウスが良い人はサービス、奉仕に適性があります
   〔3〕10ハウスが良い人は社会的成功をもたらします
   〔4〕11ハウスが良い人は定期的収入に恵まれます
7. 10ハウス在住またはそこにアスペクトしている惑星が適職になります

   太陽…政治家、法律家、判事、公務員、貴金属

   月……看護師、宝飾関係、農業関係、家庭用品、

   火星…軍人、兵士、大工、機械工、技術者、化学者、保険、肉屋

   水星…校長、数学者、作家、秘書、経理関係、保険営業

   木星…司祭、法律家、カウンセラー、学者、教師

   金星…芸術家、俳優、化粧品・宝石・食品販売員、法律事務、仕立て屋

   土星…専門職、管理者、職人、道路掃除人、植字工、行商人

> ※ 10ハウスに惑星がない時は、第9分割図の10ハウスの支配星で判断します
>
> 8. 就業および転職の時期
>   ❖ ダシャーが切り替わる時
>   ❖ 10ハウス在住の惑星がMD、ADに来る時
>   ❖ 10ハウス支配の惑星がMD、ADに来る時
>   ❖ チャートの中で最も強力な惑星がMD、ADに来る時
>   ❖ 木星と土星のダブルトランジットが2ハウス、6ハウス、10ハウスにアスペクトする時

(1) 職業選択の基本的考え方

　職業をいう時、「生業(なりわい)」という言葉がすぐに出てきます。この言葉のイメージは生活を成り立たせる手段をいう感が深いです。

　しかし、最近は職業というと単に生活の手段ばかりでなく、天職、使命、生き甲斐、やり甲斐などの言葉に代表されるように、本来の自分を活かすものであってほしいという欲求が強くなっています。

　そこで、いわゆる本当の自分とは何かという「自分探し」が始まるわけです。「自分探し」は構いませんが、そのために後先も考えずに簡単に転職したり、詐欺臭い自己開発プログラムに高額の金を払ってみたり、自分探しで一生を費やしたりするようになると、ナンセンスの極みといえます。それなら原点に戻って、「生業」に忠実に従事した方が、本来の自分を活かしていることになるのではないでしょうか。

　自分探しをしたければ、それこそインド占星術で自分のカルマを知ればすぐに解決します。そうすれば自分の努力の方向性とそのタイミング

くらいはすぐにつかめます。それは案外自分が長年やりたいと思っていたこと、何となく自分が好きで興味を抱いていたこと、努力しなくても不思議と他人より優れてできるものであったりします。

　こういったことは、何となく直観で感じるものなのでしょう。ドイツ語でいうと、「Wollen（やりたいこと）」、「Können（できること）」、「Sollen（やるべきこと）」のベクトルが一致している分野が本来の自分が活かせる分野になります。

　それが人生の初期から簡単に見いだせた人や、この三つが一致する職業分野に就ける環境が整っている人のことを「職業運」のある人といいます。その意味で、これは単なる才能とはまた別の話です。

　ところがそれがうまく整っている人は世の中はそうはいません。そこに人間の運不運があります。

　いくら医師の資質がある人でも貧乏な家庭に生まれたら、それは実現することはありません。逆に、いくら豊かな家庭に生まれても学業が嫌いな人は専門職には向きません。才能があり環境が整っていても、それがまだ世の中から認められていないか、市場性のない分野であれば生活が成り立たないのです。

「職業選択」というと、私たちはその職業分野の才能や適性があるかどうかを思い浮かべますが、運命学、あるいは占星術的に考えると、こうした見方は間違いです。間違っているとまではいいませんが、それだけでは不十分です。

　それは才能という部分に着眼しただけにすぎないからです。職業選択の場合は、ある職業に就くだけの環境が整っているか、その職業で生活していける社会的環境および家庭的条件が整っているかどうかも同時に考えなくてはいけません。そうではない「自分探し」や「職業選択」は宙に浮いた非現実的なものにしかなりません。その他に体力や年齢などの問題もあります。

　つまり、職業上の成功はそれらのバランスの上にあるわけです。

（2）職業とチャートの特徴

　一般的に職業については、10ハウスの強さ、10ハウスの在住惑星、10ハウスの支配星など、社会的地位や仕事の象意を持つ10ハウスを中心にして見ていきます。

　その他に経済を示す2ハウス、労働を示す6ハウス、パートナーシップを示す7ハウスも職業を見ていく時は重要となります。

　職業適性については、芸術家は金星、スポーツ選手は火星、管理職は土星、営業マンは水星、政治家は太陽に特徴が出ます。しかし、実際はこのようにパターン化して見ていくことは適切ではありません。芸術家でも金星や月が減衰している人はよく見かけます。一流のスポーツ選手でも火星が減衰している人はよく見受けられます。

　例えば、パブロ・ピカソの月は減衰していますし、野茂英雄投手の火星は減衰しています。メジャーリーグで大活躍のイチロー選手に至ってはドゥシュタナハウスの凶ハウスである12ハウスに特徴があります。

　これまでの鑑定経験からいくと、例えば芸術家のチャートの場合、どのハウスの状態が良くて、どの惑星が強いか弱いかなどの一般的な特徴は見られません。しかし、画家の画風、音楽家の曲風、作家の作風などの特徴は明らかにチャートに出ます。どの職業分野でも人によってそれぞれ持ち味というものがあります。一つの職業人の在り方がワンパターンしかない職業などありえません。

　管理職といっても、事務能力のある人、意志決定の早い人、専門的能力の高い人、人情味溢れる人、調整能力のある人、トップの信頼を得る人、女性受けの良い人などそれぞれの持ち味でリーダーシップを発揮できます。リーダーシップの取れる人柄、才能はパターン化された単純なものではありません。そのようなクックブック的な見方では適切な鑑定はできません。

　そうした特徴は各人のチャートに明確に出ます。問題は、その特徴が

うまく発揮できる環境や場を得ているかどうかです。それが「運」と呼ばれるものです。

つまり、周囲との人間関係、持ち味を活かせる場を得ていること、才能発揮にふさわしい時代であるどうかにかかっています。俗にいう天の時（ダシャー）、地の利（適性）、人の和（相性）を得ているかどうかです。

実際の職業鑑定の時は、このような視点が必要になります。職業選択や適職の問題は、恋愛・結婚に次いで鑑定の際によく聞かれる質問です。職業上の問題で多い質問のトップは就職や転職の時期です。現在のように失業率の高い時代、給与格差の大きな時代では当然のことです。

次いで職場での人間関係、健康問題、適職特に天職などの質問が多いです。いずれも総合鑑定、ダシャーやトランジットなどの時期の分析が必要となります。

ケーススタディ ── 技術者としての成功

次頁のチャートは某大学の建築工学教授兼建設会社役員をしているAさんのものです。

まず、土星以外の惑星はすべてトリコーナハウスかケンドラハウスにあります。その土星も10ハウス、11ハウス支配で2ハウス在住のダーナヨガです。

1ハウスは定座の火星で技術者の適性と運があります。2ハウスも凶星の土星が入り、専門的技術により利益が得られる配置です。家屋、不動産を表す4ハウスは高揚の木星と定座の月があり、ガージャケサリヨガを作ります。建築工学分野で学識と名誉を得て、建設会社に要職を得て勤務する縁を得て成功するというパターン通りのチャートです。

運、才能、もって生まれた職業のカルマがすべて一致したかたちでの

成功といえるでしょう。

　職業上の成功の条件をどこまで持っているかをチャートを見て検討し、不足している部分をどのように学習し、行動すればとらえるのか、このことをまず検討することが重要です。

　インド占星術がいくらカルマを基礎にしているからといって、成功のための基礎条件を作るように努力しなければ成功の女神が微笑むようなことはありません。その努力を怠った人は良いダシャーがめぐってきてもたいした人生は歩まないことを肝に銘じましょう。

成功したエンジニア

	Asc ♂	♄	
			☽♃☉ ☊☿
☋			♀

ケーススタディ　成功した銀座ホステス

　ホステスや水商売で成功する女性は必ずしも美人ではありません。むしろ、話がうまく客の気をそらさない女性の方がホステスとして成功するという話はよく聞くものです。

　次頁のチャートは、昔、銀座でホステスをしていて売れっ子だったという女性のものです。

　まず、ASCから見て7ハウスの魚座に金星があり高揚しています。金星は2ハウスと9ハウス支配のダーナヨガです。そこにアスペクトを返しています。

　金星は凶星に取り囲まれているので結婚には多少問題があるといえます。

シャカタヨガもできていますから、苦労の多い人生だったことがうかがえます。しかし、対人関係の処理能力は高いものがありますし、非常にパトロン運に恵まれているといえます。

水星も1ハウスと10ハウス支配のラージャヨガで、奉仕の6ハウスに在住し、言葉によるサービスマインドは高いでしょう。

一方、太陽ラグナと月ラグナの視点から見ると、金星は2ハウスで高揚し、そこに高揚の木星がアスペクトバックしています。まるで美貌、話術の巧さ、財運の三拍子揃ったチャートです。非常に幸運に恵まれています。水商売で成功する女性とはこういうチャートをしているのかと改めて実感できました。

成功した銀座ホステスのラーシチャート

♄ ♀	☊		
☿R ☽ ☉			♃R
		♂R ☋	Asc

成功した銀座ホステスの第10分割図

♃R			☿R
☋			♀ ☽
♂R ♄			☊
		☉	Asc

　職業を表すダシャムシャチャートでも、ラーシチャートと同様に抜群の仕事運を持っています。ただし、権威を表すは太陽だけが減衰しています。これもホステス業の本質をよく示しているように感じます。

ケーススタディ　　　　　　　　　　　　　　　　医師 〜優秀な外科医〜

　医療従事者の適性は一口では言い表せません。同じ医療従事者でも、西洋医と代替医療従事者とは全く出方が違います。

　西洋医の場合でも外科医となると、またひときわ違います。火星にはもともと外科医という象意があり、血液、筋肉、外傷、道具という意味があります。

　優秀な外科医であれば血を見ることを恐れない勇気が求められます。その外科手術に習熟するのに多くの年月がかかります。そのような意味で、外科医として成功するには、良き火星と土星のコンビネーションがあることが条件となります。これは理科系に求められる資質でもあります。

　右下のチャートは、ある優秀な外科医のものです。

　まず、火星がウパチャヤハウスの6ハウスにあり、そこに持続的努力の土星が相互アスペクトをしています。火星は牡羊座にあり、ムーラトリコーナであり1ハウスにアスペクトバックしています。土星は蟹座の9ハウスにあります。

　火星、土星とも強力です。これは外科医としての良き資質に恵まれていることを物語ります。

　さらに、土星はトレーニングのハウスである3ハウスにアスペクトしており、ハードな勉学にも耐えられます。蠍座にケートゥがあり、患者の患部摘出の部位や切除法を直観的に把握する能力があり

優秀な外科医のラーシチャート

	♂	☉ ☊	☿
			♄
☽			
	Asc ☋	♃R	

ます。

　ナヴァムシャチャートでも土星は高揚で、火星はアスペクトバックしていて二つの惑星は強力です。

　太陽と月も定座にあり大変強いチャートといえます。これは第10分割図でも再現されています。

　しかし、この人は職業的には成功者ですが、恋愛結婚となると派手好きで問題があります。金星の位置、月から見た金星、太陽の位置などで問題が多いのですが、ここでは職業についての鑑定ですので、これ以上は触れません。

優秀な外科医の第9分割図

☿ ☊		♃R	
			☽
	♀		☉
		♂ ♄	☋ Asc

ケーススタディ　　　　　　　　　　　　　　　　　医師 〜精神科医〜

　普通、医学と縁のある惑星は火星です。医療行為そのものはケートゥになります。医療行為に携わる人は、看護師も含めてこれらの惑星が深く関わっている場合がよく見られます。

　しかし、その中で精神科医となると立場がちょっと特殊になります。あくまで一般論ですが、精神科医には、結構、変わった人が多いという印象があります。もちろん、すべてではありません。

　第一に、精神科医になろうとした動機が、人間の精神状態に興味・関心を持ったことが挙げられます。したがって、精神科医の中には、占いやオカルト、宗教などに興味を抱く人は少なからずいます。これは心理学者も同様です。

　ところで、現在の精神医学は、薬物投与による治療が基本です。統合

失調症の陽性症状（幻覚・妄想など）は基底核や中脳辺縁系ニューロンのドーパミン過剰によって生じるという仮説があります。

　覚醒剤はドーパミン作動性に作用するため、中毒症状は統合失調症に類似しています。そのため、ドーパミン遮断薬の薬物投与によりドーパミンの分泌を抑えれば幻覚はなくなります。しかし、それではなぜ特定の人のドーパミンだけが過剰分泌をするのかとなると、よくわかっていません。カルマ的なものを考えざるをえません。

　そうなるともっと遺伝的、占星術的、宗教的要素も絡んでくると思われます。しかし、現在のところ、精神病というのは心理的療法からでは根本的に治せないもののようです。

　私は精神科医ではないので、これ以上のことを断定的にはいえませんが、書物などからはそのように認識しています。

　それでは、そういう精神科医のチャートの一例を示します。

　この精神科医の一番の特徴は8ハウスにあります。8ハウスには苦悩、突然のトラブル、宗教・法律上の罪、霊的な研究など心理的精神的要素が関係します。そこに太陽、月、木星、ケートゥが絡み、8ハウスの蠍座惑星集中となっています。いかにも精神科医らしいチャートです。

　まず、減衰のニーチャバンガの月と高揚のケートゥのコンジャンクションが挙げられます。これが蠍座の8ハウスで起こっています。潜在意識の月と分析思考のケートゥが、研究と関わる8ハウスおよび深い内面世界を追求する蠍座に在住しています。当然、自分の潜在意識に興味を持つことになります。

しかし、惑星の配置が良いのでそこだけにとどまることなく、豊かな精神科医として伸びていく適性がうかがえます。

太陽は5ハウス支配、月は4ハウス支配、木星は5ハウス支配で、ここにラージャヨガが成立します。太陽と木星でスーリアグルヨガもできます。高等教育を受け、蠍座8ハウスの象意と関わる職業に就くことになります。しかも社会的尊敬も得ることができます。

火星の1ハウスと8ハウス支配で6ハウス在住ですので、本人の健康面には問題が出てきますが、病気に対する抵抗力があるので特に心配はありません。

ケーススタディ　松坂大輔投手〜海外で活躍できる人〜

インド占星術で海外との縁を示すものは、7ハウス、9ハウス、12ハウスです。12ハウスはドゥシュタナハウスで凶ハウスです。

それでは12ハウスに惑星が集中している人は不幸な一生を送るのかと考えがちになりますが、インド占星術の鑑定判断はそう短絡的で単純なものではありません。

その人が12ハウスの象意に沿った生き方および職業選択をするならば、豊かな職業生活や人生を送っていけます。開運方法は宝石や風水にのみあるわけではありません。

インド占星術を善用した人生の正しい生き方や処し方の中にこそ、地道で堅実な開運方法があると

思ってください。

前に取り上げましたが、これはメジャーリーグで活躍する松坂大輔投手のチャートです。

12ハウスに水星と土星があります。水星は9ハウス支配でムーラトリコーナ、土星は4ハウスと5ハウス支配でラージャヨガカラカとなります。水星ともラージャヨガカラカを組みます。

それ以外に水星と金星が1ハウスと10ハウスで星座交換しています。そもそも職業運が良いですし、海外で活躍できる強い運を持っているといえます。

ケーススタディ　営業に向く人

どの会社でも営業力が生命です。優秀な製品を作れても営業力がないために悔しい思いをする経営者は多いのです。

そういう意味でどんな人が営業に向くかは大いに関心のあるところです。一口に営業といっても業種により特徴があり、「これが営業にふさわしいチャートです」と一概に決めつけることはできませんが、参考になるケースを紹介したいと思います。

私の知り合いに「電話セールス」の達人がいます。電話セールスくらい精神的に辛く効率の悪いものはないと思われます。ある電話セールス会社の社長さんに聞いたら、ほとんどの人は3ヶ月とも

営業に向く人

	Asc	♂ ☉	☿R ♀
			☊
☋			
		☽	♃ ♄

たずに退社するそうです。そんな中で着実に売上げを挙げている人物のチャートが前頁のものです。

インド占星術では営業活動による利益は2ハウスで見ます。ビジネスそのものは水星の状態で見ます。この人の2ハウスに双子座の水星が定座で在住しています。このサインに金星も在住するので、物腰柔らかで魅力的な弁舌の持ち主になります。水星のハウス支配も2ハウスと5ハウスであり、富を表すダーナヨガを形成します。

また、もう一方の水星支配のサインである乙女座には幸運の木星と9ハウスと10ハウスを支配する機能的吉星となる土星が在住しています。そしてこの土星は、水星と金星に対して10番目のアスペクトをしています。

こうして見ると、水星関連はすべて良い条件を備えています。この人が優秀な営業マンであることがこれだけで判断できます。

3ハウスに凶星のラーフが入っているので、これも簡単には諦めない根性があることを示すものです。

優秀な営業マンであるためにはやはり水星が吉星として働くことが必要といえます。

ケーススタディ　リストラを免れた人

2008年10月のアメリカの金融危機時、世界中が不況に陥りました。日本も例外なくリストラの嵐が、非正規雇用社員を中心に吹き始めました。

大規模なリストラはたいていの場合に職場ぐるみで一斉に行われるので、人柄や能力に関係なく一律解雇・減給というケースになることが多いのです。

ところが、運の良い人はそんな中でリストラを免れたり、うまく他

の職場に配置転換になったりして、職業生活を続けられる人がいます。そんな一例を紹介したいと思います。

右上のチャートの主であるＤさんは、最初は、臨時社員として雇用されましたが、後に正社員となり、すぐに主任に任命されました。そして2002年4月に工場閉鎖でその工場勤務の労働者は全員解雇

リストラを免れた人

		♄	♀
			☊ ☿
		☊ ☽	☉ ♂
		♃R		Asc

となりましたが、Ｄさんだけは本社経理部に配置転換となり解雇を免れたのです。

こうした幸運はどこからもたらされるものでしょうか。

まず、Ｄさんのチャートを見ると、幸運の象徴である木星が非常に良い状態にあります。木星が射手座の4ハウス、つまりケンドラハウスに在住する場合、木星はハンサヨガと呼ばれ、木星の働きを最高限度にまで高めます。ただし、4ハウスと7ハウス支配なので幸運度は若干落ちます。

その幸運の木星が、10ハウスの金星に対向アスペクトをしています。金星は双子座では友好星座であり、木星のアスペクトを受けてラージャヨガが成立しています。

10ハウスは職業のハウスですから、水星支配の双子座にあれば、経理は適職の一つとなります。仕事や職場に関しては大変人に好かれます。木星が表す上司や社長からの受けも大変良いのです。したがって、Ｄさんはサラリーマンとしての良き人間関係と職業上の幸運を持つ人といえます。

太陽が12ハウスなどにあって、他の条件から見たら必ずしも出世する人とはいいがたいのですが、とにもかくにもリストラのような職業上の不幸は免れるだけの運を持っていることは明白です。

3 健康運

(1) サイン、惑星、ハウスと人体部位

　人体の各部位は下のように対応します。それぞれのサイン、惑星（減衰、敵対）、ハウス（機能的凶星の在住、機能的凶星の支配、生来的凶星からのアスペクト）などによって傷つく時、対応部位が体質的に弱くなります。

🔲 サイン

牡羊座… 頭	天秤座… 下腹部
牡牛座… 顔	蠍　座… 外部性器
双子座… 首、肩、腕、胸の上部	射手座… 尻から太股まで
蟹　座… 心臓	山羊座… 膝
獅子座… 上腹部、胃	水瓶座… 膝から足首まで
乙女座… 中腹部	魚　座… 足首から足先まで

🔲 惑星

太陽… 心臓	木星… 肝臓、動脈
月…… 心、胃、子宮、左目	金星… 腎臓、生殖器
火星… 怪我、筋肉、肝臓、血液	土星… 神経、骨
水星… 皮膚、肺、呼吸器、腸、神経	ラーフ… 悪性腫瘍、むくみ
	ケートゥ… 風邪、潰瘍

| ハウス

1ハウス… 先天的体質、身体、頭部
2ハウス… 顔（鼻、口、喉、顎）
3ハウス… 腕、肩、耳、右耳
4ハウス… 胸部、肺
5ハウス… 腹部（胃）、心臓
6ハウス… 病気、腹部（腸）
7ハウス… 泌尿器、生殖器
8ハウス… 慢性病、外部性器
9ハウス… 腰
10ハウス… 大腿部、膝
11ハウス… すね、左耳
12ハウス… 左目、足首

（2）条件

具体的に身体の該当部位の状態が良いか悪いかは、下の条件を当てはめて判断します。

❶ 機能的凶星がドゥシュタナハウス（6ハウス、8ハウス、12ハウス）に在住し、敵対・減衰などで傷ついている

❷ 特定の惑星がマラカハウス（2ハウス、7ハウス）に在住するか支配していて、敵対・減衰などで傷ついている

❸ 特定の惑星がマラカハウス（2ハウス、7ハウス）に在住するか支配していて、生来的凶星からアスペクトを受けている

❹ 特定の惑星がそれぞれのサインの29度から1度までの間に在住している時

❺ 特定のハウスが凶星からアスペクトを受けているかコンジャンクションして、減衰・敵対などで傷ついている時

（3）発病時期

病気や怪我などがいつ発病するのかは、下の条件を当てはめて判断します。

---

❶ 敵対、減衰、機能的凶星などで傷ついている惑星が、MD期を迎えた時

❷ ❶において、MD期とAD期のどちらの惑星も傷ついている時

❸ 傷ついている惑星が、トランジットの凶星とコンジャンクションまたはアスペクトを受けている時

❹ ❸において、マラカハウス（2ハウス、7ハウス）、ドウシュタナハウス（6ハウス、8ハウス、12ハウス）と関係する時

ケーススタディ　　　　　　　　　　　　　　　1ハウスと健康問題

1ハウスはチャートを読む上で最も重要なハウスです。1ハウスが良ければそれだけで運勢は強いですし、良き性格、健康、家族、職業にも恵まれます。たとえ他のハウスに少々問題があっても十分にそれをカバーすることができます。

Iさんのチャートを読むと、7ハウスの月は8ハウス支配でラーシサンディであり、かつケートゥとコンジャンクションしています。7ハウスは寿命を失うマラカハウスです。2ハウスに7ハウスと10ハウス支配の水星があり、普通だと呼吸器系などに問題が出ます。

ラグナロードである木星は12ハウスに在住し、そこに6ハウス支配の金星、2ハウス支配の土星が絡んでいます。

こういうチャートは普通なら健康上の問題が出るし、貧困や生活上の困難にも直面します。しかし、そうであるにもかかわらず、Iさんは至って丈夫です。私のところに相談に見えたのも、不動産購入時期について、ムフルタの相談でした。

このように読むと、Iさんは病弱なのかと読み間違えるかもしれません。しかし、こういう場合、基本に立ち返ってみることが大事です。

Iさんのラグナにはトリコーナハウスの9ハウス支配の太陽があります。12ハウスには生来的吉星の金星と木星、2ハウスには弱い生来的吉星の水星があります。これは1ハウスの状態を良くし、健康な生活を営める基本的条件を満たしているといえます。また、6ハウス支配の金星は病気の6ハウスにアスペクトバックし、6ハウスを良くしています。

実際に、Iさん自身がいうように、健康上何の問題もないし、生活上の困難もありません。

ケーススタディ　　　　　　　　　　　　　　　　**先天的知的障害者**

次頁のチャートは典型的なアリシュタヨガが成立します。1ハウス支配の太陽がドゥシュタナハウスの6ハウスに在住します。マラカハウスの2ハウス支配の水星も山羊座にあってコンジャンクションしています。

月ラグナで見た時、今度は金星が1ハウスと6ハウス支配で8ハウス在住となり、太陽とコンジャンクションします。太陽は敵対星座にあり、金星はムリュチュバーギャです。

2重、3重にも重なる典型的なアリシュタヨガです。こういういろいろな条件が重なったチャートでは、病気、事故、死の象意は明らかに現象化します。

この人は知能指数が低く、その上、自動車事故に遭い、下半身麻痺の状態にあります。

しかし、月は高揚の度数に近く、強い生命力があります。このような不幸な出生であっても、逞(たくま)しく生き抜く明るさや生命力があるのです。月から見た12ハウスには木星があり、最低限度ではありますが、それなりの幸福は与えてくれています。

先天的知的障害者のラーシチャート

先天的知的障害者の第9分割図

土星はムーラトリコーナの位置にあり、困難に耐え抜く力をもたらしています。

この人はナヴァムシャチャートが良いのです。木星と金星はアスペクトバック、土星は定座にあり、水星はハンサヨガです。土星がラーシチャートで強力であることと考え合わせると、この人の真価は40歳以降に発揮されるはずです。絶望の淵から立ち上がる頼もしさを感じさせます。

このようなチャートを見ると、私はクリスチャンではありませんが、

思わず聖書の一節を思い出します。そして強い教訓を与えられます。「神は人が耐えられない苦しみをお与えにはならない」のだとつくづく思うのです。『マタイ伝』ではこうも書いています。「何を食べようか、何を飲もうか思いわずらうな」「明日のことを思いわずらうな。一日の苦労は、その日一日だけで十分である」

苦悩の人生を歩む人には、正しい信仰は確かに生きる力を与えてくれるはずです。

ケーススタディ ──────────────── 眼病に苦しむ人

右のチャートは、若いにもかかわらず、眼病に苦しんでいる人のものです。

この人は失明の恐れのある眼病に苦しんでいます。「目」と関わるすべての惑星とハウスが傷ついています。

まず、月は6ハウスに在住し、凶星のケートゥとコンジャンクションしています。目の象意を持つ太陽は8ハウスにあります。マラカハウスの7ハウスにある金星は逆行の土星によってアスペクトされています。

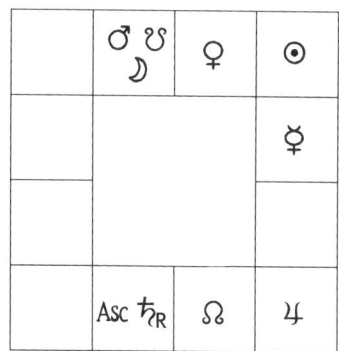

2ハウスは8ハウス在住の太陽からアスペクトを受けています。12ハウスは病気の6ハウスから、火星と月のアスペクトを受けています。

次に、第9分割図を見てみましょう。

太陽と金星はマラカハウスの2ハウスにあります。これらは土星に

よって 10 番目のアスペクトされ、火星によって 4 番目のアスペクトを受けています。月は減衰し 8 ハウスに在住しています。

ここでは省略しますが、ドレッカナやドゥバダシャムシャにおいても目に関わる惑星およびハウスが傷つけられています。

このようにラーシチャートだけでなく分割図でも同じような特徴が再現化されると、ラーシチャートの示す傾向は決定的なものとなります。

眼病に苦しむ人の第9分割図

♄R	♂	☋ ☉
Asc		
		♀
☿ ♆	☊	☽ ♃

ケーススタディ　マラカハウスの例 〜浜崎あゆみさんの聴力〜

各身体部位はサイン、惑星、ハウスのいずれとも関係します。

心臓といえばサインでは蟹座、惑星では太陽、ハウスでは 5 ハウスが関係します。

ある人がどの身体部位を先天的に弱点とするかは、惑星のサインでの位置、在住するハウス、支配するハウス、それらとコンジャンクションあるいはアスペクトを組む惑星の影響、ガンダータ、ムルチュバーギャなどを総合的に見ていけばほぼわかります。その弱い身体部位がいつ頃発病するかは、ダシャーやトランジットの動きを見ればその時期もわかります。

ハウスとの関わりでいえば、1 ハウスは身体全体と頭部、2 ハウスは右目と顔、3 ハウスは腕、肩、耳全体特に右耳と関係します。左耳は

11ハウスと関係します。

右のチャートは歌手の浜崎あゆみさんのものです。

彼女は2008年に左耳が突発性内耳障害のため聴力を失ったことを明らかにしました。浜崎あゆみさんの7ハウスにある金星は輝く存在です。ケンドラハウスに在住し、かつムーラトリコーナです。

金星がそのパワーを最高に発揮するマラビアヨガとなっています。これが、彼女が歌手として大成功した所以です。それは大変に素晴らしいことなのですが、それでは健康面はどうかを見てみましょう。

ラグナを太陽、月として見るとダブルラグナであり、その周りを敵対星の土星、ラーフ、ムルチュバーギャの火星という凶星で囲まれたパーパカルタリヨガとなっています。水星も3ハウス、6ハウス支配で機能的凶星です。パーパカルタリヨガには「健康を失う」意味があります。

2007年末期はラーフ/火星期に当たり、ラーフから見ると火星は3ハウスと8ハウスを支配しています。そしてこの火星にマラカハウスの2ハウスと7ハウスを支配している金星が火星とコンジャンクションをしています。

金星はASCラグナから見てもマラカハウスの2ハウス支配です。マラカハウスとは「寿命を失う」ハウスのことです。だから火星は大変凶暴な状態にあります。

その火星は土星支配の山羊座に4番目のアスペクトをしています。

ASCから見て11ハウスを支配する土星は生来的凶星であり、強い敵対星でもあります。

土星は、ジャイミニ方式で見るとグナティカラカ（GK）になります。

総合的に見ると、この時期の彼女のチャートでは火星の傷つきと土星絡みの個所の傷つきが一番大きいと思います。前述の通り3ハウスは耳全体、11ハウスには左耳の象意があります。

浜崎あゆみさんのドレッカナチャート

☊			♀
♂			
☉ ☿ ☽			
♄GK	♃		Asc ♌

ラーフ／火星期は健康に絡む事象が2重にも3重にも絡みあい悪い配置となっています。したがって、この時期になるともともと健康に問題を抱える火星が凶暴性を発揮し、身体的弱点を現象化させます。

この状態だと左耳だけでなく右耳の健康状態にも気をつけて予防処置とった方がよさそうに思われます。しかし、彼女は2008年7月より高揚ハンサヨガの木星のダシャー期に入ったので、この危機は脱しています。

つけ加えると、2011年1月1日に、高揚の木星から見た時の7ハウスの支配星である土星のAD期に彼女は結婚しました。

♃ 家族運

ケーススタディ ────── 林海峰名人～父親との関係～

父親との良い関係を見る時、囲碁の林海峰(りんかいほう)名人のチャートが参考になります。

Wikipediaによれば、林海峰名人は中華民国の外交官林國珪の9人兄弟の末っ子として、1942年に上海に生まれました。国民政府の官吏の家だった林家は、1946年に国共内戦で蒋介石の率いる国民政府が敗れた時に台湾に移りました。

林海峰 名人

♀	☉	♄ ☿ ♃	♂
☊			Asc
☽			♌

彼の父は無類の碁好きで、林は父が友人達と碁を打つのを見て自然に囲碁を覚え、めきめきと上達し台湾の少年囲碁大会で優勝して、天才少年として注目されました。

1952年10歳の時に、台湾を訪れていた呉清源(ごせいげん)に六子で指導碁を打ってもらう機会に恵まれ、結果は一目負けとなりましたが、呉にその才能を認められ来日しました。

こうした経歴から、父親が高級官吏であったこと、上海生まれで台湾で育ち日本を活躍の舞台としたことがわかります。

権威ある家柄に生まれたことを暗示する高揚の太陽は、同じく高揚の金星と木星に挟まれてスパカルタリヨガを作っています。明らかに父親の恩恵を蒙っているチャートです。そして金星と木星は星座交換しています。太陽ラグナから見て12ハウスの高揚の金星は海外での華々しい活躍を物語り、2ハウスの惑星集中により財を作ることを意味します。

　木星は9ハウスの支配星であり、土星とコンジャンクトして力強いラージャヨガを作っています。9ハウス支配ということは呉清源本因坊をはじめとする良き師と先輩にも恵まれたことを意味します。

　厳しい訓練に耐え抜く3ハウス火星は、勝負強さの6ハウスと月に8番目のアスペクトをして、チャンドラマンガラヨガとなります。これは一か八かの勝負に出る典型的な勝負師です。高揚の太陽、金星などの配置がない品位の低いホロスコープなら、博奕打ちになる素質を持っています。最も、そのくらいの激しさを秘めていなければ、強い棋士にはなれないのではないでしょうか。

ケーススタディ　安室奈美恵さん 〜母親との関係〜

　右のチャートは歌手の安室奈美恵さんのものです。

　彼女の月の状態は、カルパドルマヨガです。射手座10ハウスの月の前後に惑星は存在しません。しかし、ASCから見ると4ハウスに木星と火星、10ハウスに月があります。月から見ると7ハウス木星、火星があります。これは、

安室奈美恵さん

Asc ☊			♃ ♂
			♄ ♀ ☿
☽			☉ ☊

彼女が孤独感が強い反面、それに挫けず仕事面でひたすら努力する人であることを物語ります。

ケマドルマヨガを免れているという意味では、彼女の月は良好です。しかし、彼女の月の状態は、一方で母親との関係から見ると深く傷ついています。

ASCから見た4ハウスに火星があり、その火星は月にアスペクトしています。月から見た4ハウスには凶星のケートゥが在住します。その支配星の木星は敵対星であり、2ハウスのマラカハウス支配の火星とコンジャンクションしています。

つまり、母親の象意を表す4ハウスとその支配星の両方が火星によって傷つけられています。彼女の母親が親戚の者によって殺害されたのは周知の事実です。

ケーススタディ 松田聖子さん・神田正輝さん・神田沙也加さん ～親子の関係を見る～

親子で有名な芸能人というと、松田聖子さんと神田正輝さん、そして二人の娘である神田沙也加さんがいます。この3人の親子は、マスコミなどで親子関係の在り方が知れわたっていますので、わかりやすいと思います。

松田聖子さんの子供運である5ハウス支配の木星は7ハウスにあり、いろいろと仕事関係で協力・提携できる関係にありますが、子供との関係ということになると良

くありません。

また、5ハウスから見た5ハウスである9ハウスの牡羊座も子供を表します。そこに月があります。9ハウスは宗教性や倫理性を表します。

彼女は子供の生活態度や指導面で意外と厳しいところがあります。そんなところが娘の反発を招いているように思われます。

神田正輝さんの場合は、生時は不明ですが、太陽ラグナから見て9ハウス支配の月が5ハウスに入っています。火星も5ハウスにアスペクトバックして5ハウスを良くしています。つまり、娘との関係は大変良いことを物語ります。

神田沙也加さんは、芸名に父親の姓を名乗っていることからもわかる通り、父親贔屓(びいき)で有名です。4ハウス支配の木星は6ハウスにあり、母親との仲は今一つ良くありません。むしろ、ライバル状態にあるといえます。

これに対して9ハウス支配の金星は2ハウスに在住しています。父親との関係は大変良いといえます。

神田正輝さん（お昼の12時に時間設定）

☊	☽		
♃			
♂			
☉ ♀ (Asc) ☿			☋ ♄

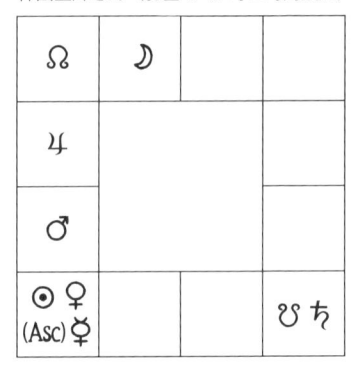

神田沙也加さん

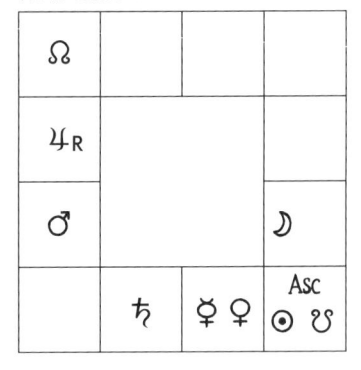

☊			
♃R			
♂			☽
	♄	☿ ♀	☉ ☋ Asc

ケーススタディ　フリオ・イグレシアス ～子供との関係～

　フリオ・イグレシアスはスペイン出身のポップシンガーです。日本ではそれほど人気はありませんが、世界的に見るとレコードやCDの売り上げが3億枚を超え、世界のトップセラーのベスト10に入っています。最も成功したラテンシンガーといえるでしょう。

「世界の恋人」と称される美声の持ち主です。日本で一番有名な彼のレパートリーは「黒い瞳のナタリー」です。長男のフリオ・イグレシアス・ジュニア、次男のエンリケ・イグレシアスも成功を収めた歌手です。娘のチャベリを可愛がり、娘のための歌まで作っています。そういう意味では、彼は大変に子供運に恵まれた人といえます。

　ラーシチャートでは、子供を意味する5ハウスには吉星の金星のみがアスペクトをしています。

　また、5ハウスを支配している土星が9ハウスに入っています。9ハウスの土星は10ハウス支配の月とコンジャンクトしていて、ここで高い品位のラージャヨガを形成します。

　ラーシチャートから見ても、子供運は大変恵まれているといえます。

　子供運を示す第7分割図も検討

フリオ・イグレシアスのラーシチャート

		♂	☊ ☽
			☋ ♃
☋			♀R
		Asc	☉ ☿R

フリオ・イグレシアスの第7分割図

	♂ ☉	☿R	☋ ♄ ♃
			Asc
	☋ ☽	♀R	

してみます。

アーティストにとっても、第7分割図は重要な分割図となります。

ASC から見ると9ハウスに高揚の太陽と定座の火星がきます。

一方、月ラグナから見ると、太陽、火星は5ハウスにきます。逆行ではありますが、金星はムーラトリコーナで、火星と金星は相互アスペクトします。これもやはり、明らかに良い子供運を示しています。

ケーススタディ　ウィリアム王子とキャサリン王妃 〜家庭の未来〜

家庭の未来を見ていくものとして、世界中から注目されているイギリス王室のケースを取り上げてみます。

ウィリアム王子の結婚は新しいロイヤルカップルの誕生といえます。新たに妃となったキャサリンとの相性と将来の家庭を見てみましょう。

ウィリアム王子

		♀ ☿	☉ ☽ ☊
ASC ☋		♃R	♂ ♄

ウィリアム王子は射手座ラグナです。王室出身というと「お坊ちゃん育ち」というのが通常ですが、ウィリアム王子のチャートは出身や育ちに似合わず、苦労人の側面があります。

ケンドラハウスに太陽、ラーフ、火星、土星という凶星が集中しています。その反面、ウパチャヤハウスに水星、金星、木星の吉星があります。これは苦労の多い人生を歩む印です。そうはいっても経済的苦労は知らないでしょう。11ハウスに木星があるので、好きことをやれる人生ではあります。

太陽から見た10ハウスには火星と土星がアスペクトしています。これは彼が空軍パイロットの訓練を受けていたことと関係が深いものがあります。こういう星の配置は軍人になりやいのです。

一方、7ハウスには太陽、月、ラーフがあり、「結婚」がこの人の人生にとって重要な意味を持つことになります。

よく見ると4ハウスに火星と土星のみがアスペクトしています。彼の母親はダイアナ妃です。これは母親が短命であることを示すとともに母親のために苦労させられた意味もあります。それに反して父親を示す9ハウスは特に悪い表示はありません。ただし、9ハウス支配の凶星の太陽が7ハウス在住なので、和気あいあいという人間関係ではありません。

ウィリアム王子は「土星期」になってから結婚しました。この時期の結婚は原則として長続きする結婚です。その他、第9分割図で見ても彼の結婚は悪くありません。

時期的には、木星と土星ダブルトランジットの時の結婚になり、それが1ハウス−7ハウス軸の中でできています。ですから大変良い時期の結婚といえるでしょう。

それでは次に、ケンブリッジ侯爵夫人となったキャサリン王妃のチャートを見ていきましょう。

まず、月は太陽の反対側にあり、満月の月です。大衆への人気があります。しかし、ダイアナ妃のように金星は強くない一方で、木星は傷ついていません。ですから、ずっと地味で安定した存在となるでしょう。

キャサリン王妃

Asc			☽ ☊
☿ ♀R			
☉ ☋		♃	♂ ♄

10ハウスに太陽があるので公務に就くことになりますが、ケートゥがコンジャンクションしているので、夫が陰にかすむことはありません。

強く抑制を効かせた存在になります。

　7ハウス土星と11ハウス水星で星座交換があるので、結婚により大きな利益を得ます。

　夫を示す7ハウスには火星と土星のコンジャンクションがあるので、その行動には大きな抑制がかかります。好き勝手はできないでしょう。しかし、8ハウスに木星があるために、ある種の気の荒さもあります。

　ウィリアム王子とキャサリン王妃の相性を見てみると、太陽は1ハウス－7ハウス関係、金星は5ハウス－7ハウス関係です。木星は、同じ天秤座にあります。これだと晩年まで縁がつながります。

　これらを総合すると、大変に良い相性ということができます。チャールズ皇太子とダイアナ妃のような悲劇はまず起こらないと思います。

5 金運

　全般的な金運の良さは、要するに財運を示すヨガの有無になります。すなわち、品位の良いダーナヨガが多いか、チャンドラマンガラヨガの持ち主です。

　ダーナヨガとは利益を表す2ハウス、11ハウスとトリコーナハウスとで作るコンビネーションのことです。

ケーススタディ　　　　小泉今日子さん 〜全般的な金運〜

　小泉今日子さんの2ハウスを見ると、土星と火星があります。土星はムーラトリコーナで1ハウスと2ハウス支配、火星は4ハウスと11ハウス支配です。

　したがって、彼女の2ハウスは1ハウス‐2ハウス、1ハウス‐11ハウス、2ハウス‐11ハウスと三つダーナヨガが成立します。非常に効率の良いヨガの出来方です。

> ケース
> スタディ

トーマス・エジソン 〜全般的な金運〜

　月と火星のコンビネーションをチャンドラマンガラヨガといい、強引な実行力による成功を表します。

　右のチャートはトーマス・エジソンのものですが、彼は「発明王」といわれる半面、「訴訟王」との異名もあり、自己の知的所有権を主張するのに強引なことで有名です。

トーマス・エジソン

☋		♃	
☉ ♄ ♀			
☿			
♂ ☾		Asc	☊

6 実業家・会社運

ケーススタディ　　　中内功 〜価格破壊と晩年の凋落〜

　中内功はダイエーの創設者で、価格破壊による成功と晩年の凋落(ちょうらく)ぶりが印象に残ります。しかし、彼自身はその生き方に悔いはなかったと思われます。

　ダイエーの歴史を簡単にまとめると以下のようになります。

- ダイエーは1957年に医薬品や食品を安価で薄利多売する小売店としてスタートしました。当初は薬局で、後に食料品へと進出していきました。流通業界の既成概念を打ち破る価格破壊は、当時画期的なものでした。

- 1972年には百貨店の三越を抜き、小売業売上高トップにまでのしあがり、さらに1980年には日本の小売業界初の売上高1兆円を達成しました。その後、さまざまな買収や強引な乗っ取りを通じて多角的に事業を次々と展開し、グループ拡大に奔走しました。1991年には経団連副会長に初の流通業界出身者として就任することにより、名実共に業界をリードする存在となりました。

- そこまではよかったのですが、その後、息子達を後継者にしたいあまり、有能な部下を辞職に追い込んだり、周囲をイエスマンで固めるなどしてワンマン体制の弊害が露呈していくことになります。

- バブル崩壊後、地価の下落が始まってから、地価上昇を前提として店舗展開をしていたダイエーの経営は大きく傾くようになりました。消費者意識が価格

だけでなく品質重視に変わったことへの対応ができなかったといわれています。家電量販店のような専門店がライバルとして出現したことなどもあり、ダイエーは次第に時代遅れとなり凋落が始まりました。

それでは、こうしたダイエーの歴史を中内功のチャートと対応させて見てみましょう。

まず、蠍座に特徴があります。太陽ラグナで見ると、火星は5ハウスと10ハウス支配のラージャヨガカラカで5ハウス在住、定座に位置します。

月と火星はコンジャンクションして、チャンドラマンガラヨガができています。流通革命、価格破壊、多店舗展開、買収による拡大路線など彼が手がけた事業は、利益を上げるためには手段を選ばぬ強引さを感じさせるものであり、それゆえの成功でもあります。

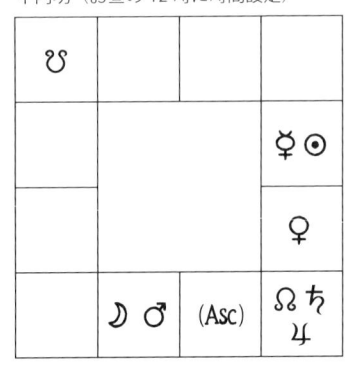

蠍座の火星は直観力に優れるため自己の判断を過信する傾向があり、これがワンマン体制の原因となっています。

乙女座にできている木星／ラーフのグルチャンダラヨガは、通常「恩知らずのヨガ」と呼ばれるものですが、ダイエー創業当時は、貧しき庶民の味方として、安売りによる貢献を心がけたともいえます。

1ハウスに太陽、水星が接近した位置にあり、水星はコンバストされています。自己の願望成就では力を発揮できますが、客観的な視点に立てない弱さがあります。

サインの構成を見ると、蟹座、蠍座、魚座と水のサインが多く、人情家であり意外なくらいにウエットな一面があるといえます。実際に、人

情家を思わせるいくつかのエピソードがあります。

　乙女座に土星、木星、ラーフがあり、気は細かいが豪快さはありません。意外と地味な性格です。これが息子を後継者にすることにこだわったり、周りをイエスマンで固めたり、過去のやり方にこだわり新しい時代の変化に対応できなかったことの性格的原因と思われます。なぜなら、こういう気質は新しい時代の変化に対応することが苦手だからです。

　5ハウスにケートゥがあり、木星がアスペクトしているので、高度な学問に対する関心は高かったと思います。晩年の流通科学大学への理事長就任がこれを物語ります。流通経営学への真摯な研究態度があったことでしょう。

ケーススタディ　ビル・ゲイツ〜IT業界での大成功〜

　ビル・ゲイツは1975年にポール・アレンと共にマイクロソフト社を創設しました。マイクロソフトは1986年には上場を果たし、2000年までCEOを兼任し、2001年1月にスティーブ・パルマーにCEO職を引き継ぎました。

　2006年7月にマイクロソフトの経営とソフト開発の第一線から退き、慈善団体「ビル＆メリンダ・ゲイツ財団」を設立し、現在その運営に専念しています。

　まず、天秤座に惑星集中しているのが特徴です。太陽が減衰していますが、同時に天秤座の支配星の金星とコンジャンクションして

いるので、ニーチャバンガとなります。土星は天秤座に在住し高揚しています。

　5ハウスの強さは投資活動や研究開発に強みを発揮できます。とかく注目される華やかさがあります。マイクロソフトはウィンドウズというOSを開発・販売することで今日の事業の基盤を築きました。

　しかし、彼は太陽のシャドバラもビンドゥも低く、ジャイミニから見ても太陽はグナティカラカとなり、社会的権威や政府を敵に回す運命です。また、5ハウスの3惑星からはラージャヨガは形成されないので、5ハウスの質は必ずしも高いとはいえません。ウィンドウズは不安定でウィルスに弱いという評判がありますし、強力なライバルとしてのアップルの存在や新しいOSとして期待されるリナックスの存在に脅かされるなどしています。

　太陽は減衰の弱みを内在しており、急激な成長に対するエスタブリッシュ勢力の反発、ウィンドウズがデファクトスタンダードになったことで独占禁止法違反という政府の介入や規制を招いています。

　ケートゥが12ハウスに在住しているので、実業家に似合わない意外なスピリチュアルな面があります。彼のビジネスの成功要因は、月の10ハウスを含むチャンドラマンガラです。火星と月はタイトなオーブで対向アスペクトを形成し、強引な実行力による成功を意味するチャンドラマンガラヨガを形成しています。

　実際に彼のビジネス展開には強引さが見らます。後にウィンドウズの基になったCP/Mの互換OSを某社からタダ同然に騙し討ちのようなかたちで買い取った実績があります。

　2006年の引退時期は、ダシャーでは太陽／水星期になります。その時、減衰の太陽から見て水星は引退の12ハウスに在住しています。

ケーススタディ　　　ベルルスコーニ前伊首相 〜実業家から政治家へ〜

　イタリアの前首相であるシルヴィオ・ベルルスコーニは数々の放言・失言で批判を浴びた人です。奔放な性格でワンマン政治家で女性とのスキャンダルの絶えない人でした。

　彼は、1978年に地方民放テレビ局「テレミラノ」を開局、1988年には百貨店「スタンダ」会長に就任し、一代で建設・流通・メディアにわたる企業グループ「フニンベスオ」を築き上げました。個人資産は6400億ドルともいわれています。

　そしてその資金力をもって政界に進出し、権力を握った人物です。

　政治家というより実業家の方が似つかわしい人です。いかにもイタリア的な陽気で自由奔放な性格です。

　経済力をもって政治権力を握ったといえば、フィレンツェのメディティ家を連想させます。

　彼のスキャンダルとして、まず2009年5月に18歳の下着モデル、ノエミ・レティツィアとの親密な関係が発覚しました。さらには2009年7月頃、買春疑惑が浮上しました。それに対する開き直った発言のために、報道がさらに過熱する現状を招いています。

　そのように問題のある人物ではありますが、チャートで見るかぎり、なかなかの人物ということができます。

　まず、水星が実に力強いチャートです。明記していませんが水星は乙女座16度にあり、ムーラトリコーナの度数に入ります。乙女座が7ハウスのケンドラハウスにありますから、バドラヨガとなっています。

　水星は太陽から見る1ハウスと10ハウスを支配しますので、仕事運は抜群に強いものがあります。実際に、彼はまず不動産業で大成功し、その資金をもって今度はメディア部門に進出し、メディアの力で権力を

握ったわけですから、バドラヨガが良く作用した人物といえます。

　金星も財運を表す太陽から見た2ハウスにあり、同時に天秤座8度というムーラトリコーナの度数にあります。2ハウスと9ハウス支配をするのでダーナヨガができます。ナヴァムシャチャート、ダシャムシャチャートを見ても同様の傾向が見られ、おまけに火星が強いので、えげつないことをしてお金を稼いだと見ることができます。

　土星もまたムーラトリコーナで、光の強い月とコンジャンクションしているので強力なリーダーシップが取れます。若い女性を好むだけにASCから見た7ハウスに水星ムーラトリコーナがあることも肯けます。

　彼は欲望実現を生き甲斐とするカーマラインが強いので、噂通り女好きでHな人物です。火星が3ハウスにアスペクトバック、木星が7ハウスにアスペクトバックしています。さらに、ベッドの喜びを表す12ハウスに金星があり、これが3ハウス、8ハウスを

ベルルスコーニ前伊首相のラーシチャート

Asc			☊
☽ ♄R			
			♂
♌	♃	♀	☉ ☿R

イタリアの建国チャート

	☉ ☊	☿ ♀
			♄
			♂
	☋	☽ Asc	♃R

イタリアのダシャー

☿	—	♄	Wed	06-13-2007
☋	—	☋	Sat	02-20-2010
☋	—	♀	Mon	07-19-2010
☋	—	☉	Sun	09-18-2011
☋	—	☽	Tue	01-24-2012
☋	—	♂	Fri	08-24-2012

支配しています。性的欲望は相当に強い人です。「英雄色を好む」の典型例ともいえます。

しかし、こういう人物も2010年のギリシャ危機では対応を間違えて辞任に追い込まれました。

イタリアの信用不安から国債が売られ、財政再建が困難になり、彼の指導力が大きく問われることになりました。こんな時は、彼の指導力や運気の衰えもイタリアの経済危機の原因としてあるのですが、国の運命を見る時は、国のリーダーの運気とともにイタリアという国そのものの運勢も同時に見ていくことが必要です。こういう占星術的な見方をマンデーン占星術といい、334頁で解説します。

ちなみに2011年11月現在のイタリアの運気を見てみましょう。

イタリアは2010年2月からケートゥ期のダシャーに入っています。ケートゥはイタリアの建国チャートでは経済を示す2ハウスにあります。そしてこのケートゥに太陽、火星、ラーフの凶星がアスペクトしています。

ですから、そもそもイタリアという国の財政事情は国の体質としてももともと良くありません。それがケートゥ期に入って一層表面化してきたといえるでしょう。2011年9月からはADが太陽になります。太陽はASC、月の両方から見てトラブルの8ハウスに在住しています。当然、財政問題は起こります。

また、2011年11月15日から土星のトランジットが天秤座にイングレスします。木星とはダブルトランジットになります。木星、土星が関わる7ハウスの牡羊座が活発化し外国が、例えば、EUやIMFなどがイタリア政府の動きに積極的に関与する時期となります。

2012年12月より土星／月期に入りますが、月は良い位置にあるので、2012年の選挙後にイタリアは安定するでしょう。

ケーススタディ　　　　　孫正義氏 ～強い第10分割図の持ち主～

　低迷する経済と迷走する政治で元気のない日本の中で、活力ある企業がいくつかあります。ファーストリテイリング（ユニクロ）、楽天、ソフトバンクなどがそれらの企業でしょう。

　ソフトバンクの経営は順風満帆な大企業のイメージがありますが、実際には事業の失敗を何度もしており、多額の負債を背負ったりと、浮き沈みの激しい企業です。

孫正義氏のラーシチャート

	☊		
☽			☉
			♂ ☿ ♀ Asc
	♄R	♌	♃

　それにしてもソフトバンク社長である孫正義氏は、普通の日本人にはないスケールの大きさがあります、実に大きな事業展開をすることで注目されています。

　孫正義氏のチャートを見てみましょう。生まれた時間ははっきりしないので、種々のレクティファイ（時刻修正）を試みた結果、獅子座ラグナを採用しました。

　孫正義氏の割り切った現実主義と旺盛な企業マインドから見ると、月は山羊座で、ナクシャトラは火星支配のダニシュターにあると考えるのが妥当と思われます。一見危なっかしいとも思える大胆な投資行動を行ってますが、そこにはしたたかな計算があります。そうした在り方は、山羊座に土星がアスペクバックしているチャートによってよく説明できます。

　ラグナに火星と水星があれば積極的な経営行動とベンチャーマインドを取るようになります。投資をする以上、当然多額の借金をすることになりますが、これも6ハウスが強ければこそできることです。

また、月が山羊座であれば蟹座に太陽があるので、満月の月となります。孫正義氏の気力に満ちた行動も、強い月の光の影響下にあるものといえます。

東日本大震災の時にも個人で100億円の寄付をしましたが、これはまさに2ハウスの財の消費と6ハウスの奉仕行動に由来しています。東日本サンベルト地帯の提案やエネルギー問題への関心の強さは、火星4ハウスへのアスペクトバックでインフラ整備への関心の強い人であることをうかがわせます。

6ハウスの借金と12ハウスの投資が彼の経営の特徴として挙げることができるのです。

太陽から見た2ハウスの獅子座に惑星が集中しています。水星が獅子座にありますから、このことで、公的な通信組織であるNTTと競争したり、iPhoneのような娯楽性の高い製品をいち早く販売したりするような行動に出ているといえます。

それに基づいてできる第10分割図は、成功した事業家にふさわしいものになります。この場合、ASCと月の位置は考慮に入れないで見ていきます。

木星の高揚、ラーフの高揚、ケートゥの高揚、火星のアスペクトバック、金星のアスペクトバック、土星のアスペクトバックとなっています。

火星と金星は、相互アスペクトであると同時に星座交換しています。また、木星、火星、土星の山羊座へのアスペクト集中があります。

大変に強力なチャートです。実業家としてここまで伸びていくには、やはりこれくらいの強さがな

孫正義氏の第10分割図

☿ ASC	♀	☊	☾
			♃
	☋ ☉ ♄R	♂	

いとできないと思われます。もし、彼が平凡な第10分割図の持ち主であったらここまでの発展はできなかったでしょう。

　月が山羊座にあると仮定すると、現在、孫正義氏は土星ダシャー期にあると思われます。土星は月から見て10ハウスにあり、太陽、木星、土星とアスペクトが集中していますし、ヴァルゴッタマでもあります。大変強い時期です。土星から見るとラーフは12ハウスにあり、海外での活躍ができる時でもあります。

　また、土星から見た5ハウスに木星がアスペクトバックし、土星もアスペクトして5ハウスを強く刺激しています。ベンチャー的な投資行動に有利な時期でもあります。しかし、水星期になると1ハウスの支配星である太陽は12ハウスに在住することになるので、今までとは違う守りの行動が必要になります。

　そういう意味では、東日本大震災をきっかけとした彼の新エネルギー事業が今後どういう展開を見せるのか注目されます。

ケーススタディ　ワタミ 〜会社に対する最適な投資の時期〜

　最適な投資時期は二つの要素を考慮に入れる必要があります。一つは自分自身の運気です。「泣きっ面に蜂」ということわざがあるように、運気の衰えている時は積極的な投資をしてもうまくいきません。

　もう一つは投資先の運気です。企業の運気を見るのは個人のラーシチャートを見る時と基本的に変わりません。次頁のチャートは居酒屋チェーンの「和民」などを展開しているワタミの上場日を誕生日と見立てて企業の運勢を判断したものです。

　ワタミは飲食業の他にも介護や宅配弁当が新規収益柱に成長しています。農業黒字化が課題となっている会社です。

ビジネスを表す太陽と水星が共に12ハウスに在住しています。しかし、太陽は減衰しているので社会的権威のある立場には立てません。こういう会社は庶民向けのサービス、介護サービス、あるいは海外での活動に活路が見いだせます。

ワタミは特定非営利活動法人「School Aid Japan（スクール・エイド・ジャパン）」を通じて、「一人でも多くの子どもたちに人間性向上のための教育機会と教育環境を提供する」ことを目的にして、発展途上国における学校施設の建設、学校教育環境の改善、教材支援や就学困難の児童への支援を行っています。

ワタミ上場日のチャート

♄R ☊			☽
			♂
♃	Asc	☿ ☉	♀ ☋

8ハウスに月がありますから、不労所得が得やすいビジネスの工夫をするのが上手です。ちなみに、宿泊施設、飲食物の提供、乳幼児の保育、老人の養護、布団などの貸与などに関して、「ワタミの介護」、「ワタミ」、「介護」などの言葉や意匠について商標権を持っています。

2ハウスの木星は定座にあり、2ハウスと5ハウス支配のダーナヨガを作っています。利益の上がる会社とみてよいでしょう。

木星は9ハウス月とガージャケサリヨガを作り、同じくラージャヨガを作ります。10ハウスに火星があり、やる気満々な上にビジネスにおける意志決定や行動が非常に素早い会社です。

火星は1ハウスと6ハウス支配ですので医療や介護、奉仕面での労働に熱心に取り組みます。

11ハウスは減衰の金星があり、あまり華やかな分野の事業は向きませんが、水星と金星は星座交換していて、11ハウス＝定期的収入をきちんと確保でいる会社です。また、水星と金星ですから飲食や子供向け事業にメリットがあります。

2004年4月にワタミメディカルサービス株式会社を設立して、介護事業に参入し、さらに2005年3月に介護会社をM&Aで買収し、本格参入を開始しました。2004年4月のダシャーはラーフ／水星期でラーフから見てADの水星は1ハウスと10ハウス支配で2ハウス在住という、ニュービジネスの展開にはふさわしい時期となります。

　株価の推移はダシャーを見ます。現在、ラーフ／月期でラーフから見て月は10ハウス支配ですので本業が評価された順調な推移をしています。次のラーフ／火星期になると火星は減衰ニーチャバンガの太陽支配の獅子座にあり、8ハウス支配の12ハウス在住です。基本的に上昇しますが、乱高下が激しくなると思われます。

　2013年に入るとダシャーが木星期に切り替わります。木星は定座にあり、ダーナヨガを作る惑星ですので、ここからおおいに伸びられます。そういう見地から見ると、中長期的な投資にはよい会社でしょう。

ワタミのダシャー

☊ － ♄	Sun	06-11-2000
☊ － ☿	Fri	04-18-2003
☊ － ☋	Sat	11-05-2005
☊ － ♀	Thu	11-23-2006
☊ － ☉	Mon	11-23-2009
☊ － ☽	Mon	10-18-2010
☊ － ♂	Tue	04-17-2012
♃ － ♃	Mon	05-06-2013

7 投資運・ギャンブル運

ケース スタディ 　　　　投資運・ギャンブル運のある人

　インド占星術で金運を示すハウスは、2ハウスおよび11ハウスです。それから投資に興味を抱く人は8ハウスおよび12ハウスが強く働いています。2ハウスと11ハウスには収入という象意があり、ここが強くないと、実際の商売であろうと投資であろうとまず金持ちにはなれません。

　右のチャートの人は、10ハウスに蟹座木星があり高揚しています。本業をさせてもかなりの発展力があります。その木星は2ハウスに5番目のアスペクトをしています。つまり2ハウスを強化しています。

　2ハウスには海王星*が在住しているのでお金に対する夢や幻想が強いところがあります。11ハウスは土星があり、4ハウスと5ハウスを支配するラージャヨガカラカとなっています。ここのビンドゥも31点と非常に高いものがあります。

　これだけなら単に金運のあるチャートとなりますが、この人の場合、機能的吉星としての土星が8ハウスに10番目のアスペクトをしています。つまり、8ハウスをとても良くしています。8ハウスは投資への関

心やギャンブルマインドを示すハウスです。8ハウスは通常は良い意味はありません。

　8ハウスが良く作用する人は、強い霊感または不労所得運があったり、投資に対して強い関心を示す場合が多いのです。

　さらにこの人は12ハウスにラーフ、太陽、水星と惑星集中しています。ですから、投資に強い意欲を持つ人でもあります。

　これだけの条件を備えている人なら、鑑定で投資相談をされても反対する理由は何もありません。良き時期が来れば、大きな収益を上げられる人になります。

　　※外惑星は、通常インド占星術では用いませんが在住の時に限定するとしばしば機能する
　　　ことがあります。

8　著名人の人生

ケーススタディ ──────────────── **イチロー選手**

　シアトルマリナーズで活躍するイチロー選手のチャートを検討しましょう。

　Wikipediaから彼の今までの主な行動の事実をピックアップし確認すると以下の通りです。

1　振り子打法の否定
1992年この年は打率.366でウエスタン・リーグの首位打者を獲得しながらも、土井正三・小川亨などの1軍首脳陣から振り子打法を否定され、「足の速さを活かすように」と内野安打狙いの打撃方法や、山内一弘のような内角打ちを指示されるが意見や指導が合わず、シーズン終盤にスタメン起用される機会は増えたものの、1軍に定着することはなかった。翌年2軍に落とされる。

2　仰木監督による抜擢
1994年監督に招聘された仰木彬（しょうへい）はイチローの類稀な打撃センスを見抜くと、登録名を当初の「鈴木」から「イチロー」に変更させ、1軍の2番打者に抜擢。打撃方法も新井宏昌に理解され、レギュラーとして活躍。4月末から1番打者に定着し、シーズンを通じてパシフィック・リーグ新記録となる打率.385（2000年に自ら記録を更新）を残して首位打者を獲得。

3　唯一の日本シリーズ優勝経験（1996年）
1996年開幕から前半戦まで1番打者として出場し、オールスターゲーム第1戦では初回先頭打者初球本塁打（オールスター史上3人目、パ・リーグ選手では史上初）を放った。前年のリーグ優勝時に果たせなかった「神戸での胴上げ」

を実現させた。日本シリーズ（対読売ジャイアンツ戦）では、第 1 戦の延長 10 回に河野博文から決勝本塁打を放つなどの活躍を見せ、1977 年以来 19 年ぶりの日本一に輝き、イチローは優秀選手賞を受賞したほか、3 年連続となるシーズン MVP を手にした。3 年連続シーズン MVP は日本プロ野球タイ記録である。

4　5 年連続首位打者の獲得

1998 年張本勲の 4 年連続を抜いて、日本プロ野球史上初となる 5 年連続首位打者獲得を達成すると同時に、5 年連続・通算 5 回目となる最多安打を記録した（連続回数、通算回数ともにパ・リーグ記録。5 年連続は長嶋茂雄の 6 年連続に次いで歴代 2 位、通算 5 回は長嶋茂雄の 10 回、川上哲治の 6 回に次いで歴代 3 位）。

5　メジャーリーグに移る

2001 年メジャーリーグ史上初となるアメリカンリーグの新人王・MVP・首位打者・盗塁王・シルバースラッガー賞・ゴールドグラブ賞の同時受賞を達成。

6　ワールド・ベースボール・クラシックで優勝

2009 年、ワールド・ベースボール・クラシックに出場し、打撃不振に苦しむも、決勝戦の延長で韓国代表・林昌勇から値千金の決勝打を放ち、日本代表の連覇に大きく貢献した。大会終了後はマリナーズに合流してプレシーズンゲームに数試合に出場したが、極度の疲労により体調を崩し、4 月 3 日に精密検査を受けた結果、胃に出血性の潰瘍が認められ、自身初の故障者リスト入りとなった。

　イチロー選手のチャートを見ると、木星が減衰しています。それと同時に、木星が高揚する蟹座の支配星である月は、10 ハウスのケンドラハウスに在住しています。そのため、ニーチャバンガラージャヨガになります。

　木星が減衰すると上司や監督、コーチの言うことを無視する傾向が出てきます。イチロー選手は振り子打法の変更を迫る監督やコーチの意向を無視して 2 軍に落とされました。サラリーマンなら閑職に追いやられたようなものです。

　しかし、仰木監督に才能を見いだされ、1 番バッターに登用され、活

躍の場を得ました。そして首位打者になりました。この年は1994年でAD木星期に当たります。ニーチャバンガする減衰惑星が社会的に活躍できる時になります。

　彼は太陽も減衰ニーチャバンガです。ドゥシュタナハウスの減衰で特別のヨガの法則も働きます。1992年6月から1998年8月までが太陽期です。

イチロー選手

	♂R		☊ ♄R
♃			☽
☋	Asc ♀	☉ ☿	

　太陽には地位や名誉、権力といった象意があります。その太陽が減衰していると社会的活躍できないはずですが、彼は大活躍しています。

　イチロー選手は個人としては活躍していますが、太陽期にチームとして賞をもらったのは、日本シリーズでの優勝経験は1996年だけです。高校野球の甲子園大会は2回出場していますが、いずれも初戦敗退です。

　1991年ドラフト4位でオリックスに入団しましたが、プロ野球のブランドチームたる巨人からお声はかかりませんでした。今、在籍しているシアトルマリナーズもメジャーリーグの中では弱小チームです。

　このように、イチロー選手の野球人生は、チームとして主流をいく流れと縁がありません。まさに減衰太陽がもたらすものです。減衰太陽とはそうした社会的権威の弱さを示すものです。

　強い運気を持つイチロー選手ですが、不思議とこの方面だけは恵まれていません。面白いことに、彼が唯一優勝を経験した1996年は、MDの太陽が減衰ニーチャバンガであるばかりでなく、ADの水星は8ハウスを支配し、12ハウスに在住しているので、「逆転のヨガ」と呼ばれるヴィーパリータラージャヨガになっています。水星はこの時期に反転して良く働きます。MD、AD共に反転した運の強さを持っています。

　これら減衰ニーチャバンガの太陽、ヴィーパリータラージャヨガの水

星は12ハウスにあり、イチロー選手が海外で活躍できることを物語ります。

　月は9ハウス支配で10ハウスにあり、社会的成功と高い人気をもたらします。この月は強力ですが孤立し、ケマドルマヨガになっています。イチロー選手は人気選手ですがどこか孤高のイメージがあり、超然とした雰囲気があります。これなどはケマドルマヨガがもたらすところでしょう。

　1998年の月／月期は5年連続首位打者に輝きました。そして次の月／ラーフ期になると環境変化が起こり海外のチームへの移籍となります。

イチロー選手のダシャー

ダシャー期		年代	占星術的分析	出来事
MD	AD			
太陽	火星	1993年3月	太陽から見て7ハウスに火星	2軍に落とされる
太陽	木星	1994年	MDは減衰太陽のニーチャバンガラージャヨガ、ADは減衰木星のニーチャバンガラージャヨガ	仰木監督に見いだされ抜擢される
木星	水星	1996年10月	水星はヴィーパリータラージャヨガ	日本シリーズ初優勝、MVP
月	月	1998年	月は9ハウス支配で10ハウス在住	5年連続首位打者獲得を達成
月	ラーフ	2001年	ラーフは外国の象意	メジャーリーグ、マリナーズに移籍
月	木星	2001年	木星は減衰ニーチャバンガラージャヨガ	メジャーリーグ首位打者
月	水星	2004年	水星はヴィーパリータラージャヨガ	メジャーリーグ年間最多安打
月	太陽	2008年	月は獅子座、太陽1ハウス支配	日米通算3000安打
火星	ラーフ	2009年	ラーフのディスポジターの木星は月から見て6ハウスに在住	ワールド・ベースボール・クラシックに出場して優勝、胃の出血性潰瘍で故障者リスト
火星	木星	2010年9月	定位の火星から見て木星は10ハウス	日米通算3500安打

ケーススタディ　　　　　　　　　　　　　　　　　アルチュール・ランボー

「早熟の天才」といわれるランボーは、パリに出て間もなく詩人ヴェルレーヌに出会い、同棲までしています。『地獄の季節』や『イリュミナシオン』でその才能を見せました。マラルメはボードレールからはじまる象徴詩の系譜に属しながらも、そこに止まらない彼を「おそるべき通行人」と評しています。

　若いうち（20歳代前半）に詩作を放棄して、以後、海外を放浪しましたが、20世紀の詩人達に大きな影響を与えています。

1854年：フランス北東部アルデンヌ県シャルルヴィル（現在のシャルルヴィル＝メジエール市）に生まれる。父は陸軍の軍人、母は小さな農地主の長女。ランボーは次男であった。

1870年：家出。普仏戦争下のパリへ辿り着くが、無賃乗車のために逮捕され、家に送り返される。以後、家出を繰り返す。

1871年：パリへやって来る。ヴェルレーヌに出会う。以後、共にブリュッセル、ロンドンなどを放浪する。ヴェルレーヌは妻子を捨てての放浪だった。

1873年：ヴェルレーヌとの別れ。ヴェルレーヌはランボーに拳銃を2発発砲、うち1発がランボーの左手首に当り、ランボーは入院、ヴェルレーヌは逮捕される。この別れの後に『地獄の季節』を記す。

1875年：この年に書いた詩が彼の最後の作品とされる。以後、兵士、翻訳家、商人などさまざまな職業を転々とし、ヨーロッパから紅海方面を放浪、南アラビアのアデンでフランス商人に雇われ、アビシニア（現在のエチオピア）のハラールに駐在する。

1886年：自立して武器商人となったランボーはエチオピアの王侯メネリク（後

のエチオピア皇帝メネリク2世）に武器を売り込みに行くが、足元を見られてかえって損を蒙った。しかし、この経験からエチオピア通となったランボーはその後ハラールで商人として成功する。

1891年：骨肉腫が悪化してマルセイユへ帰り、右足を切断したが、癌は全身に転移しており死去。臨終は妹のイザベルが看取った。

Wikipediaによれば、彼の生涯は、概略以上のようなものです。

ラグナは天秤座とするのが適切だと思います。2ハウスに火星があり、そこに土星がアスペクトしています。傷ついているだけでなくパワーもあります。

月と減衰の金星が12ハウスにありますので、海外で放浪する運命となります。太陽ラグナから見ても1ハウス支配の金星が12ハウス在住なので外国で仕事をすることになります。しかし、減衰しているのでたいした成功はできません。

月は12ハウス在住で、1ハウス支配の金星も12ハウスにありますので普通人の生活は無理と思われます。月ラグナから見て2ハウス支配の金星と2ハウス在住の水星が星座交換していますので、十分な「詩才」があります。

彼はASCがヴァルゴッタマなので体力や健康パワー抜群です。

3ハウスの木星は妹弟運があります。実際に彼が晩年落ちぶれて死に瀕した時、看取ったのは妹です。

太陽の減衰はホモの傾向を表します（誤解されては困るので断っておきますが、太陽が減衰している人すべてがホモというわけではありません）。

木星と月がケンドラハウス関係にありガージャケサリヨガができますが、あまり品位は高くありませんので不安定にしか働きません。土星とラーフに対して火星がアスペクトしているので、無謀なことをやるエネルギーが出てきます。実際に、彼は家出に海外放浪、武器商人とかなり冒険主義的行動を取っています。

　4ハウスと5ハウス支配でラージャヨガカラカとなる土星とコンジャンクションしているラーフ期が彼の活躍期になります。特に木星は定座にありますので、ラーフ／木星期は好調です。ヴェルレーヌと知り合ったり、いろいろの詩人と知り合ったりしたのはこの時期です。『地獄の季節』をはじめ彼の代表とされる詩篇は、多くはこの時期に作られました。

ランボーのダシャー

ダシャー期		年代	占星術的分析	出来事
MD	AD			
ラーフ	ラーフ	1870年	ラーフは土星とコンジャンクト	最初の家出、無賃乗車で逮捕
ラーフ	木星	1871年	木星は定座にあり勢いがあるが3ハウス支配なので不安定	3度目の家出、ヴェルレーヌと知り合う、いろいろな詩人とつき合う
ラーフ	木星	1872年		生涯で最も美しい詩篇を数多く作る
ラーフ	土星	1873年7月	土星は8ハウス在住で火星からアスペクト	ヴェルレーヌに銃撃される
ラーフ	水星	1878年	水星は12ハウス支配	オランダ植民地軍に加入
ラーフ	金星	1880年12月	金星は12ハウス在住	ハラル（エチオピア）に行く
木星	木星	1886年	ダシャーが切り換わる	自立して武器商人となる
木星	土星	1888年	土星は木星から見て6ハウスで火星からアスペクト	帰国して右足切断
木星	水星	1891年11月	木星から見て水星は7ハウスのマラカハウスを支配	マルセイユにて死亡

| | | ケース
スタディ | | | フィッシャー＝ディスカウ |

声楽を勉強する者でフィッシャー＝ディスカウの名を知らない人はいません。彼はオペラ、歌曲、宗教曲とすべてにわたってそつなくこなす世界的バリトン歌手です。多少イタリアオペラは苦手とするものの、こういうオールラウンドな歌手は滅多にいません。

彼の現役時代の活躍は長く、その人気は今なお衰えることがありません。その声質は天性の美声とはいえないとう評価も一部にはありますが、彼の実力を否定する者は誰一人としていません。鍛えに鍛えた柔らかい見事な発声は、声楽を学ぶ者のモデルとなっています。

今は現役からは引退して後進の育成に当たっていますが、彼の門下生からはマチアス・ゲルネなど優秀な声楽家が輩出しています。そういう意味では教育者としても優れています。

声楽に関しては天才の名を欲しいままにしている彼も、結婚に関しては運がなく、結婚と離婚を繰り返しています。そのような特徴がチャートに出ているか見てみましょう。なお、データは「アストロデータバンク〈http://www.astro.com/astro-databank/〉」から取ってきています。

彼は双子座の ASC であり、1 ハウスの火星と 11 ハウスの水星が星座交換し、良質のダーナヨガができています。どんな歌でもそつなくこなす器用さがあることが肯けます。

金星は 5 ハウスと 12 ハウスの支配であり、牡牛座の 12 ハウスので太陽とコンジャンクションしています。5 ハウスおよび 5 ハウ

フィッシャー＝ディスカウのラーシチャート

	☿	☉ ♀	ASC ♂
			☊ ☽
☋			
	♃R		♄R

スの支配星の両方が絡むので豊かな芸術的表現に恵まれます。

3ハウスには木星がアスペクトし、厳しい訓練にも耐えられる集中力があります。さらに5ハウスに高揚の土星があります。大衆性には少し欠けますが、芸術に関しては本格的な技量と実力があります。

ちょうど三島由紀夫がこの位置に土星があり、やはり本格的な力を持つ文学者と成り得ています。彼は文学でいえばノーベル賞クラスの実力の持ち主です。世界のバリトン歌手にふさわしいチャートといえるでしょう。

太陽ラグナから見ると、3ハウスにラーフ、6ハウスに土星があり、厳しい声楽の修練に十分に耐えられます。太陽から見て1ハウスに定座の金星があり、家系の良さを物語ります。ちなみに彼の家系は貴族出身です。当然、生まれた時から芸術の訓練機会に恵まれます。

月から見て2ハウスに木星がアスペクトし、家族からのサポートもあります。

太陽ラグナから見て8ハウスの木星があり、若干の傷つきがあります。8ハウスの苦悩から脱却するには宗教的修行を必要とします。しかし、彼がこのデメリットを克服するために厳しい声楽トレーニングを積んだとすれば、逆にこれが彼の歌に深みを与えることになります。

ASCから見た12ハウスに太陽と金星がありますから、海外での活躍ができる歌手でもあります。9ハウス支配の土星が5ハウスで高揚するので、優れた教師でもあります。彼の下から多くの優れた芸術家が輩出しているのも納得できます。

ナヴァムシャチャートを見ると、月がシュクラパクシャでありな

フィッシャー＝ディスカウの第9分割図

♂		☉ ☊	
♄R			♀
♃R	☋ ☽	☿ ASC	

ら一方で減衰しています。反面、スーパカルタリヨガでもあります。

　私の今までの研究・鑑定経験では、クラシックの音楽家に限らず、一般的に純粋芸術を追求する立場の人には、月が減衰する人が多く見られます。これが同じ芸術でも世俗音楽や大衆芸能に携わる人との大きな違いとなっています。モーツァルトもピカソも月は減衰しています。

　傷つきやすい感受性と蠍座的な不撓不屈（ふとうふくつ）の精神がその特徴と考えられます。月の減衰は、その表現力は大衆的ではありませんが、マニアや専門家には受け入れられる要素となります。スーパカルタリヨガはそれを支え切る運の強さがあることを物語ります。これら一連の資質が彼をして超一流の声楽家にした背景と思われます。

　双子座ラグナで見ると、7ハウスにハンサヨガの木星があり、結婚をする機会には恵まれます。しかし、一方で火星がアスペクトしているので、離婚する可能性も高くなります。

　月から見て7ハウスにケートゥがあり、そこに火星が8番目のアスペクトをしていることも、結婚運を悪くしている原因でもあります。

ケーススタディ　賀川豊彦

　日本のシュヴァイツァーと称えられる賀川豊彦の占星術的分析をしてみます。

　残念なことに、賀川豊彦の名を今日知っている日本人は少ないと思われます。しかし、彼は日本近代史上きっての社会事業家であり、一部の人々からは神の心を持った聖者と称えられている人です。

　彼にはいろいろな毀誉褒貶（きよほうへん）がありますが、日本の労働運動、農民運動、協同組合運動、社会主義運動をキリスト者の立場から支えた功績は大きいものがあります。彼の功績は海外からも高く評価され、ノーベル平和

賞候補にも何回か上がっています。

　占星術的分析に入る前に何冊かの伝記によりまとめた彼の生涯を紹介したいと思います。

　賀川豊彦は明治21年（1888年）7月10日、父賀川純一と芸者との間で次男として生まれました。幼くして両親を失い徳島の本家に引き取られます。しかし、彼はそこで周囲からみなしご、妾の子と蔑まれて幼き心を傷つけられます。その時彼は、マヤス宣教師夫妻と出会います。彼をキリスト教へと導き温かい保護者となったのはマヤス宣教師夫妻でした。そして明治37年（1904年）2月に洗礼を受けキリスト者として生きることを決心しました。

　明治42年（1909年）12月24日、当時既に胸を病んでいた賀川豊彦は神戸市葺合新川の貧民窟に入りました。ちょうどクリスマスの前日で、荷車にふとんと衣類4枚～5枚と書物を持っての引越しでした。医師から長く生きて3年といわれた賀川は、当時の神戸神学校の観念的議論に飽き足らず、死ぬまでにたった一つでも善いことをしようと思いたち、貧民窟での伝道を決意するのです。

　貧民窟での生活実態は予想外に酷いものでした。

　貧困、病苦、犯罪者、売春婦などあらゆる人生の悲惨さを賀川はここで目の当たりに見ます。

　そして大正9年（1920年）10月に、その貧民窟でのさまざまな苦い経験を綴った自伝小説『死線を越えて』を書き発表します。それは人々の共感を呼び一大ベストセラーとなります。それにより賀川豊彦は社会事業家としての名声を不動のものにします。ベストセラーとなった著書の印税がその後の彼のさまざまな社会運動の活動資金となるのです。

　大正2年（1913年）、女工の芝ハルと貧民窟で出会い、同年に神戸の教会で簡素な結婚式を挙げます。ハルは15歳で下女となるために上京した女性でした。ハルは賀川の理想主義をよく理解し、生涯彼の活動を献身的に助けた女性です。

　翌年、賀川はプリンストン神学校に入学します。滞米中にニューヨークでの労働運動を目の当たりに見た賀川は、やがて労働運動に身を投じていくことになります。貧民窟でのモラルの喪失はやはり何といっても失業からくる貧困問題が大きいという問題意識が彼にはありました。

　大正8年（1919年）4月、賀川豊彦は、鈴木文治、久留弘三らと日本最初

の労働組合である友愛会関西労働同盟会を結成します。労働者は一個の商品ではないと高らかに宣言し、治安警察法17条（スト権、団結権に関わる）の撤廃、8時間労働制、最低賃金の制定、社会保険制度の確立、男女同一賃金など今でこそ当たり前ですが当時としてはかなり急進的な主張を掲げました。

　折から第一次大戦後の不況にぶつかり、工場閉鎖と解雇が相次いだ時代でした。大正10年（1921年）に団体交渉権の確立を巡って、賀川は神戸川崎・三菱の大争議の指導者となるが騒擾罪に問われ逮捕されます。

　賀川はもともとキリスト者であり、理想主義的、融和的主義的傾向がありました。それは次第に労働運動指導者達とそりが合わないものとなり、遂に労働運動と決別するに至ります。

　こうして大正11年（1922年）、賀川は杉山元治郎等と共に日本農民組合を結成します。5割にものぼる高率小作料を下げるように要求しました。しかし、この運動もやがて闘争方法を巡って二つに分裂します。

　大正15年（1926年）3月、労働農民党を結成しますが、12月に左右に分裂します。

　彼は醜い権力闘争や駆け引きに嫌気がさし、やがて協同組合運動や神の国運動の転進します。彼の事業で面白いものの一つは、金融恐慌に端を発して、昭和3年（1928年）に庶民のための金融機関、中ノ郷質庫信用組合を設立したことが挙げられます。こんなところに賀川の単なる神学者だけに終わらない地に足のついた幅の広さがうかがえます。

　さらに、昭和6年（1931年）に小説『一粒の麦』を発表し、キリスト者としての意見を広く世の中に述べることになります。

　太平洋戦争の前後では、昭和15年（1940年）と昭和18年（1943年）の2度に渡って反戦容疑で逮捕されています。また、中国に伝道中に個人主義的傾向の強い中国人の生活実態を見ていた彼は、中国が社会主義国になってから中国人は社会主義は向かないという発言を行いました。それが、戦後しばらく問題視されたことがありました。

　しかし、今になって中国の市場開放後の姿を見れば、彼の洞察の深さがわかります。この時期の戦争容認発言が、賀川の業績に一つの傷をつけてしまいました。とはいえ、ただこれだけの判断ミスのために彼の全業績が否定されるべきではないでょう。

　戦後になっても賀川の活動は衰えを知らず、昭和20年（1945年）11月の日本社会党の結成者の一人となりました。55年体制に綻びが入る以前は、社

会党もそれなりの有効な政治的役割を果たしました。

　昭和35年（1960年）4月23日、関西伝道後、悪化した持病の心臓病のため72歳で死亡します。彼は死ぬまで活動を止めることはありませんでした。その臨終に際しても、神へ感謝を捧げながら死んでいったと身近な側近は語っています。まさに聖者にふさわしい最後です。

　彼の生まれた時間はわかっていませんので、彼の生涯の記録や自伝、評伝に基づいてレクティファイをかけてみました。彼の人生で特徴的な点を下に列記します。

> ① 弱者に対する篤い同情心がある
> ② 作家になってもおかしくない文才がある
> ③ 無類の子供好きである（彼によって育てられた孤児は多い）
> ④ 社会奉仕活動に関心が深い
> ⑤ 理想主義者である
> ⑥ 献身的で宗教的な妻を得ている

　水瓶座ラグナにすると、彼の生涯の大きなイベントとヴィムショッタリダシャーの動きは大体一致するので右のチャートにより分析を行いました。

　ラグナを水瓶座とすると、彼の5ハウスは大変華やかなものになります。ここで水星と金星がタイトなコンジャンクションをします。

賀川豊彦のラーシチャート

			☿R ♀ ☉
	Asc		☊ ☽ ♄
	☋		
		♃R	♂

彼が無類の子供好きであったことが頷けます。

　また、この特徴は作家のチャートとしても通用するものです。『死線を越えて』という自伝小説や『涙の二等分』『一粒の麦』などの傑作を生み出すだけの文才を持っています。

　彼を批判する人々は、彼が何かにつけて有名になりたいと口走る「有名病」患者だと批判していますが、これなども水星、金星、太陽と5ハウスに惑星集中している人物特有の自己顕示欲の強さと理解することができます。

　一方で、ウパチャヤハウスの6ハウスに凶星が集中しています。彼が神戸葺合新川の貧民窟に入ったきっかけは、彼が結核に侵され、余命が長くないと医師から宣告されたからです。ところが、その病気は彼の無私の伝道活動の中で奇跡的に治ってしまいました。これなどは彼が聖者であることの証であるとともに、ウパチャヤハウスの凶星の力でもあります。

　月は6ハウスにありますが、これは奇しくもマザー・テレサも同じ配置です。6ハウスには奉仕という象意がありますがこの特徴がよく出ています。

　そして彼の月のナクシャトラはプシャーです。大勢の孤児を育てたこと、多くの社会運動の先駆者となり、その後進となるべく人を育成したことなどにその特徴が出ています。さらに月は土星とコンジャンクションし、多くの社会運動のリーダーとして活躍しカリスマ性もあります。

　彼は無類の子供好きは第7分割図でも確認できます。子供を表す木星は金星と相互アスペクトし、

賀川豊彦の第7分割図

☽	♄	ASC	♃R
☊			
			☋
♀ ☉	☿R	♂	

射手座にアスペクトバックして返しています。

太陽と木星はスーリアグルヨガ、月と木星はガージャケサリヨガを作っています。

火星は牡羊座に土星は9ハウスにそれぞれアスペクトバックしています。

第7分割図は大変良い状態にあります。

賀川豊彦の社会運動を陰で支えた妻ハルとの縁はどこに出ているでしょうか。

まず、ラーシチャートを見ると、月から見た7ハウスにケートゥがあります。こうしたチャートは通常は縁遠い兆候です。

しかし、賀川豊彦のような霊格の高い人物にはこうした障害を克服して霊的パワーの強い妻をもらえる方向に働きます。ナヴァムシャチャートを見てもそのケートゥは魚座にあり、自己犠牲的なキリスト者の配偶者を得ることになります。

彼のダシャーを少し確認してみると、貧民窟に伝道に入った1909年は水星／木星期で、木星は7ハウスと10ハウス支配となり、宗教的行為によるある種の出家と解釈できます。

結婚した1913年は、ちょうどダシャーがケートゥ期に切り替わった時で霊的結婚にふさわしい時期です。『死線を越えて』がベストセラーとなって、一躍賀川豊

賀川豊彦の第9分割図

☋		☿R ♀ ☉	
Asc			♃R
	♄	♂ ☽	♌

賀川豊彦のダシャー

☿	–	♌	Fri	10-27-1905
☿	–	♃	Fri	05-15-1908
☿	–	♄	Sun	08-21-1910
☋	–	☋	Wed	04-30-1913
☋	–	♀	Fri	09-26-1913
☋	–	☉	Thu	11-26-1914
☋	–	☽	Sat	04-03-1915
☋	–	♂	Tue	11-02-1915
☋	–	♌	Fri	03-31-1916
☋	–	♃	Wed	04-18-1917
☋	–	♄	Mon	03-25-1918

彦の名を高めた1920年はちょうど華やかな金星のダシャー期に入っています。このようにケートゥが節目節目で霊的に強く働く賀川豊彦のような人は、スピリチュアルアストロジーが機能する聖者といっても過言ではありません。

ケーススタディ ──────────── スティーブ・ジョブズ

2011年10月5日、アップルコンピュータの設立者の一人であり、元CEOだったスティーブ・ジョブズが亡くなりました。もう一人の共同事業者であったスティーブ・ウォズニアックと共同で掘立小屋の中で無料長距離電話装置を開発した（不正行為ではあるが）のがそもそもの彼の事業の発端とされています。

文字通り徒手空拳（としゅくうけん）からスタートして今日のアップルコンピュータを作り上げた彼は、ある意味で行き詰まりを見せている今日のビジネス社会では英雄というよりむしろ神話的存在です。その彼のチャートがどのようになっているかまことに興味深いところです。彼の父親はシリア人です。「Jobs」という名前は英語読みにすればジョブズですが、アラビア語で発音すればヨブになります。つまり旧約聖書ヨブ記のヨブと同じ発音です。

徒手空拳からスタートしてアップルコンピュータを世界的企業にまで育て上げた人物ですので実業家としての資質に富んでいると思うかもしれません。私も彼の

スティーブ・ジョブズのラーシチャート

☽	♂	☊ ♃R
☉		
☿R		ASC
☋ ♀		♄

チャートを分析する前はそう思っていました。ところが彼のチャートを見て意外に思いました。仕事を表す10ハウスに惑星がありません。アスペクトすらありません。太陽から見ても10ハウスに惑星はありません。つまり彼は本質的な部分で1銭1円の利益を追うビジネスマンではありません。このことを証明するいくつかの言動や実際の行動があります。
　例えば、彼の有名な語録の一つにこういう話があります。「私は23歳で1億円、24歳で10億円、25歳で100億円の資産を稼いだが、別段気に留めたことはない。金のためにやっているのではない」また、彼はドイツへの出張の岐路にインドに立ち寄り数ヶ月間も放浪の旅をし、坊主姿でカリフォルニアに帰ってきたことがあります。
　最近になって、彼が禅仏教の信奉者であることもわかってきました。彼は日本の禅僧乙川弘文氏の弟子といわれています。彼の語録にも仏教の「初心」という言葉があるそうです。初心を持っているのは素晴らしいことですという言葉が残っています。彼の製品コンセプトに禅の思想の反映があるという指摘もあります。
　例えば、彼のスタンフォード大学2005年の卒業式の祝辞は有名なスピーチとして残っています。その一部を以下に紹介します。

　　自分はまもなく死ぬという認識が、重大な決断を下す時に一番役に立つのです。
　　なぜなら、永遠の希望やプライド、失敗する不安、これらはほとんどすべて、死の前に何の意味もなさなくなるからです。本当に大切なことしか残らない。
　　自分は死ぬのだと思い出すことが、敗北する不安にとらわれない最良の方法です。
　　我々はみんな最初から裸です。
　　自分の心に従わない理由はないのです。

> *Remembering that I'll be dead soon is the most important tool I've ever encountered to help me make the big choices in life. Because almost everything — all external expectations all pride all fear of embarrassment or failure - these things just fall away in the face of death leaving only what is truly important. Remembering that you are going to die is the best way I know to avoid the trap of thinking you have something to lose. You are already naked. There is no reason not to follow your heart.*

　こうした物の考え方は明らかに仏教の「無常観」につながります。2ハウスと11ハウスを支配している水星は6ハウスにあります。基本的に財運はありますが、まさに彼の言葉通り10億円稼いだかと思えば、暫定CEOに就任して以来、基本給与として、年1ドルしか受け取っていなかったことでも有名です。その浮沈は激しいものがあります。

　5ハウスには美意識を示す金星がありそこに木星がアスペクトしています。しかも射手座にあります。これは表現力豊かで万事目立つし、自己顕示欲に富むことを意味します。基本的に芸術家のチャートです。

　彼の場合、8ハウスに月があります。思い切った投資行動、激しい浮沈、報酬搾取、突然の態度の変化などの8ハウスのカルマの問題は残るものの、その反面、研究の才能は確かにあります。これが合わさって豊かな創造性やデザイン力につながります。火星は粘り、強情の蠍座に8番目のアスペクトをし、かつアスペクトバックしています。彼のデザインや自分の美意識へのこだわりは相当なものがあります。

　Wikipediaによれば、ジョブズは、マッキントッシュにはシンプルな美しさが必要だと考え、基板パターンが美しくないという理由で、設計案を幾度となく却下しました。また、同じく美しくないという理由で、拡張スロットの採用を拒否したり、みすぼらしいフロッピーディスクド

ライブのイジェクトボタンをなくさせて、オートイジェクトを導入させることも行わせた、と書かれています。実際にアップルのマッキントッシュは大衆性ではウィンドウズに及ばなかったものの、デザイナーやイラストレーターなどマニアックなこだわりを持つ職業の人たちには根強く愛好されてきました。

彼のこうした特徴は金星と木星の絡みがラーシチャートだけでなく第9分割図や第10分割図など、重要な分割図すべてに再現されていることからも明らかです。彼が強い個性を持ち、とかく話題の人物になるのもこうした社会性と人気者になりやすい本質を持っているからです。

チャートの解説を少しすると、ASCのある側が方角でいうと東側になります。反対に7ハウスにある側が西側になります。彼の場合、惑星は西側に集中しています。これは「他人志向」が強いことを意味します。また、成功者でありながらどこか一抹の落日の寂しさを感じさせるのもこのためでしょう。実際に彼の事業展開は創業時からスティーブ・ウォズニアック、マイク・マークラ、ラリー・エリソンなどの協力を得て事業展開や製品開発をしています。

しかし、水星が6ハウスにあってパーパカルタリヨガを作っていて凶星化しています。そのためどうしても人と喧嘩をする傾向が出

スティーブ・ジョブズの第9分割図

		♂	♃R ♄
			☊ ☿R
☋ ☉			
♀ Asc	☽		

スティーブ・ジョブズの第10分割図

♃R ☊ ☽	☿R	Asc ♂	☉
			♄
			♀ ☋

てきます。こうしたパートナーも途中から離れていきます。

　ジョブズは彼が要求する水準を満たさない者に対しては放送禁止用語だらけの罵声を浴びせたり、その場で即クビにすることでも知られています。

　また、かつての共同事業者だったジョン・スカリーはジョブズを次のように評価しています。「スティーブはまさに刺激的な存在だ。放漫で、暴虐で、激しく、無い物ねだりの完全主義者だ。彼はまた、未成熟で、かよわく、感じやすく、傷つきやすくもある。そして精力的で、構想力があり、カリスマ的で、さらにおおむねは強情で、譲らず、全く我慢のならない男だ」

　それでは彼の経歴を追っていきましょう。ジョブズは友人のウォズニアック、出資家のマークラと共に1977年1月3日にアップルコンピュータを設立しました。この時、ジョブズはケートゥ期でありASCから見てケートゥは11ハウスにあるので、仲間・友人を集めて会社を作ったことになります。

　アップルコンピュータの分析は別の機会に譲るとして、素晴らしい会社ではありますが、不安定で内紛の絶えない企業体質を持っています。ジョブズ自身も経営不振を問われます。ダシャーがちょうどケートゥ期から金星期に切り替わった1985年にアップルを退社し、高等教育やビジネス市場向けのワークステーションを開発製造を行うNeXTという会社を設立しました。

　1991年3月に彼はローレン・パウエルと結婚します。この時は金星／ラーフ期で無条件の結婚の時期になります。

　彼が設立したNeXTの事業は、1995年5月に『トイ・ストーリー』というCGを使った長編アニメを市場にリリースしこれが大ヒットします。この時も、MDの金星から土星は11ハウスにあり、成功の時となります。

　この勢いをかって、彼はアップルに復帰します。そして2000年の金

星／水星期に CEO に就任します。この時は、金星から見て水星は 7 ハウスにあり、再デビューにふさわしい時期になっています。その後、NeXT とアップルの技術を融合させる試みを積極的に展開します。

　しかし、2003 年秋に彼は膵臓癌と宣告されてしまいます。MD は金星から太陽に切り替わっていて、AD はラーフでした。ラーフは金星とコンジャンクションし、凶星の土星がアスペクトしています。そしてラーフには悪性腫瘍、金星は腎臓、糖尿病などの象意があります。

　しかし、彼はそれにもめげず活発な事業展開を行います。2001 年には、iTunes と iPod によって音楽事業に参入し、音楽事業を従来のパソコンに加えてアップルの新規事業の柱にします。

　2007 年 1 月 9 日、アップルは iPhone の発売を発表します。そのヒットぶりはみなさんご存じの通りです。iPhone はスマートフォンを再定義する製品となり、今や携帯電話に取って代わるのではないかと予想されるくらい爆発的な勢いで普及しています。2007 年 1 月は太陽／ケートゥ期になり、ケートゥは幸運の木星とコンジャンクションし、成功の 11 ハウスに在住します。ジョブズが CEO を退任する 2011 年までに、携帯電話事業はアップルの総売上高の 5 割を占めるまでの飛躍的成長を遂げます。

　事業面では順調な発展を遂げたアップルでしたが、ジョブズ自身は残念ながらついに病に倒れます。2011 年 8 月 24 日、健康上の理由で CEO を辞任し、2011 年 10 月 5 日に死亡します。

　ダシャーは月／木星期です。長く病気で苦しんでいた人にとっては木星はむしろ苦しみからの解放として機能します。ジャイミニチャラダシャーで見ると、雄牛座／水瓶座期であり、水瓶座にグナティカラカの太陽があります。トラブルが生じやすいが頑張りぬく時期になっています。

ジョブズのダシャー

ダシャー期 MD	AD	年代	占星術的分析	出来事
ケートゥ	太陽	1977年1月	ケートゥは11ハウスで仲間が集まって会社を作った	ウォズニアック、マークラと共にアップルコンピュータ設立
金星	金星	1985年5月	ダシャーの切替わり後、金星は6ハウス支配で争い事を起こす	アップル退社、NeXT設立
金星	ラーフ	1991年3年	金星/ラーフ期は無条件の結婚の時期である	ローレン・パウエルと結婚
金星	土星	1995年11月	金星から見て土星は2ハウスと3ハウス支配で、成功の11ハウス在住	長編アニメ『トイ・ストーリー』の大ヒット
金星	土星	1997年2月		アップル復帰
金星	水星	2000年	金星から見て水星は7ハウス支配で再デビュー	アップルCEOに就任
太陽	ラーフ	2003年秋	ラーフから見て金星は病気の6ハウス	膵臓癌と宣告される
太陽	ケートゥ	2007年1月	ケートゥは木星とともに成功の11ハウスに在住	iPhoneを発表、爆発的にヒットする
月	木星	2011年10月5日	木星は「苦しみ」から解放として働く	死去

XIII　インド占星術の応用分野

1 プラシュナ

「プラシュナ」とは、インド占星術におけるホラリーのことです。つまり、ある事柄を占いたいと思った瞬間の時間を元にしてチャートを作成し、その吉凶や成否を判断していく卜占系の使い方です。

占星術の基本あるいは主流は本人の誕生日を元にして、その人の生涯を通じての運勢や仕事、結婚、健康を判断していくところにあります。いわゆる命理系の占いです。しかし、占星術でも卜占系の占いを行うこともできます。西洋にもホラリーが存在するように、インド占星術でも卜占的な使い方があります。

卜占系の占いは、「イエス」か「ノー」かの意志決定を問う問題について、適切な回答を用意してくれる便利なところがあります。しかし実際のところ、あまりに大きすぎるテーマについては質問内容について正確に把握することが困難な場合が多く、内容把握が容易な身近な分野、例えば、失せ物、待ち人、旅行、試験などのテーマを扱う方がより有効と思われます。

(1) プラシュナの見方

プラシュナの見方は原則、ラーシチャートの見方と原則的に変わりませんが、プラシュナなりの独特の見方のルールがあります。

```
┌─────────── プラシュナのルール ───────────┐
│                                                │
│ 1  質問の主体者をラグナとする                   │
│ 2  被占者を対極の7ハウスとする                  │
│ 3  何を占いたいのかをはっきりさせる（占的を決める）│
│ 4  占的の対象となるハウスを的確に選択する       │
│ 5  必要ならハウス展開技法を用いる               │
│ 6  占的の対象となるハウスの状態（在住、支配）およびそこにコンジャ│
│    ンクションまたはアスペクトする惑星の吉凶およびラグナロードと │
│    の関係性を参考にして、吉凶の判断をする      │
│ 7  それ以外のことは見ない（ラーシチャートのリーディングと違う点）│
│                                                │
└────────────────────────────────────────────────┘

┌─────── プラシュナ独自の判断のしかた ───────┐
│                                                │
│ 1  ASC ラグナを重視する                         │
│    ① ASC がカーディナルサインなら吉凶の決定は早い│
│    ② ASC がフィックストサインなら吉凶の決着には時間がかかる│
│    ③ ASC がミュータブルサインなら活動星座と固着星座の中間になる│
│                                                │
│ 2  月から見た吉凶も重視する                     │
│                                                │
│ 3  ケンドラハウスの在住星と支配星およびそこに絡むアスペクトを重│
│    視する                                       │
│                                                │
└────────────────────────────────────────────────┘
```

　プラシュナといっても、特に違った技法があるわけではありません。ただ、占う主体は誰にするか、占う内容をどのハウスのテーマとしてとらえるかを事前に決める必要があります。

　質問の主体者を1ハウスとし、占う対象者を7ハウスとします。見方そのものはシンプルでよいのです。むしろ問題点を絞り込んでシンプルなかたちにまで整理した方がプラシュナはよく当たります。

（2）プラシュナによる占断別の着目点

　以下に説明する着目点は、一つの見方の参考例として考えてください。実際にはもっときめ細かく見ていかなければなりません。また、この見方だけが各テーマに対するすべての見方ではありません。

●**良い出来事か悪い出来事か**
　上昇宮が獅子座、乙女座、天秤座、水瓶座、蠍座、双子座で、上昇宮の支配星が吉星なら良い出来事が起こる。

●**健康は回復するか（ASC）**
　① ASCの支配星が吉星にアスペクトされた5ハウスか9ハウスに在住する（回復する）。
　② ASCの支配星が6ハウス、8ハウス、12ハウスで傷ついている（回復しない）。

●**ビジネスは成功するか（2ハウス）**
　① 2ハウスの支配星と11ハウスの支配星がコンジャンクションかアスペクトをしている。
　② 2ハウスが6ハウス、8ハウス、12ハウスからアスペクトされていない。

●**旅行は無事か（3ハウス）**
　ASCの支配星か月が強く、3ハウス在住か3ハウスの支配星から良いアスペクトを受けている。

●**資産の売買をしてよいか（4ハウス）**
　① ASCの支配星か7ハウスの支配星あるいは4ハウスの支配星が良い位置にあれば、取引はうまくいく。
　② 木星や金星が4ハウスにあれば投資利益を得る。
　③ 土星が4ハウスにあると良くない。

●**移転・転居をしてもよいか（4ハウス）**
　4ハウスや4ハウスの支配星が良い位置にあり、傷ついていないならば予定している場所への移転や転居は良い。

●生まれてくる子供は男か女か（5ハウス）
① 5ハウスの支配星が男性星座であり、5ハウスが男性星座なら男の子である。
② 5ハウスの支配星が女性星座であり、5ハウスが女性星座なら女の子である。

●患者の病気は回復するか（6ハウス）
① ASCの支配星が6ハウスの支配星とコンジャンクションしていれば病気は回復しない。
② もし6ハウスがミュータブルサインなら、病気はすぐに回復する。
③ もし6ハウスがフィックストサインなら、病気はすぐに回復しない。

●あの人と結婚できるか（7ハウス）
① もし土星が7ハウスにあるなら、3ヶ月以内に結婚する。
② もし月が3ハウス、5ハウス、11ハウスにあり木星、太陽、水星とアスペクトしていれば結婚する。
③ 吉星やケンドラハウスやトリコーナハウスに在住していれば、早く結婚する。

ケーススタディ　失せ物はみつかりますか？

　私のインド占星術の講座を受講しているAさんから、「テキストを紛失した」という相談を受けたことがあります。どこにあるかわからないので、もう一部購入したいということでした。そこで私は「ちょっと待ってください」といって、失せ物についてのプラシュナを試みました。

　まず、テキストは持ち運びできる小物なので、2ハウスの状態で判断します。2ハウス支配の太陽が2ハウスにアスペクトバックし、木星もアスペクトしているので2ハウスは良い状態にあります。2ハウスは獅子座で固着星座なので大きな動きはなく、家の中にあるはずです。ラグナ支配の月も9ハウスのトリコーナハウス支配で良い状態です。

2ハウス在住の土星は8ハウス水瓶座にアスペクトバックしていて、太陽と土星は星座交換、相互アスペクトバックという良い配置になっています。2ハウスの支配星の太陽は水瓶座にあります。

それゆえに、テキストは家の中の水瓶座（北西）の位置にあります。水瓶座には金星が在住しているので、衣類に近い場所にあるはずです。

Aさんにそのように伝えたところ、家の北西のタンスの上に無造作に置かれていたとの報告をその日の夜に受けました。ASCは蟹座のカーディナルサインですので、すぐに見つかったのです。

ケーススタディ　子供の試験は受かりますか？

質問の主体者は1ハウスであり、被占者は7ハウスで見ます。

7ハウスから見た5ハウスが被占者の子供であり、その子供から見た6ハウスが子供の試験となります。ASCから見ると、4ハウスの山羊座になります。

このような見方・手法を「ハウス展開」と呼び、インド占星術ではプラシュナでもネイタルでも頻繁に使います。

ラグナ支配の金星は6ハウスの魚座で高揚し、木星からのアスペクトを受けています。

また、4ハウスで火星は高揚しています。生来的凶星である土星からアスペクトバックを受けています。基本的に強い配置ですが、土星が絡

みますので初めは力が発揮できません。

　私は「試験の第1日目は実力が発揮できないませんが、第2日目は実力が発揮できます。総合で何とか合格できます」と告げましたが、結果、その通りとなりました。

	♀		
	☿ ☊ ☉		♄R
	♂		☋
	☽ ♃	Asc	

ケーススタディ　　　　　　　　　私は結婚できますか？

　土星が7ハウスにあり、7ハウス支配の木星は7ハウスにアスペクトバックしています。典型的な結婚できる出方です。

　月は恋愛を示す5ハウスに在住し、月から見て7ハウスには高揚の木星があり、相互アスペクトしています。

　金星は定座にあり、ダーナヨガを作ります。しかし、7ハウスに向けて火星がアスペクトをしているので、結婚後のトラブルには気をつけなければなりません。木星が同時にアスペクトしているのは、このトラブルはかなり緩和されるはずです。

♄	☿ ☊ ☉	♀	
			♃
☽			
		☋	Asc ♂R

ケーススタディ 選挙結果の予想 〜2010年参議院選挙〜

2010年7月の参議院選挙は民主党の敗北に終わりました。右のチャートは参院選挙について、6月16日に立てたプラシュナチャートです。

選挙を見る時はまず6ハウス、与党の状況は10ハウスおよび太陽、野党の状況は4ハウスの状態を見ていきます。

♃		☿	☉ ☊
			♀ ☽
			♂
☋			Asc ♄

ASCに対して木星がアスペクトしています。そして、6ハウス支配の土星はラグナに入っています。これは非伝統的・改革者の権力の保持を示すものであり、それなりの力強さがあります。パートナーシップの7ハウスに定座でハンサヨガの木星があるので、少数政党と連立政権を組むことは可能です。菅首相は引き続いて内閣を続投することになります。

しかし、明記していませんが10ハウスの太陽は双子座0度52分のガンダータで、12ハウス支配の敵対星です。これは政府の権威の大きな失墜を意味します。つまり、与党の敗北です。しかし、野党を示す4ハウスのラーフは貧困や短命、富の喪失などの象意があり、ディスポジターの木星も4ハウスと7ハウスのダブルケンドラハウス支配で特に強い力となっていません。野党は勝利しますが政権交代にまではいきません。

さらにナヴァムシャチャートを見ると、まず目につくのが太陽の減衰です。火星も減衰し、金星も減衰しています。これは厳しい結果です。今回の参院選での政府与党の打撃は大きいものがあります。実際に、民主党の当選は50議席を下回る結果となりました。

火星減衰では政府の主張はなかなか通りませんし、金星の減衰では野党の協力はなかなか得られないでしょう。

一方、土星のナヴァムシャチャートの強さ、木星のアスペクトバック、ラーシチャートのラグナの強さなどを考慮すると、民主党政権は首の皮一枚で生き長らえるという状態となります。それ以後、菅内閣は国会運営に苦しみます。

ナヴァムシャチャート（2010年7月参院選）

ケーススタディ　取引結果の予想

これは生産管理の専門家Aさんが B 社から工場の生産性向上のコンサルティングを依頼され、見事に裏切られたケースです。

出版、印刷、広告、教育、医療、情報処理など、多くのサービス業は注文を受ける前に、発注側にサービス内容を説明します。その際、サービス内容をある程度まで明記した企画書や提案書を提出するのが普通です。

Aさんはその提案活動のために、何度か企業に足を運びましたが、B社は調子がよいだけで受注を決めようとしません。不審に思ったAさんが私に鑑定依頼をしてきました。次頁のチャートがその時のプラシュナチャートです。

依頼者Aさんから見ると、受注活動は仕事ですから単純に10ハウスで見ていきます。ラグナ支配の火星は10ハウスで高揚するので、話が

良い線にいくことは可能です。ASCから見て10ハウスは山羊座です。山羊座の支配星は土星です。ここに木星とラーフがコンジャンクションし、どちらも15度でオーブが非常に狭いです。しかも、木星は減衰しています。また、ラグナ支配の高揚の火星も在住しています。

火星はドゥシュタナハウスの不道徳を表す8ハウスを支配しています。その火星は山羊座の支配星の土星に8番目のアスペクトをしています。こういう場合は、惑星の高揚はかえって始末が悪いといえます。典型的な悪質なグルチャンダルヨガが成り立ちます。水星も入っているのでビジネスや情報に関わる問題でもあります。

結局、B社はAさんから情報が欲しいだけで、必要な情報だけ聞いて他の専門家に発注してしまいました。2ハウスに減衰の木星、ラーフが5番目のアスペクト、土星が10番目のアスペクトをしているのでAさんの利益を損なう結果にもなります。

サービス業ではよくやられる消費者側のえげつない行為ですが、それが見事にチャートに出ていました。しかし、インド占星術の原則からいくと、このような企業が商売繁盛することはまずありません。

イベントチャート

　プラシュナチャートと似たチャートにイベントチャートがあります。これはある大きなビッグイベントが起こった時、その瞬間でチャートを作成することです。そのチャートはその起こった事件や事象の内容をよく表すばかりでなく、その結果、近未来に何が起こるかの予想もしてくれます。

ケーススタディ　　　　　　　　　　　　　　　　　　　　　**東日本大震災**

　2011年3月11日14時36分に三陸沖を震源地として大地震が発生しました。
　占星術家の悪い癖で、こんな時でもついつい地震発生時のチャートを見てしまいます。幸いにパソコンやメールなどの通信機器は無事だったので、とりあえず発生時刻を調べて、イベントチャートを作ってみました。地震のイベントチャートだからといって地震の事前予測をするわけではありません。
　もう既に起こったことを見てもしょうがないだろうと思うかもしれませんが、どんな状況で起こったのか、また今後どういう展開になるかということを見ることができます。その意味で見る価値があるといえるでしょう。
　次頁のチャートは、地震発生時の東京で作成しています。地震発生時の前に必ず前兆があり、正確にはその時点を参考にするべきという意見

は一理あります。また、地震の発生場所も正確を期すべきという考えもわかります。

当初はM8.8といわれ、その後3月13日にM9.0に修正されたような地震の激しさそのものを見たければその方が的確でしょう。念のために正確な発生地で見ると、ASCが獅子座の1度に移り、ガンダータの度数に限りなく近くなります。そうなると火星は7ハウスになり、ラーフは1ハウスにアスペクトします。こちらのチャートの方が地震そのもの激しさは説明しやすいと思います。

☿ ♃		☽	☊
♂ ☉			Asc
♀			
☋			♄R

それらを踏まえた上で、それでも地震発生時の東京で作成しました。なぜかというと、まず地震発生の前兆時をとらえるべきといっても曖昧で、複数のチャートを検討することになります。また、東日本大震災は日本全体の活動に影響を及ぼしています。多くの人が亡くなり、さらなる津波や余震の恐れがあり、政府が対策に動き、海外からも支援の声が上がっていました。

明らかに今回の地震の影響は局地的ではなく日本全体に及んでいます。そのような場合は、日本の首都たる東京で見た方が適切と判断します。地震の大きさよりその後の影響にむしろ着目しました。

地震というと、まず4ハウスと4ハウスの支配星および4ハウスのカラカである月で見るのが基本です。月は天文学的には上弦の月に近く、高揚の月そして地のサインにあります。ここに火星が4番目のアスペクトをしています。

地のサインも地震と関係が深いものがあります。高揚のような惑星のエネルギーの強い状態の時、凶星がアスペクトすると、必ずしも良い出方をしません。

1ハウスには身体という意味があるので、マンデーン的に象意を解釈すれば、国土やそのインフラを傷つけることになります。4ハウスは空っぽですが凶星のケートゥがアスペクトしています。4ハウスの支配星の金星は死を表すマラカハウスの7ハウスに在住し火星、太陽、ラーフに囲まれたパーパカルタリヨガ状態にあります。

　トラブルや突発的出来事を表す8ハウス在住の火星が、8番目のアスペクトを3ハウスの土星にかけています。土星は7ハウスと8ハウス支配でマラカハウスとドゥタナハウス支配になります。つまり、3ハウスを大きく傷つけています。

　3ハウスは4ハウスから見て12番目のハウスなので、ここでも国土を失う交通、通信、システムトラブル、風説の流布として解釈できます。確かに東京中心で見ると、M9.0という規模の割には地震の大きさは強く出ていません。

　次に注目すべきは水のサイン魚座の水星と木星です。魚座の水星は減衰し、凶星の土星のアスペクトを受けています。金星もパーパカルタリ状態でニガラドレッカナの位置にあります。当然、水害が考えられます。実際に地震後の津波の被害は相当に深刻です。そこに定座の木星があります。

　7ハウスに金星、9ハウスに木星とあるので海外からの援助支援が相当にあります。実際に100を超える国と地域から援助の申し出がありました。最大の同盟国であるアメリカは、「トモダチ作戦」と称して在日米軍を動かし救援活動に動きました。

　9ハウス支配の木星ということは、人道的支援が相当にあることと、日頃日本が行っている目に見えない海外援助に対する恩返しのような徳が働いたものと思われます。

　8ハウスの太陽と火星は、逆に金星と木星に挟まれて、スーパカルタリヨガを作っています。ラグナハウスは金星、木星の吉星のアスペクトだけなので日本の国力に決定的なダメージを与えたり国民の士気を萎えさせることはありません。そう悪い側面ばかり出てはいません。

見逃せないのは火星の2ハウスと11ハウスへのアスペクトです。2ハウスも11ハウスも経済と関わるハウスです。社会的屈辱の9ハウスに在住する減衰の水星も経済活動にとってマイナスです。やはり、今回の地震に対する経済的悪影響は相当に深刻です。実際に経済成長や生産量に与えた影響は大きいものがあります。

火星の乙女座の土星に対する8番目のアスペクトは製造や金融に対する大きなダメージを与えます。東北は日本の製造業の部品生産の拠点ですので、やはり、その後の生産活動に大きな影響が出ました。経済不安からくる株安・金利高は避けられません。

ケーススタディ　四川大地震

中国四川省アバ・チベット族チャン族自治州汶川県（ぶんせん）を震源地とする大地震が2008年5月12日に起きました。中国中央テレビは四川省だけで1万人の死者が出たと報じています。最終的には10万人近い死傷者が出ています。

中国にとっては30年来の大地震です。地震が起こった瞬間（12日午後2時28分／日本時間同3時28分）のイベントチャートを作成してみました。

まず、4ハウスと9ハウス支配で12ハウス在住の減衰の火星が月とコンジャンクションしています。しかも火星は蟹座にイングレスしたばかりです。

外惑星についてはチャートに明

示していませんが、火星は地震と関係の深い天王星に8番目のアスペクトをしています。凶星の火星と土星はそれぞれ4番目と3番目のアスペクトを金星支配の天秤座にしていて、その金星は1ハウス支配の太陽と9ハウスに在住しています。9ハウスは社会的地位を失う暗示があり、政府の威信失墜と経済的打撃を表します。これまでの中国政府の徳のない政治に起因するものです。

12ハウスの火星、月、ケートゥ在住からは強引な政策による表立たない不満がうかがえます。しかし6ハウスに凶星ラーフが在住しているのでそれを乗り切る力を持ちます。

また、地震と関わりの深い4ハウスのカラカである月が天王星と150度、月と木星で150度、天王星と木星で60度となり、見事なヨードが作られています。ヨードは突然の災難を示す代表的な表示です。その間に入り込むかたちで、月とケートゥがオポジションとなっています。

5ハウスの木星は5ハウスと9ハウス支配でムーラトリコーナにあり、この後の北京オリンピックそのものは無事に切り抜けられて成功します。木星から見て5番目のアスペクトを9ハウスにしているので、北京オリンピックを契機としたモラル向上運動が進展します。

ケーススタディ　バンクーバー冬季オリンピック

バンクーバー冬季オリンピック大会の、女子フィギュアスケートの注目のフリーは日本時間2010年2月26日10時から行われ、鈴木明子選手は12時19分、安藤美姫選手は13時13分、キム・ヨナ選手は13時21分、浅田真央選手は13時29分の滑走予定でした。この時間帯のチャートは次頁のようになっています。

このトランジットチャートは女子フリー優勝者決定の瞬間のイベント

チャートにもなります。

　まず、木星と土星は双子座にダブルアスペクトしています。逆行トランジットも考慮したら、土星、木星は水瓶座にダブルアスペクト、さらには火星、土星、木星は天秤座にトリプルアスペクトしています。

			Asc ☋
☿ ☉ ♃ ♀			☽ ♂
☊			♄R

　火星は減衰し、ここに月が定座で在住するので、火星の減衰は無効化します。この配置は天秤座ASCの人に良き影響を及ぼします。

　ちなみに浅田真央選手は天秤座のASCであり、キム・ヨナ選手もおそらくは天秤座のASCです。こういう点が実に判断の難しい点で占術師泣かせの展開になります。つまり、それだけ二人は拮抗しているということです。

　後は月の配置次第で順位が決まります。明記していませんが月は蟹座7度にあり、ナクシャトラはプシュヤーの土星支配です。この時間帯が上記の各選手のチャートにどのように影響を及ぼすでしょうか。

　キム・ヨナ選手は5ハウス水瓶座に満月の月を持つので、彼女の華やかさは浅田真央選手より強く刺激されます。この点から見るとキム・ヨナ選手が有利となります。フリーの試合ではキム・ヨナ選手が228.56点（歴代女子世界最高）で1位、浅田真央選手が205.50で2位となりました。

　キム・ヨナ選手が高揚の木星期あるいはラージャヨガカラカの土星期であり、浅田真央選手が減衰の月のニーチャバンガラージャヨガの争いでしたが、キム・ヨナ選手の方が若干強い運気にあったようです。

　しかし、浅田真央選手は、4年後の2014年のソチ冬季オリンピックの時は強いダシャー期になりますので、この時は期待ができます。一

方、キム・ヨナ選手はダシャーが木星期から土星期に切り替わった後は、2011年4月のSP戦での不振に見るように良い状態にはありません。

ケーススタディ ──────────── **尖閣諸島沖中国漁船衝突事件**

尖閣諸島をめぐる漁船衝突と中国人船長逮捕釈放をめぐる紛争をきっかけとして、日中関係の冷え込みが続いています。

2010年10月4日の読売新聞の世論調査では、中国の取った一連の対抗処置をきっかけに、日本人の対中感情が極めて悪化していることが浮き彫りにされました。中国人船長の釈放は不適切か（74％）、中国の一連の対応は行き過ぎだ（89％）、中国を信頼しているか（13％）、民主外交に不安か（84％）という数字が出ています。

この問題を尖閣諸島中国漁船衝突事件のあった時刻に合わせてイベントチャートを作成してみましたが、この事件の裏に潜む事情がよく出ています。

この事件は火星がちょうど天秤座にイングレスした瞬間に起こりました。天秤座では火星は2ハウスと7ハウスのダブルマラカハウス支配となります。偶然とはいえない惑星配置です。

まず、前提として占星術の古典では日本は天秤座ラグナの国という記述があり、その立場で見ていきました。1ハウス－7ハウス軸がとても強いのが特徴です。1ハウスは1ハウス支配のムーラトリコーナの金星が在住し火星とコン

ジャンクションしています。

火星は7ハウスの支配星であり7ハウスにアスペクトバックしています。7ハウスはマンデーンでは同盟国を表しますが、これはいうまでもなくアメリカです。

つまり、今回の事件に関してはアメリカの強い支持があるということです。アメリカは今まで尖閣諸島問題には深く踏み込みませんでしたが、今回の事件をきっかけとして、クリントン国務長官をはじめとして「尖閣には日米安保条約が適用される」と明言するようになりました。

火星は7ハウスと同時に8ハウスにもアスペクトをしています。併せて12ハウスにも4ハウスと5ハウス支配の強力なラージャヨガカラカの土星が在住しています。そしてここに木星がアスペクトしています。この事件は偶発的ではないとよく囁かれています。

中国は南沙諸島でもまず漁船を繰り出して問題を起こさせ、しかる後に漁船監視船を派遣し、次に軍隊を出動させ実効的にこれらの島々を支配してきた経緯があります。国力を増した中国が、今度は東シナ海にその触手を伸ばしてきたとする話があります。漁船船長ももともとは軍人であったいう噂もあります。そういう意味では多分に胡散臭い話です。

一方のアメリカのネオコンおよび日本の保守勢力も、日米同盟の緩みと中国の台頭に危機感を抱き、ここで一挙に日本およびアジアの世論を反中国、米国依存に仕向けようとしたことも否めません。8ハウスおよび12ハウスの星の配置からいくと、双方に陰謀があったことは事実です。

そしてハウス支配その他からいくと、今回はアメリカの方に分があります。この時期にアメリカは人民元の切り上げ要求の法案を通し、レアアースのリスク分散にも着手しています。国際世論は中国に対して批判的です。見事なタイミングといえます。

11ハウスに惑星集中しているということは、日本にとって兄貴の国（アメリカ）と友人の国（東南アジア諸国）が日本を支援していることを意味します。水星の12ハウスの土星が機能的吉星なので、海外メディ

アも日本の味方をしました。ワシントンポストやウォール・ストリート・ジャーナルははっきり日本の立場を支持しています（もっともこれらは保守系ジャーナルではありますが）。リベラル系のCNNですら渋谷の反中デモについて報道しました。

ただし、ナヴァムシャチャートを見ると、日本政府の立場は大いに傷ついたし、今後の日本は本格的な再軍備に向けて舵取りを新たに切ることになる可能性があります。

これを契機に日本政府の防衛政策は変化をしています。平成22年度の防衛白書は中国の海洋進出にはっきりと警戒感を表明し、2011年8月10日に枝野官房長官は、尖閣諸島が侵略されれば自衛隊を出動させるとはっきり明言しました。平成23年版防衛白書『日本の防衛』を報告し、了承されました。

沖縄・尖閣諸島沖での漁船衝突事件をめぐる対応や南シナ海での領有権主張を念頭に、中国の対外姿勢を「高圧的」と明記しています。

7ハウス支配の太陽は9ハウスで減衰し、火星とコンジャンクションしています。政府の威信は大きく傷つき、軍事力の強化を図る必要に迫られています。

火星は3ハウスに向けてアスペクトバックして、今回の事件をきっかけに日本人の愛国心は高まりました。火星は4ハウスに対しても8番目のアスペクトをするので、領土問題の防衛の関心をより高めることになります。日本の世論は政府の弱腰を批判するようになりました。

牡牛座支配の金星もアスペクトバックするので、石油、天然ガス、レアアース、漁業資源などの資源問題は今までよりは改善されるでしょう。

3 マンデーン

(1) インド占星術におけるマンデーンの研究

　占星術は四つの異なった分野があります。ネイタル（ジャータカ）、マンデーン（サンヒター）、ホラリー（プラシュナ）、エレクション（ムフルタ）の四つの分野です。

　ジャータカは日常行われている人物の誕生日で見ていくものであり、マンデーンは社会経済自然現象を見ていくものです。プラシュナは質問された瞬間の時間により吉凶を判断していくものであり、ムフルタは吉兆を示す良きチャートの日時を作成するものです。

　これらのうち、インド占星術において、現状、一番研究が遅れて分野はマンデーンと思われますが、最近はこの分野に対して意欲ある研究が行われるようになり、マンデーン研究が進んできました。

　西洋占星術においてマンデーンを見ていく時、まず春分図を用います。その１年の範囲内であれば続いて夏至図、秋季図、冬至図を用います。短期的な周期であれば、月の位相図を持ちます。

　しかし、インド占星術ではこうした体系的な構造を持っていません。その代わりに西洋占星術にはない独自のマルチスキームが存在します。インド占星術においてマンデーンを見ていく時、次のような技法があります。

1　建国チャート
2　魚座新月図
3　為政者の誕生日
4　ソーラーリターン（ヴァルシャハラ）
5　太陽のサインイングレス
6　新月、満月
7　日食、月食
8　彗星
9　トランジット
10　アシュタカヴァルガトランジット
11　ナクシャトラトランジット

　これらの技法のうち、3分の2くらいは西洋占星術でも存在します。
　しかし、その概念や計算方法は西洋占星術のそれとは多くの場合、異なります。
　魚座新月図、アシュタカヴァルガトランジット、ナクシャトラトランジット、ヴァルシャハラなどはインド占星術独自のものです。これらを正確なデータを元にして検証を進めて体系的なフレームを構築していくことができれば、西洋占星術にない精緻な社会予測は可能となります。
　なぜなら、インド占星術には西洋占星術にない分割図、ダシャー、独自のチャクラ技法などが存在するからです。これらがバラバラのものではなくて、体系的なフレームワークがしっかりとしていれば予測の精度は、今よりはるかに高いものになると思われます。

（2）マンデーンにおける問題点

　マンデーンの困難さの一つは、データの把握の難しさにあります。
　例えば、為政者の正確な誕生日を知るというのがなかなか難しいものがあります。王族や支配者階級で生まれた人は比較的容易ですが、庶民階級からのし上がっていった人というのは生まれた時間というのがなかなかわかりません。
　日本の政治家も誕生日の時間となると不明の人が多いです。これは政治という職業の性質上、意図的に秘密にする場合もしばしばあるからです。中国などは昔から為政者の正確な誕生日の把握は難しい状況にあります。
　国家の誕生日に相当する建国チャート（始源図）も、古い国ほど記録が曖昧なので把握が困難です。新しい国であっても政治体制が変わったり、その手続きがどの時間で行われたのかなどを把握するのが難しい場合が多いのです。ですから、建国チャートの取り扱いについては、他のチャートと併用する方が確実かもしれません。
　そのような意味でいえば、毎年その時間と場所がはっきりしているもの、西洋占星術なら春分図、インド占星術なら魚座新月図がデータの把握が容易で、かつ一番確実で信頼性が高いと思います。

（3）魚座新月図

　マンデーン（Mundane）とは「地上の」という意味で、政治・経済・社会・自然現象を見ていきます。インド占星術では「サンヒター」といいます。
　西洋占星術ではその年の春分図（トロピカル方式で牡羊座太陽0度の時点）を用いますが、インド占星術では「魚座新月図」を用います。魚座新月図とは、魚座において太陽と月がコンジャンクションする位置を

見つけます（通常は毎年の3月20日くらいから4月初旬の間でできます）。それに基づいてチャートを作成します。そのチャートがそれ以後1年間の国家の主要な出来事を表すといわれています。

　その中での変化を見る時は、主要惑星のサインイングレスが参考になります。国家の1年間の出来事を示すものとして、その他に国家の誕生日ともいえる独立記念日や憲法制定日などを誕生日と仮定してチャートを作成する「国家の建国チャート（始源図）」があります。

　一時的な現象を示すものとして蝕（日食と月食）があります。しかし、優先順位は「魚座新月図」におくべきです。以下、その事例を示します。

ケーススタディ　2008年の中国

　激動の年として印象深い2008年の中国のマンデーンチャートを分析してみましょう。2008年はチベット暴動、四川大地震、北京オリンピック、農民暴動、経済不況などに見舞われた激動の年でした。

　インド占星術ではマンデーンはサンヒターと呼ばれ、チャイトラシュクラプラティパーダといって、魚座の新月図を用いて予測を行います。新月図なので近隣の国は似たようなチャートになります。つまり、惑星配置そのものはほとんど変わりません。しかし、ハウス在住および支配の違い、分割図の違い、ナクシャトラの動きなどは出ますので、それらをよく見ていく必要があります。そうすると日本、中国、韓国、フィリピンの微妙な違いが読み取れます。実際にはその国の最高権力者のチャートを合わせて見ていくとわかりやすいものとなります。

　2008年の魚座新月図では、中国のラーシは蟹座にきます。したがって、9ハウスには太陽、月、水星、金星が惑星集中します。これはサンニヤシヨガとなるので国際社会での威信を失いますし、今までのような経済

成長も今年は頓挫する可能性があります。それから、太陽がムリュチュバーギャになっています。これは、国家の威信は大きく傷つき、国土は荒廃し災害や公害で政府が苦しむことになります。

次に3ハウスと12ハウス支配の水星が減衰しているのが目につきます。愛国心にこだわるあまり情報処理並びに情報発信能力を欠く結果を招いています。国民および外交関係に対するマイナスとなって表れます。実際に、中国政府の政策は民主化の進展度や情報化社会に対する、明らかな誤判断・判断ミスと思われる失策が目立ちます。しかし、金星は4ハウスと11ハウス支配で高揚しているので、国内のイベントや娯楽は盛んです。内需は相変わらず旺盛な状況でした。もちろん北京オリンピックの開催により国内は大いに盛り上がりました。

愛国心を表す3ハウスに、魚座在住の4惑星と火星がアスペクト集中しています。2008年は中国の愛国心は高まりを見せました。しかし、皮肉なことに社会性を表す太陽は傷つき、双子座の10ハウス支配で12ハウス在住の火星があります。争い事や情報操作とその失敗により社会的立場を失うことを意味します。事実、チベット問題に端を発して情報隠蔽工作は暴露され、かえって信用を失う結果になっています。

火星は射手座の木星と対向アスペクトになっているので、宗教勢力との争い、暴発は今後とも懸念されます。ただし、木星が定座にあり、6ハウスに在住しているので、北京オリンピックは何とか成功しました。また、6ハウスと7ハウス支配で2ハウス在住している土星は機能的凶星なので、経済的困難に陥ることが予想されました。しかし、2ハウスには木星も同時にアスペクトしているので経済同盟はうまくいくし、外

国から経済援助も期待できます。

古典の原則に則って、ナクシャトラの動きを加えて見ていきます。

水星のトランジットは、北京オリンピックの開催中にナクシャトラのハスタにイングレスするので、北京オリンピックで全く混乱がないとはいえません。

さらに胡錦濤(こきんとう)個人のラーシチャートと合わせて見ていくと、北京オリンピック終了後の9月、火星トランジットがナクシャトラのチトラーにイングレスします。この火星は胡錦濤の土星、月が在住する牡牛座に8番目のアスペクトをかけています。これで見ると、中国はむしろ国家活動の求心力を失った北京オリンピック終了後以降の方が苦難が予想されます。実際に北京オリンピック後、地方で暴動が絶えなかったという話がありますが、中国は情報閉鎖の国柄なのではっきりと確認できません。

ケーススタディ　隣国の例 〜リビアとエジプトの違い〜

2011年1月にチュニジアから始まった民主化要求、汚職撲滅などの動きは、エジプト、イエメン、バーレーンと瞬く間に中東全地域に広がりました。こうした情勢を1989年当時の東欧の共産主義国家が崩壊した東欧革命に比して、「ジャスミン革命」と呼ぶ専門家もいます。

この一連の動きは格好のマンデーン研究の材料として占星術家達の強い興味を惹いています。ここでは最もポピュラーにして確実かつ普遍的なデータである魚座新月図を使用して、リビアおよびエジプト情勢を分析してみます。

隣国であっても、ASCの位置が違えば全く状況の進展が違うことがわかります。

次頁のチャートはリビアのものです。エジプトがムバラク大統領を

軍部が説得して穏やかな体制転換を図ることに成功したのに反して、リビアではカダフィ側と反体制派が対立し、内乱状態になりました。実際に、隣国とはいえ、エジプトとリビアの魚座新月図はかなり違います。

2010年魚座新月図（リビア）

☉ ☽ ☿ ♀			☊
♃			♂
☋		Asc	♄R

確実に包囲網を狭められているカダフィ大佐ではありますが、外国人傭兵部隊と自らの私兵化した空軍を使って戦い、EU介入後次第に状況は不利になっている中、いまだ抵抗を続けています。犠牲者も多く出ています。4ハウスのケートゥはそんな為政者に対する国民の静かな、しかし根深い不満といえます。

　太陽から見て木星は10ハウスと12ハウスを支配していますが、共に失うハウスである12ハウスに在住しています。10ハウスは権力者であり、1ハウスは国家を意味するので、国家と権力者の両方を失う状況にあります。そういう意味ではカダフィ大佐の失脚は時間の問題といえます。

　しかし、争いの6ハウスは火星と土星に挟まれてパーパカルタリ状態にあり、そう簡単に内紛は収まらない状況を示しています。火星は8番目のアスペクトを木星にかけているので、より一層、状況を深刻化しています。

　火星は減衰しているので大きな力となり得ず、土星も7ハウスにあって1ハウス在住の太陽と強い敵対関係にあります。そのため、争いは内向化しやすく、火種がくすぶり続ける恐れがあります。

　最も政治的に重要なハウスである1ハウスと10ハウスが共に傷ついているのは大きな問題です。最高権力者を失えば、同時に国も崩壊する危険性があり、内乱はしばらく続くでしょう。魚座に惑星集中のため自己犠牲の心情が働きやすく、どちらかに大きな犠牲が生じるまで争いは続く可能性があります。

結局、リビアの混乱は、2010年度の魚座新月図の適用範囲を超えて、2011年8月24日に、反政府軍がトリポリを制圧するまで続きました。

　右のチャートはエジプトのものです。まず、火星は1ハウス支配で9ハウス在住とトリコーナハウスが絡み、かつ減衰しています。

2010年魚座新月図（エジプト）

☉ ☽ ☿ ♀			☊
♃			♂
☊	ASC		♄R

軍事力行使についてはずっとおとなしい状態にあります。

　月と太陽の双方に水星が近い距離にあり、コンバストの状態にあります。しかも、水星は8ハウスと11ハウス支配の5ハウス在住で、他の特に大きな傷つきはなく、コミュニケーションに大きな問題は生じません。

　金星は7ハウスと12ハウス支配で5ハウス在住であり、経済そのものの大きな問題はありません。木星も4ハウスのケンドラハウスに入っています。

　ASCから見て火星は6ハウス支配、土星は11ハウス在住とウパチャヤハウスに凶星が絡むので、悪くありません。水星は8ハウス支配で減衰なので、特別のヨガの働きが悪い状況の中でも、穏やかな解決手段となります。

　土星は3ハウスと4ハウス支配で11ハウス在住なので、通信手段などで横のつながりの連帯を生むことになります。

　太陽のシャドバラは0.88と低く、最高権威者の失墜を見ることができます。獅子座10ハウスは火星と逆行土星に挟まれてパーパカルタリ状態になっていて、同じく10ハウスを傷つけています。

　火星は木星に8番目のアスペクトをし、ケートゥからもアスペクトしています。木星の権威を守りきれません。

　エジプトはムバラクの下、2000年以降に経済の自由化を推し進めて大

きな経済成長を遂げました。その反面、高い失業率、物価高、非常事態解除などの不満も生じました。しかし、エジプトの場合は、民衆からムバラク退陣のデモがありましたが、軍部はこれを軍事鎮圧せず、穏やかなかたちで平和裏にムバラク辞任を実現させました。

（4）建国チャート

ケーススタディ　　　　　　　　　　　　日本 〜経済分析の視点から〜

　"Horoscope of Asia, Australia and the Pacific"からのデータによれば、日本の建国図は明治憲法発布日、日本国憲法公布日、日本独立記念日（1952年4月28日午後10時30分）の三つが挙げられています。

　日本独立記念日とはサンフランシスコ平和条約発効日に当たります。東日本大震災を契機として、"Mundane Astrology"、「鑑定家」〈http://www.kanteiya.com/〉、"Journal of Astrology"をはじめ、いくつかのHP・ブログや雑誌で日本の建国チャートについて言及があります。多くは独立記念日が日本の建国チャートとしてふさわしいのではないかと

日本の建国チャート
（サンフランシスコ平和条約発効日）

☿ ♀	♃ ☉		☽
☊			
			☋
Asc		♂R	♄R

第9分割図

♂R ♀		☋ ♄R	♃ Asc
			☉
☿	☊ ☽		

XIII　インド占星術の応用分野

記述されています。しかし、まだ完全にオーサライズされた結論には至っていないようですが、それをラグナの基礎として踏まえました。

それらの分析は地震の発生時期を中心としたのみの視点だったので、私は経済的視点からダシャーの流れを分析してみました。ダシャーの流れから見るかぎり、独立記念日のチャートが日本の経済状況をよく説明しているように思います。以下に、ダシャーの経済分析について解説します。

第2次大戦後、いわゆる平和憲法が制定された以降の日本の国家体質は明らかに変わりました。中村政則『戦後史』（岩波書店）を参考にして以下に、戦後の日本の歩みを挙げてます。

---

① 軍事国家を捨て平和的手段による外交を選ぶ。
② 防衛はアメリカに任せて、経済発展に専心する。
③ その意味では経済発展以外の分野の国家戦略は乏しい。
④ 国民の勤勉さや、現場重視の体質は変わらない。
⑤ 政治体制は議会制民主主義であるが、2大政党制はなかなか育たない。
⑥ 技術革新や品質意識の強い企業が育つ。
⑦ 民主教育を目指すが、日本人のアイデンティティを保つ教育哲学はない。
⑧ 環境問題には極めて敏感であり、その分野の技術も強い。
⑨ 創造性を要する分野には意外な強みを発揮している。
⑩ 国土は美しい自然を保ち、安全で清潔な国、コンパクトで効率の良い国という評判がある。
⑪ 土地本位制の不動産経済により経済成長し、バブル崩壊による経済的に大きく傷ついた。
⑫ バブルの躓きの後、高齢化社会の到来と若年層の不遇が目立つ。
⑬ 海外に向けての自己主張が苦手である。
⑭ 稼いだ金は海外からむしり取られている。

これらの特徴を独立後の日本の建国チャートは示しているでしょうか。
　まず、土星は2ハウスと3ハウスを支配して10ハウスに在住しています。10ハウスですので政治形態が民主主義ということはいえます。けれども、実務に関心があるだけで国家ビジョンはなく、ただ庶民階級の激しい労働中心の国となります。
　経済の2ハウスが絡んでいるので一生懸命に働いた結果は報われます。しかし、4ハウスの傷つきがあるので、その財を社会資本の蓄積にまで転嫁することができません。
　3ハウスにラーフがありますからさまざまなヒット商品を生み出しますが、流行を追いかけていくだけで終わっています。
　4ハウスは金星が高揚、水星が減衰、そして土星がアスペクトしています。4ハウスの金星が高揚で一見美しい自然、安全で清潔な国、効率の良い快適な建物などの良さが出ています。
　しかし、金星は6ハウスと11ハウスのウパチャヤハウス支配であり、水星は7ハウスと10ハウス支配のダブルケンドラハウスです。凶星の土星もアスペクトしています。不動産経済の躓きは日本を大きく傷つけた元凶でもあります。4ハウスの傷つきは、家庭崩壊、基礎教育の崩壊をも意味し、基本的な躾や基本的学力を若い日本人は失ってしまいました。
　5ハウスの木星が火星と相互アスペクトし、木星と太陽はコンジャンクションしています。これは日本がベンチャー立国であることを示します。火星と木星のコンジャンクションは旺盛な独立心を意味するグルマンガラヨガであり、木星と太陽のコンジャンクションは志の高さを示すスーリアグルヨガです。
　独立後まもない日本からはソニー、ホンダ、キヤノンなどのベンチャー型の企業が育っていきました。近年は大学の研究成果を活かしたベンチャー企業も育ってきました。
　1ハウス、5ハウス、9ハウスの絡みがありますのでゲーム、マンガ、

ノーベル賞受賞者数、スポーツイベント分野では、日本は健闘しています。

7ハウスには月があり、8ハウス支配となっています。これを見ると日本の外交・国際関係が、同盟国アメリカに依存していることが明らかです。そしてケマドルマヨガで、土星からもラーフからもアスペクトを受けています。日本はEUのような経済共同体もなく、近隣諸国とは政治的問題を抱えて国際的に孤立しています。

9ハウスにはケートゥがあります。まさに自己主張しない日本を表します。社会的アピールが下手で積極的な活動ができません。自虐的といわれる所以です。

11ハウスに火星が入っています。5ハウスと12ハウス支配です。火星は2ハウスにアスペクトし、そこを強く刺激しています。戦後日本の国家的情熱は、まさに経済活動にあります。しかし、2ハウスも11ハウスも稼ぎはしますが、12ハウスが絡んでいるので出費もすさまじいものがあります。

12ハウスには海外、陰謀などの象意がありますので、ODA、海外援助、アメリカ国債、円高などで利益はみな蝕まれます。しかし、11ハウスと12ハウスの絡みは、日本を環境問題に強い国にしています。

それでは次に、戦後日本のダシャーについて主要点を分析してみましょう。

まず、ラーフ期の日本は順調に経済成長を続けています。ディスポジターは10ハウスの土星ですから、国家的発展と重工業化が進みます。

ラーフ／水星期は東京オリンピックが開催された年です。戦後日本が国際社会に復帰し、デビューした象徴的イベントです。ADの水星は7ハウス支配で、国際社会へのデビューになります。ADの月はトリコーナハウスの5ハウス在住となります。

木星期になるとさらに日本は成長します。木星は1ハウスと4ハウス支配の5ハウス在住となります。土星期はニクソンショック、石油ショックなど日本にとって厳しい時代になりますが、ASCから見た土星は11

ハウス在住、木星から見た土星は6ハウス在住でウパチャヤハウスの凶星ですので困難を乗り越えることができました。

　木星／金星期、木星／太陽期の日本は順調に伸び、自動車工業の成長があり、海外からは「Japan as No.1」としてその強い経済力が称賛された時代があります。

　木星／ラーフ期になると、プラザ合意で日本の金融の大幅緩和を余儀なくされました。これ以後、日本は徐々に衰退に向かいます。木星／ラーフの組み合わせですから、グルチャンダラ的要素が現れています。この出来事は日本にとって一種の国際的陰謀ともいえます。

　1980年代後半の土星期に入ると、バブル経済が発生します。そしてADの減衰の水星期に入ると、バブルが崩壊し、金融経済は大打撃を受けます。

　1991年12月のソ連崩壊は冷戦構造の終焉を迎えるもので、これ以後始まったグローバル化の進展も日本にとっては打撃となりました。

　リーマン・ショックの起こった土星／ケートゥ期は、土星から見てケートゥは9ハウスにあり、海外のバブルを煽ったビジネスモラルに反する行為により不景気に陥ります。

　水星期に入ると、さらなる不景気と不幸が日本を襲います。水星は減衰しています。2011年の水星／金星期に東日本大震災が起こります。射手座ラグナの金星期はトラブルをもたらすという法則があります。

日本のダシャー

ダシャー期 MD	ダシャー期 AD	年代	占星術的分析	出来事
ラーフ	水星	1960年	AD水星は7ハウス支配	所得倍増計画
ラーフ	太陽	1968年	AD月は5ハウス支配	GNP第2位、重工業化へ転換
木星	土星	1971年	AD土星はウパチャヤハウス凶星	ニクソンショック（変動相場制）
木星	土星	1973年3月	AD土星はウパチャヤハウス凶星	第4次中東戦争（石油ショック）
木星	金星	1970年代後半	AD金星は高揚	自動車産業好調
木星	太陽	1981年半	AD太陽は高揚	「Japan as No.1」の著作
木星	ラーフ	1985年	木星／土星でグルチャンダラ	プラザ合意、金融緩和
土星		1980年代後半		バブル経済の発生
土星	土星	1989年4月		消費税導入
土星	水星	1991年12月	AD水星は減衰	バブル崩壊
土星	水星	1991年～	AD水星は減衰	実質平均GNP0.9％、低成長
土星	水星	1991年12月	AD水星は減衰	ソ連崩壊、冷戦終結
土星	月	1997年		アジア通貨危機、金融危機
土星	ラーフ	2000～2007年	ADラーフは3ハウスで不安定	イザナミ景気、実感ナシ
土星	ケートゥ	2008年9月	ASから見てケートゥは9ハウス	リーマン・ショック、金融危機
水星	金星	2011年3月	水星の減衰、射手座ラグナの金星	東日本大震災、生産力低下

ケーススタディ　アメリカ 〜リーマン・ショック時の金融危機の分析〜

「アストロデータバンク」によれば、2011年8月1日現在で、アメリカ合衆国に関して、14の異なる建国チャートが挙げられています。このうち、最も有力なものは、1776年7月4日午前11時にフィラデルフィアで建国と書かれているものです。

しかし、これだとASCが獅子座と乙女座の境界線上にきます。何事も一番でないと気が済まない自己顕示欲の強い国柄や陽気なアメリカ人気質を考えると、獅子座の方がふさわしいと判断されますので、それより30分ほど時間を早めて、ASCが獅子座にくるようにレクティファイをしました。

アメリカの始源図（建国チャート）

			♂ ♀
			♃ ☉
	☽		☿R ☊
	☋		ASC
			♄

リーマン・ブラザースが破綻した
9月15日のシュクシュマダシャー

☽-☿-♃-☋	Mon 09-15-2008
☽-☿-♃-♀	Fri　09-19-2008

2008年にアメリカで金融危機が発生しました。サブプライム問題に端を発した金融危機は、7月18日のリーマン・ブラザースの経営破綻をきっかけに遂に表面化しました。アメリカばかりでなく世界中に金融不安が広がり、世界中の株式市場で株価の下落が続き、世界経済恐慌の様相を呈し始めています。

まずはアメリカのこの時の現状と、これからの動向を見てみます。

マンデーンの分析をするには、政治経済をはじめとして問題となっている事柄について、バックグラウンドの知識・情報が必要です。チャー

トばかりいくら眺めていても正しい分析はできません。

　何人かのアメリカ人ジャーナリストの意見によると、今回のサブプライム問題は、ブッシュ政権がイラク・アフガニスタンへの介入を続けるための資金源として起こしたといわれています。つまり、表向きは「低所得者向け住宅ローン」ですが、単なる住宅融資・金融問題ではなく政治・軍事問題と絡んでいます。

　始源図を見ると、戦争と対外関係を表す7ハウスに、損失を意味する12ハウスの支配星である月が在住しています。月は水瓶座のサインにあるので、アメリカ外交の基本は、常に人権や理想を追うスタンスにあります。その月が現在MDにあるので、軍事活動や対外関係による損失が現象化する時期あります。

　ADは経済活動を司る水星です。MDとADの位置関係は6ハウス－8ハウス関係であり、経済活動の困難を伴う時期に当たります。

　リーマン・ブラザースが破綻した9月15日のシュクシュマダシャーは、ケートゥです。ケートゥは借金を表す6ハウスにあります。これに続く株価下落が始まった金星期は、ADの水星から見て損失の12ハウスにあり、凶星の火星のコンジャンクション、2ハウス在住の凶星の土星から10番目のアスペクトを受けています。まさに金融危機の様相を示しています。

　これ以降の動きをトランジットチャート見ていきます。このチャートは、アメリカ予備選挙一般投票日11月4日後の11月12日のものです。

　このチャートを始源図とオーバーラップさせてみると、この時点での動きがよく読めます。

　まず、現在は土星トランジット

11月12日のトランジットチャート

☽			☋
☊			♄ Asc
♀ ♃	♂	☿ ☉	

がネイタル（始源図）の月にアスペクトしています。これが10月17日になると、太陽が乙女座のサインから天秤座のサインにイングレスします。太陽は天秤座で減衰するので、この時期に政府の指導力が強く発揮されることはありません。これから類推すると、資本注入のような動きは国民から大きな批判を浴びることになります。

　さらに11月8日に入ると、火星トランジットが天秤座のサインから蠍座のサインにイングレスします。そうするとネイタルの月に対して4番目のアスペクトをするようになります。さらにネイタルの双子座の11ハウスにも8番目のアスペクトをします。政府の外交政策、経済政策の失敗に厳しい批判が生じることになるし、金融政策も傷つきます。これらの兆候から見るかぎりこれからのアメリカの経済情勢はかなり厳しいものになります。

　しかし、この間、木星トランジットはASCラグナにずっとアスペクトをしています。主要各国の協調介入のような動きが、アメリカにとって大きな救いとなります。

　今に至るもアメリカ経済はこの後遺症に苦しみ、2011年8月にはデフォルト回避の措置を取るところまで追い込まれました。この影響は世界経済全体に広がっています。

ケーススタディ　社会変動と動きの遅い惑星　〜ベルリンの壁崩壊〜

　インド占星術のマンデーンでは、動きの遅い惑星のコンジャンクションやオポジションを非常に重要視しています。木星／土星、土星／ラーフ、土星／火星などのコンジャンクションやオポジションが起こる時、しばしば歴史上の転換点や古い秩序の崩壊が生じます。

　西洋占星術の場合は、これに天王星、海王星、冥王星の動きがさらに

加わります。歴史を丹念に紐解き、占星術的に分析するとこのようなケースを確かに見つけることができます。

下のチャートは、「ベルリンの壁」崩壊の時である、1989年11月10日のものです。

まず、逆行木星と土星は双子座／射手座軸でオポジションになっています。太陽は減衰し、火星は牡羊座にアスペクトバックし、既存の秩序を破壊する動きを加速させます。

これ以後、戦後秩序は崩壊し、東欧の自由化、ソ連の崩壊、ドイツ再統一、イラクのクェート侵攻、グローバリズムの進展、IT革命と世界秩序は大変革の時代に入りました。

☽			Asc ♃R
			☋
♌			
♀ ♄		♂ ☿ ☉	

ムフルタ

(1) インドでは盛んなムフルタ

「ムフルタ」とは、インド占星術におけるエレクションのことです。
特定の年月日時に基づきチャートを作成し、そこに吉凶の現象結果を読み取ります。その逆に、吉兆を示す年月日時をまず想定して、人生上の重要な行動を起こすという考え方も成り立ちます。それがムフルタの考え方です。ムフルタはインドでは盛んに行われています。

(2) ムフルタの考え方

1 ラーシチャートの作成

結婚なら7ハウス関連、家の新築なら4ハウス関連、仕事なら10ハウス関連が良い働きをするような日を選択してラーシチャートを作成します。これが原則です。

2 トランジット

木星、土星、火星のトランジットの動きを重視します。これらの惑星のコンジャンクションおよびアスペクトとアシュタカヴァルガトランジットを考慮します。

3 月の吉凶の重視

新月と満月および月が満ちていく期間と月が欠けていく期間という二つの視

点で月の勢いやエネルギーを見ていきます。それ以外に、ナクシャトラとティティが重要です。月が新月から満月に向かう中の、一番ふさわしい日取りを特にナクシャトラを用いて選びます。

4 ナクシャトラ（209頁参照）

❖ ナクシャトラとは月の星宿と呼ばれ、白道（月の通り道）をインド占星術上の基点として 27 分割し、1 宿 13°20′ に相当する領域のことを指します。ナクシャトラはインド占星術の 12 サインと対応関係があります。一般的には 27 宿ですが、時にウッタラアーシャダーの最後の 4 度と重複してアジビットが入る場合があります。しかしこれを使用する場合は択日を行う時くらいに限られています。

❖ 白道とは、天球上における月の見かけの通り道（大円）のことです。白道は、黄道周辺 8 度の範囲で動き、2 週間ごとに黄道を横切る軌道を描きます。白道は黄道に対して 5°8′7″ 傾いています。

❖ ナクシャトラの使用は、主に性格と相性を見る、ムフルタを行う、ヴィムショッタリダシャーの決定をするなどに利用されます。

❖ 何らかの行動を起こす適切な日時を選択する時、「ティティ」、「ナクシャトラ」「日の吉凶」を考慮に入れます。実際の日取り選択時、これらの要素のすべてに注意を払わなければなりません。

5 ティティ

❖ ティティ（朔望日）とは、インドやチベットなどの暦で使われる時間の単位のことです。朔から望までおよび望から朔までの期間を、時間によって 15 等分した時間の単位です。あるいは一朔望月を 30 等分したものともいうことができます。

❖ ティティの起点となる朔および望の瞬間は、1 日のどの時間でも起こり得

るので、各ティティの変わり目も1日のどの時間でも起こり得ます。ティティの概念は「日」の単位とは異なるものであり、昼夜は考慮されません。1朔望月は多くの場合、30日より短いので、朔望日であるティティも24時間より短いです。このため、1日の間にティティがすっぽり納まってしまうことがあります。

❖伝統的なインドの太陰太陽暦では、1ヶ月（1朔望月）を前半と後半の二つの期間に分けます。朔から望まで（月が満ちていく期間）は白分（シュクラパクシャ：Sukra Paksa）といい、望から朔まで（月が欠けていく期間）は黒分（クルシュナパクシャ：Krshna Paksa）と呼びます。ティティの数え方も、ある月の1番目のティティは「白分1ティティ」といい、朔から数えて16番目のティティは「黒分1ティティ」と呼び、白分と黒分に分けて呼ぶのが一般的です。

6 ターラーバラによる吉凶と相性

生まれた瞬間の月のナクシャトラ（ジャンマナクシャトラ）と、その日のナクシャトラとの相性になります。ジャンマナクシャトラを1として数え始め、1＝×、2＝○、3＝×、4＝○、5＝×、6＝○、7＝×、8＝○、9＝△の順番で最初の1に戻ります。次頁の表は、横はジャンマナクシャトラを表し、縦はその日のナクシャトラを表します。

その日のナクシャトラ ＼ ジャンマナクシャトラ	1 アシュヴィニー	2 バラニー	3 クリッティカー	4 ローヒニー	5 ムリガシラー	6 アールドラー	7 プナルヴァス	8 プシャー	9 アシュレーシャ	10 マガー	11 プールヴァパールグニー	12 ウッタラパールグニー	13 ハスタ	14 チトラー	15 スヴァーティー	16 ヴィシャーカー	17 アヌラーダー	18 ジェーシュター	19 ムーラ	20 プールヴァアーシャーダー	21 ウッタラアーシャーダー	22 シュラヴァナー	23 ダニシュター	24 シャタビシャー	25 プールヴァバードラパダ	26 ウッタラバードラパダ	27 レヴァティー
1 アシュヴィニー	×	△	○	×	○	×	○	×	○	×	△	×	○	×	○	×	○	×	○	×	△	×	○	×	○	×	○
2 バラニー	○	×	△	×	○	×	○	×	○	×	△	×	○	×	○	×	○	×	○	×	△	×	○	×	○	×	○
3 クリッティカー	×	○	×	○	×	○	×	○	×	○	×	○	×	○	×	○	×	○	×	○	×	○	×	○	×	○	×
4 ローヒニー	○	×	○	×	○	×	○	×	○	×	○	×	○	×	○	×	○	×	○	×	○	×	○	×	○	×	○
5 ムリガシラー	×	○	×	○	×	△	○	×	○	×	○	×	○	×	○	×	○	×	○	×	○	×	○	×	○	×	○
6 アールドラー	○	×	○	×	△	×	○	×	○	×	○	×	○	×	○	×	○	×	○	×	○	×	○	×	△	×	○
7 プナルヴァス	×	○	×	○	×	○	×	○	×	○	×	○	×	○	×	○	×	○	×	○	×	○	×	○	×	○	×
8 プシャー	○	×	○	×	○	×	○	×	○	×	○	×	○	×	○	×	○	×	○	×	○	×	○	×	○	×	○
9 アシュレーシャ	△	×	○	×	○	×	○	×	○	×	○	×	○	×	○	×	○	×	○	×	○	×	○	×	○	×	○
10 マガー	×	△	×	○	×	○	×	○	×	○	×	○	×	○	×	○	×	○	×	○	×	○	×	○	×	○	×
11 プールヴァパールグニー	△	×	△	×	○	×	○	×	○	×	○	×	○	×	○	×	○	×	○	×	○	×	○	×	○	×	○
12 ウッタラパールグニー	×	○	×	○	×	○	×	○	×	○	×	○	×	○	×	○	×	○	×	○	×	○	×	○	×	○	×
13 ハスタ	○	×	○	×	△	×	○	×	○	×	○	×	○	×	○	×	○	×	○	×	○	×	○	×	○	×	○
14 チトラー	×	○	×	○	×	○	×	○	×	○	×	○	×	○	×	○	×	○	×	○	×	○	×	○	×	○	×
15 スヴァーティー	○	×	○	×	○	×	○	×	○	×	○	×	○	×	○	×	○	×	○	×	○	×	○	×	○	×	○
16 ヴィシャーカー	×	○	×	○	×	○	×	○	×	○	×	○	×	○	×	○	×	○	×	○	×	○	×	○	×	△	×
17 アヌラーダー	○	×	○	×	○	×	△	×	○	×	○	×	○	×	○	×	○	×	○	×	○	×	○	×	○	×	○
18 ジェーシュター	△	×	○	×	○	×	○	×	○	×	○	×	○	×	○	×	○	×	○	×	○	×	○	×	○	×	○
19 ムーラ	×	△	×	○	×	○	×	○	×	△	×	○	×	○	×	○	×	○	×	○	×	○	×	○	×	○	×
20 プールヴァアーシャーダー	○	×	△	×	○	×	○	×	○	×	△	×	○	×	○	×	○	×	△	×	○	×	○	×	○	×	○
21 ウッタラアーシャーダー	×	○	×	△	×	○	×	○	×	○	×	○	×	○	×	○	×	○	×	○	×	○	×	○	×	○	×
22 シュラヴァナー	○	×	○	×	△	×	○	×	○	×	○	×	○	×	○	×	○	×	○	×	○	×	○	×	○	×	○
23 ダニシュター	×	○	×	○	×	△	×	○	×	○	×	○	×	○	×	○	×	○	×	○	×	○	×	○	×	○	×
24 シャタビシャー	○	×	○	×	○	×	△	×	○	×	○	×	○	×	○	×	○	×	○	×	○	×	○	×	○	×	○
25 プールヴァバードラパダ	×	○	×	○	×	○	×	△	×	○	×	○	×	○	×	○	×	○	×	○	×	○	×	○	×	○	×
26 ウッタラバードラパダ	○	×	○	×	○	×	○	×	△	×	○	×	○	×	○	×	○	×	○	×	○	×	○	×	○	×	△
27 レヴァティー	△	×	○	×	○	×	○	×	○	×	○	×	○	×	○	×	○	×	○	×	○	×	○	×	○	×	○

表を見てわかるように、1〜9までのサイクルを3回繰り返します。つまり、1アシュヴィニーから9アシュレーシャをひと区切りとします。この○×△の順序と同じサイクルを10マガーから18ジェーシュターまで、19ムーラから27レヴァティーまでくり返します。そして、ジャンマナクシャトラと同じ位置に戻ります。この1〜9にはそれぞれ名前があり、それぞれ次のような影響があります。

1　Janma…誕生のナクシャトラ
2　Sampat…成功、富、調和、愉しみ
3　Vipat…危険、妨げる、失敗する
4　Kshema…安全、繁栄
5　Pratyara…障害、壁に直面
6　Sadhaka…達成、効果的、完成間近
7　Vadha…破壊、妨害
8　Mitra…友情、友好的、愛情深い
9　Parama-mitra…親密、ベスト

実際にムフルタを試みる時は、ありとあらゆる条件を考慮しなければなりません。本当のムフルタは占い雑誌にあるような月の満ち欠けやナクシャトラだけで吉日を選ぶというような単純なものではありません。そのような単なる縁起担ぎやお楽しみ占いではありません。

　ムフルタは実際に大きな影響力を持ちます。自分自身にも、勧めた知り合いにも大きな迷惑を与えますので、素人考えで安易に用いることは厳に慎まなければなりません。

ケーススタディ　　　　　　　　　　　　　　　　　　　　　**引越しのムフルタ**

　右のチャートは、引越し時のムフルタです。引越しといっても中国風水とは根本的に内容が違います。方位を見るわけではありません。あくまで日の吉凶です。

引越し時のムフルタチャート

		☽	Asc
	☋		
	♃		☊ ♀
	♄	♂ ☿	☉

　住居、住宅、土地、不動産に関わることは、4ハウスの吉凶を用いるのが原則です。

　例えば、ラグナが双子座にある人の場合、4ハウスの乙女座のハウスが良い時を用いるとよいでしょう。

　財産形成という意味では、2ハウスと11ハウスの状態も見ていった方がよいでしょう。2ハウスにはトランジットの木星がアスペクトし、11ハウスはトランジットの火星がアスペクトバックしているので、こちらの方は特に問題はありません。

　次頁のトランジットチャートでは、4ハウスはちょうどダブルトランジットとなり、木星と土星のアスペクトが重なっています。木星は定座

にあって月とコンジャンクトしています。その月は満月の月であり、月の光が強い状態にあります。

したがって、品位の高いガージャケサリヨガを形成します。これが4ハウスにアスペクトしているわけですから、4ハウスは大変良い状態になっています。

とはいえ、完全に良いチャートを作り出すのは不可能です。ムフルタの難しさはやはり完全なチャートを作れない点にあります。

トランジットチャート

♃R ☽			☋
			☿
♌ Asc		♂ ♀	☉ ♄

ケーススタディ —— **結婚式の吉日選定**

右下のチャートのタイミングで結婚式を挙げる占星術的メリットは以下の通りです。

1 月が新月から満月に向かっている（満月ではないがシュクラパクシャに入っている）。

2 月は1ハウスにあり、木星と土星のアスペクトを受けて1ハウスを強めている。

3 良き結婚生活という目的に合致するよう7ハウスに木星が在住し、結婚

♃	☿	☉	♀ ☋
			♂
♌			♄R ☽ Asc

の7ハウスを強めている。

4 木星は7ハウスで定位置に入っている。

6 月のナクシャトラはハスタにあり、結婚に良い日である。

7 凶ハウスである6ハウス、8ハウス、12ハウスに惑星が入らないようにしている。8ハウスに水星が入っているが、これはむしろ良い。

8 木星と土星が1ハウス－7ハウス軸でダブルトランジットになっている。

9 ラーフとケートゥも良い位置に入っている。10ハウスのケートゥに金星が絡んでいる。

10 タラーバラで見ると繁栄のKshema（クシュマ）の日になる。

　弱点としては、火星の減衰、ウパチャヤハウスの凶星が少ないなどが挙げられますが、先ほども述べたように完全なチャートを作ることはできませので、全体として良いチャートということができます。

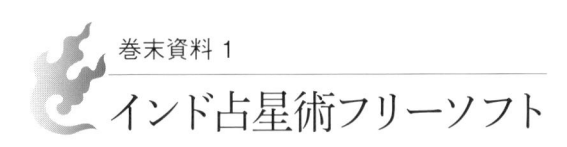

巻末資料1
インド占星術フリーソフト

　本項では、海外で開発された「Junior Jyotish（ジュニア・ジョーティッシュ）」というインド占星術のチャート作成ソフトを紹介します。使用許諾条件に合意すれば無料で使えますし、表示やメニューは英語ですが用語に慣れれば使用法は簡単です。このテキストで解説した技法を参考にしながら、自分のチャートを出してみましょう。

Ⅰ ソフトの入手方法

　インターネットから「ジュニア・ジョーティシュ」というフリーソフトのダウンロードが可能です。以下はウインドウズ版の説明になります。

① JyotishTools.com (http://www.jyotishtools.com/dloads.htm) をブラウザで開きます。
②【Download Junior Jyotish for Windows for free】の部分をクリックすると、ファイルのダウンロードがはじまります。Internet Explorerでは、セキュリティの警告のメッセージが表示されることがありますが、そのまま【保存】をクリックし、パソコンにファイルを保存します。
　※ インターネットでダウンロードしたファイルなので、念のためウイルス駆除ソフトでチェックしてください。
③ マイコンピュータを起動し、ダウンロードしたファイルが保存されたフォルダを開きます。（保存された場所がわからない場合は、「jjsetup.exe」を検索して探してください）jjsetup.exe をダブルクリックすると、プログラムのインストール画面が開きます。
④ セットアップを続行する場合は、【Next】をクリックします。

⑤ ソフトウェアを使用する上での条件が提示されます。ソフトの著作権の帰属先、プログラムコードを調べないこと、ソフトを使用した結果の損害について無保証などをあらかじめ了承した上で使用してくださいという内容です。使用条件に同意する場合は【I accept the agreement】の左側の欄をチェックし、【Next】をクリックします。

⑥ ソフトのインストール先を指定します。初期設定では、Cドライブの「Program Files に Junior Jyotish」フォルダが新しく作成され、プログラムがコピーされます。

⑦ スタートメニューに登録するショートカットを設定します。
問題なければ【Next】をクリックします。

⑧ デスクトップとタスクバーに、プログラムのアイコンを作成するかどうか設定できます。【Next】をクリックすると最終確認画面が表示され、【Install】をクリックすると、インストールが開始されます。

⑨ インストールが完了の画面が表示されたら、【Finish】をクリックして終了です。

2 チャートの作成

① プログラムを起動します。(スタートメニューから「Junior Jyotish」を探してクリックします。

② メイン画面左上の【File】の【New】(新規作成)をクリックします。すると、「Chart Data」というボックスが表示されますので、以下の項目を記入します。

【Name】(名前):【First】名、【Last】姓。

【Time】(時間):【Hour】時間、【Minutes】分、AM (午前) PM (午後)。
(時間は12時間表記で、午後2時の場合は2:00PM)

【Zone】(時差):日本国内ならば「9」。【DST】(サマータイム) は、夏時間を使用していた場合はその値。

【Date】（日付）：【Month】月（Jan（1月）〜 Dec（12月））、
【Day】日、【Year】年。

【Place】（場所）：地名、【Longitude】（経度）、【Latitude】（緯度）は左のマスに度数、右のマスに分数。東経は East、西経は West。北緯は North、南緯は South。

③ 記入漏れを確認し、問題がなければ【OK】をクリック。
④ 保存する場合はメイン画面左上の【File】の【Save】から行います。

3 その他

【File】メニュー

　　【Open】（開く）：既存のデータを開く
　　【Save】（保存）：表示中のデータを保存（上書き）
　　【Save As…】（名前を付けて保存）：表示中のデータを名前を付けて保存
　　【Export】（エクスポート）：表示中のデータをテキスト形式、CSV 形式でエクスポート
　　【Print…】（印刷）
　　【Print Preview】（印刷プレビュー）
　　【Print Setup】（プリンタの設定）
　　【1〜4】（履歴）
　　【Current Prasna】（ホラリーチャート）：あらかじめ設定されている場所と現在の時間でチャートを作成

【View】メニュー

　　【Toolbar】（ツールバー）：ツールバーの表示・非表示
　　【Status Bar】（ステータスバー）：ステータスバーの表示・非表示
　　【Chart】（チャート）：ラーシチャート、ナヴァムシャチャート、惑星の位置、惑星サイクル（MD）の表示

【Dashas】（ダシャー）：MD／AD、PAD の表示

【Divisional Charts】（分割図）：分割図の表示 (1/2、1/3、1/7、1/8、1/10、1/12)

【Ephemeris】（天文暦）：任意の日付から日、週、月、年の間隔を選択

【Chart Style】（チャートスタイル）：北インド方式、南インド方式の選択

【Color Charts】（カラー）：白黒、カラー表示の選択

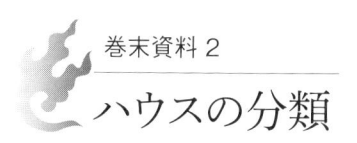

巻末資料2
ハウスの分類

○＝吉　△＝中立　×＝凶

分類	吉凶 在住	吉凶 支配	1ハウス	2ハウス	3ハウス	4ハウス	5ハウス	6ハウス	7ハウス	8ハウス	9ハウス	10ハウス	11ハウス	12ハウス
トリコーナ	○	○	○				○				○			
ケンドラ	○	吉星 × / 凶星 ○	○			○			○			○		
ウパチャヤ	吉星 △ / 凶星 ○	×			○			○				○	○	
ドゥシュタナ	×	6ハウスは× / 8ハウス、12ハウスは△						○		○				○
マラカ	×	×	○					○						
中立	△	△	○											○

巻末資料3
星座に関する図表

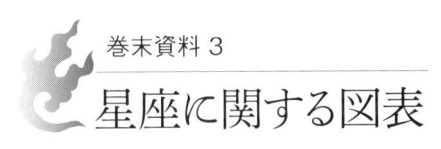

星座の定位置

♓ 魚座	♈ 牡羊座	♉ 牡牛座	♊ 双子座
♒ 水瓶座			♋ 蟹座
♑ 山羊座			♌ 獅子座
♐ 射手座	♏ 蠍座	♎ 天秤座	♍ 乙女座

支配星

♃ 木星	♂ 火星	♀ 金星	☿ 水星
♄ 土星			☽ 月
♄ 土星			☉ 太陽
♃ 木星	♂ 火星	♀ 金星	☿ 水星

2区分

陰	陽	陰	陽
陽			陰
陰			陽
陽	陰	陽	陰

3要素

変動	活動	固着	変動
固着			活動
活動			固着
変動	固着	活動	変動

4元素

水	火	地	風
風			水
地			火
火	水	風	地

巻末資料 4

惑星に関する図表

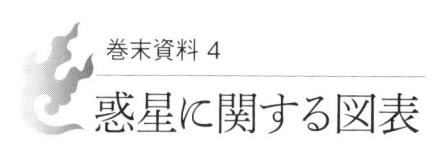

高揚の配置

♀ 27	☉ 10	☽ 3	
			♃ 5
♂ 28			
		♄ 20	☿ 15

減衰の配置

☿ 15	♄ 20		
			♂ 28
♃ 5			
	☽ 3	☉ 10	♀ 27

ムーラトリコーナの配置

	♂ 0–12	☽ 4–27	
♄ 0–20			
			☉ 0–20
♃ 0–10		♀ 0–15	☿ 16–20

友好星座

♂ ☉	♃ ☉	♄ ☿	♄ ♀ ☽
♀			♃ ♂ ☉ ☿
♀			♃ ♂ ☽ ☿
♂ ☉	♃ ☉	♄ ☿	♄ ☽ ♀

中立星座

☽ ☿ ♄ ♀	☽ ♀ ☿	☽ ♂	☉
☽ ♂ ☿ ♀			
☽ ♂ ☿ ♀			
☽ ☿ ♄ ♀	☽ ♀ ☿	☽ ♂	☉

敵対星座

	♄	♃ ☉	♃ ♂
☉			♄ ☿ ♀
☉			♄ ♀
	♄	♃ ☉	♃ ♂

巻末資料5

トランジットとハウス

ハウス	太陽
1	移転
2	富の損失
3	金銭的収入、成功
4	不名誉
5	悲しみ、病気、当惑
6	敵の殲滅
7	旅行、不健康
8	闘争、不和
9	侮辱、別離
10	成功
11	名誉、健康、収入
12	闘争、金銭の損失

ハウス	月
1	良い気分、食物
2	出費
3	金銭の獲得
4	事故、病気
5	不和
6	幸運
7	友情、利益
8	困難、出費
9	脅迫、心配
10	利益、幸福
11	幸福、金銭の獲得
12	不幸、損失

ハウス	火星
1	悲しみ、事故
2	出費
3	金銭の獲得、喜び
4	敵からの困難
5	損失、子供の病気
6	金銭の獲得
7	疲労、妻(夫)の事故
8	不安、危険
9	出費
10	変化、悲しみ
11	金銭の獲得、心の平安
12	病気、失墜

ハウス	水星
1	困難、苦労
2	金銭の獲得
3	不運
4	幸運
5	貧乏
6	成功
7	病気
8	喜び、幸運の出来事
9	不運、心配事
10	楽しみ
11	幸福、利益
12	出費、誤解

ハウス	木星
1	旅行、不安、報償
2	利益、金銭の獲得
3	障害、不健康
4	金銭の損失、出費
5	幸福、子供の誕生
6	不運
7	健康、幸運
8	危険、不満
9	富の執着、悪い評判
10	別離、不健康、散財
11	利益、成功
12	障害、トラブル

ハウス	金星
1	健康、喜び
2	金銭の獲得、幸運
3	幸運、楽しい交際
4	財の獲得
5	幸福、子供の誕生
6	敵への不安、予期せぬ出費
7	心配、妻(夫)との口論
8	収入
9	金銭、衣服、友人の獲得
10	不快、スキャンダル
11	喜び、利益
12	良い経済状態、心の平安

ハウス	土星
1	危険、金銭のロス
2	悲しみ、事故
3	利益、繁栄
4	出費、病気、トラブル
5	悲嘆、トラブル
6	幸福、繁栄
7	心身の障害、苦しみ
8	不安、悪い評判、心配
9	金銭の損失、不健康、不運
10	財産の損失
11	悲惨、収入の増加
12	危険、心配、金銭的損失

ハウス	ラーフ／ケートゥ
1	病気と不安
2	損失、口論、誤解
3	幸福、良い経済状態
4	病気、危険、悲しみ
5	損失、心配
6	喜び、幸福
7	損失、不安
8	生命の危機
9	口論、不安、損失
10	敵
11	幸福、金銭の獲得
12	出費、危険

巻末資料6

ダブルトランジットで現象化する事象

1ハウス	開運、健康、仕事
2ハウス	商売、家族、死
3ハウス	趣味、自己啓発、訓練
4ハウス	母親、不動産、家庭
5ハウス	恋愛、出産、イベント
6ハウス	病気、争い、試験
7ハウス	結婚、人間関係、死
8ハウス	災難、悩み事、研究
9ハウス	幸運、宗教、教育
10ハウス	社会的成功、仕事
11ハウス	願望成就、社会的評価
12ハウス	投資、出費、海外

巻末資料 7

木星・土星のトランジット表

木星と土星のトランジットの移動状況を下記の表より確認できます。

〔木星〕

年月日	時間	惑星	星座	順行/逆行
01 / 23 / 1960	00:50	木星	射手座	
02 / 10 / 1961	15:05	木星	山羊座	
02 / 25 / 1962	03:00	木星	水瓶座	
03 / 07 / 1963	22:25	木星	魚　座	
03 / 15 / 1964	06:20	木星	牡羊座	
08 / 04 / 1964	02:30	木星	牡牛座	
10 / 27 / 1964	02:50	木星	牡羊座	逆行
03 / 21 / 1965	14:50	木星	牡牛座	
08 / 06 / 1965	05:40	木星	双子座	
01 / 10 / 1966	06:25	木星	牡牛座	逆行
03 / 24 / 1966	08:55	木星	双子座	
08 / 22 / 1966	03:00	木星	蟹　座	
09 / 14 / 1967	17:40	木星	獅子座	
10 / 12 / 1968	09:45	木星	乙女座	
11 / 12 / 1969	04:25	木星	天秤座	
12 / 11 / 1970	18:55	木星	蠍　座	
01 / 06 / 1972	10:15	木星	射手座	
01 / 25 / 1973	15:40	木星	山羊座	
02 / 09 / 1974	13:15	木星	水瓶座	
02 / 19 / 1975	21:20	木星	魚　座	
07 / 18 / 1975	23:15	木星	牡羊座	
09 / 11 / 1975	06:05	木星	魚　座	逆行
02 / 25 / 1976	20:50	木星	牡羊座	
07 / 08 / 1976	20:55	木星	牡牛座	
12 / 08 / 1976	19:10	木星	牡羊座	逆行
02 / 22 / 1977	21:20	木星	牡牛座	
07 / 18 / 1977	13:55	木星	双子座	
08 / 05 / 1978	13:25	木星	蟹　座	
08 / 29 / 1979	22:40	木星	獅子座	
09 / 26 / 1980	21:15	木星	乙女座	
10 / 27 / 1981	11:15	木星	天秤座	
11 / 26 / 1982	09:45	木星	蠍　座	

年月日	時 間	惑星	星座	順行／逆行
12 / 22 / 1983	06：45	木星	射手座	
01 / 10 / 1985	18：10	木星	山羊座	
01 / 25 / 1986	10：25	木星	水瓶座	
02 / 03 / 1987	04：20	木星	魚　座	
06 / 17 / 1987	00：50	木星	牡羊座	
10 / 26 / 1987	08：40	木星	魚　座	逆行
02 / 03 / 1988	05：25	木星	牡羊座	
06 / 20 / 1988	02：05	木星	牡牛座	
07 / 02 / 1989	08：30	木星	双子座	
07 / 21 / 1990	02：25	木星	蟹　座	
08 / 14 / 1991	18：15	木星	獅子座	
09 / 11 / 1992	21：26	木星	乙女座	
10 / 12 / 1993	21：10	木星	天秤座	
11 / 11 / 1974	15：05	木星	蠍　座	
12 / 07 / 1995	09：55	木星	射手座	
12 / 26 / 1996	11：05	木星	山羊座	
01 / 08 / 1998	19：05	木星	水瓶座	
05 / 26 / 1998	07：30	木星	魚　座	
09 / 10 / 1998	15：05	木星	水瓶座	逆行
01 / 13 / 1999	06：40	木星	魚　座	
05 / 26 / 1999	20：00	木星	牡羊座	
06 / 02 / 2000	22：35	木星	牡牛座	
06 / 16 / 2001	11：05	木星	双子座	
07 / 05 / 2002	15：55	木星	蟹　座	
07 / 30 / 2003	15：25	木星	獅子座	
08 / 28 / 2004	02：55	木星	乙女座	
09 / 28 / 2005	08：45	木星	天秤座	
10 / 28 / 2006	01：20	木星	蠍　座	
11 / 22 / 2007	07：55	木星	射手座	
12 / 10 / 2008	02：20	木星	山羊座	
05 / 01 / 2009	20：35	木星	水瓶座	
07 / 31 / 2009	01：10	木星	山羊座	逆行
12 / 20 / 2009	02：35	木星	水瓶座	
05 / 02 / 2010	10：35	木星	魚　座	
11 / 01 / 2010	20：15	木星	水瓶座	逆行

年月日	時間	惑星	星座	順行 / 逆行
12 / 06 / 2010	08：50	木星	魚　座	
05 / 08 / 2011	16：50	木星	牡羊座	
05 / 17 / 2012	12：10	木星	牡牛座	
05 / 31 / 2013	09：30	木星	双子座	
06 / 19 / 2014	11：30	木星	蟹　座	
07 / 14 / 2015	09：15	木星	獅子座	
08 / 12 / 2016	00：30	木星	乙女座	
09 / 12 / 2017	10：05	木星	天秤座	
10 / 11 / 2018	22：45	木星	蠍　座	
03 / 29 / 2019	23：05	木星	射手座	
04 / 23 / 2019	05：00	木星	蠍　座	逆行
11 / 05 / 2019	08：50	木星	射手座	

〔土星〕

年月日	時間	惑星	星座	順行 / 逆行
02 / 02 / 1961	03：30	土星	山羊座	
09 / 18 / 1961	00：25	土星	射手座	逆行
10 / 08 / 1961	08：10	土星	山羊座	
01 / 27 / 1964	23：40	土星	水瓶座	
04 / 09 / 1966	08：50	土星	魚　座	
11 / 03 / 1966	14：25	土星	水瓶座	逆行
12 / 20 / 1966	05：55	土星	魚　座	
06 / 17 / 1968	10：30	土星	牡羊座	
09 / 28 / 1968	13：05	土星	魚　座	逆行
03 / 07 / 1969	18：35	土星	牡羊座	
04 / 28 / 1971	13：00	土星	牡牛座	
06 / 10 / 1973	21：35	土星	双子座	
07 / 23 / 1975	18：55	土星	蟹　座	
09 / 07 / 1977	14：00	土星	獅子座	
11 / 04 / 1979	04：45	土星	乙女座	

年月日	時間	惑星	星座	順行/逆行
03 / 15 / 1980	08:45	土星	獅子座	逆行
07 / 27 / 1980	13:00	土星	乙女座	
10 / 06 / 1982	10:30	土星	天秤座	
12 / 21 / 1984	12:35	土星	蠍　座	
06 / 01 / 1985	05:55	土星	天秤座	逆行
09 / 17 / 1985	08:45	土星	蠍　座	
12 / 17 / 1987	05:45	土星	射手座	
03 / 21 / 1990	09:15	土星	山羊座	
06 / 20 / 1990	23:20	土星	射手座	逆行
12 / 15 / 1990	03:05	土星	山羊座	
03 / 05 / 1993	20:20	土星	水瓶座	
10 / 16 / 1993	00:00	土星	山羊座	逆行
11 / 10 / 1993	00:30	土星	水瓶座	
06 / 02 / 1995	11:25	土星	魚　座	
08 / 10 / 1995	08:30	土星	水瓶座	逆行
02 / 16 / 1996	20:40	土星	魚　座	
04 / 17 / 1998	16:20	土星	牡羊座	
06 / 07 / 2000	04:35	土星	牡牛座	
07 / 29 / 2002	11:45	土星	双子座	
01 / 08 / 2003	17:20	土星	牡牛座	逆行
04 / 07 / 2003	23:50	土星	双子座	
09 / 06 / 2004	07:45	土星	蟹　座	
01 / 19 / 2005	19:15	土星	双子座	逆行
05 / 25 / 2005	10:20	土星	蟹　座	
11 / 01 / 2006	09:00	土星	獅子座	
01 / 10 / 2007	23:45	土星	蟹　座	逆行
07 / 16 / 2007	07:00	土星	獅子座	
09 / 10 / 2009	01:50	土星	乙女座	
11 / 15 / 2011	11:50	土星	天秤座	
05 / 16 / 2012	13:35	土星	乙女座	逆行
08 / 04 / 2012	08:45	土星	天秤座	
11 / 02 / 2014	23:10	土星	蠍　座	
01 / 26 / 2017	22:15	土星	射手座	
06 / 21 / 2017	08:50	土星	蠍　座	逆行
10 / 26 / 2017	04:10	土星	射手座	
01 / 24 / 2019	16:10	土星	山羊座	

巻末資料8
惑星の詳しい象意

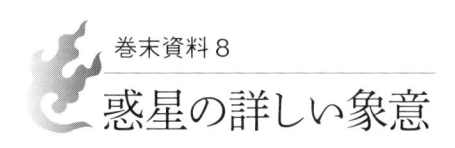

☉ 太陽　　　　　　　　　　　　　　　生来的凶星

【象意】身体的強さや活力、支配、影響力(威光・信望)、苦痛や恐怖に耐える精神力、勇敢さ、苦味、啓蒙(悟り)、魂(精神・本質)、父親、王、王の引き立て、高い地位や身分、隠しだてのない行為、精神の純粋さ、王国、旅行、夏、熱、火、棘のある木や草、森林、山、東、川の土手、身体、顔、怒り、悪や不当な行為に対する憤激、敵意や反感、良い性質、行政(政治・経営)、指導者、内科医、力量(法的権限)、金、銅、ルビー、装飾品、材木、四足獣、太い織物糸、勝利、統治者シヴァへの深い献身、祈り、赤い衣服、サフラン、蓮、現世、シヴァ神、火元素、辛味

☽ 月　　　　　　　　　　　　　　吉凶は太陽との位置関係次第

【象意】母親、母親からの快適さ、美人、顔のつや(輝き)、優美さ(上品さ)、有名(名声)、幸福、乗り物、心(気性)、心的な潜在能力(将来性)、知能(理解力・機転)、ユーモアのセンス、女性の性向、心的な機敏さ(軽快さ)、個人の性向、満足(心の安らぎ)、怠惰、眠り、液体、水、ミルク、凝乳、塩水、食べ物、香りのよい果物、魚・水棲動物、蛇などの爬虫類、花、芳香(香水・香油)、開花期(最盛期)、美しく洗練された衣服、白色、水晶、銀、青銅、真珠、王からの印(勲章)、井戸(泉・湯治場)、貯水池、湖、水の広がり、聖地巡礼の旅、喜び(楽しい事)、輝き(壮麗)、はにかみ(内気・臆病)、控えめ(しとやかさ・上品さ)、温和、親切でやさしい心や行為、恋愛(愛好)、愛人(愛好者)、持続的で穏やかな愛情や行為、王室からの引き立て(行為)、小麦、白米、サトウキビ、塩、北西の方向、雨季、中高年(40歳〜60歳)、神格化した死者の霊魂の世界、パールヴァティ、水元素

♂ 火星　　　　　　　　　　　　　　　　　　強い生来的凶星

【象意】苦痛や恐怖に耐える精神力、戦闘での勇気（勇敢さ）、攻撃的（精力的、独断的）、怒り、身体的力や強さ、自尊心（誇り・自惚れ）、横柄さ（尊大さ）、戦闘（闘争、論争）、行政や管理に関する才能や手腕、処罰を裁定する資格（能力）、危険な冒険（投機）、指導力（統率力）、支配、名声、勝利、軍隊、要塞（駐屯地）、武器を使う技能、刃物や弓矢などの武器、残忍性（残酷な行為）、不倫（姦通）、敵の強さ、王、愚か者、議論（口喧嘩・主張）、気まぐれな性質、障害、外科（外科手術）、他人の批評（非難・あら探し）、村や町の指導者、王室、軍司令官、独立（自立・自活）、人慣れしていない動物を支配する、非植物性の食物、熱（熱さ）、夏、南の方向、やけど（焦げ跡）、火、確固たること、家庭（自宅・故郷）、家（建物）、土地、土壌、焼けた（焦げた）所、きめの粗い陶器や土器、金細工職人（商）、金、銅、良い食べ物、切望（渇望）、粘り強さ（持続性）、頑固（強情・執拗な言動）、発言（話す能力・演説）、兄弟姉妹（特に弟や妹）、蛇、赤色、血、血糊、赤い衣服、赤い花、赤いリンゴ、毒、苦み、刺激的（辛辣）な味、木（木立）、ガナパティ（ガネーシャ神）、火元素

☿ 水星　　　　　　　　　　　　　　　　　　弱い生来的吉星

【象意】教育（教養）、知識（学識・精通）、学習、人文科学の学識、文法、数学（計算）、占星術、天文学、書かれた物、筆跡、哲学の知識、雄弁、演説、巧みな会話術、表現力、気の利いた言葉、知能（理解力・情報・報道）、謙遜、恐怖、識別力、編集者の地位、印刷業者、大臣（外交使節）、多様な意味のある会話、貿易および貿易業者、商業および商人、巡礼（聖地巡り）、聖堂（神殿・寺）、悪夢、彫刻家、宗教的儀式、献身、心的静けさ（平静）、気まぐれ（変わりやすさ）、友人（支持者）、黒魔術、自制（克己）、鳥、馬、ウパニシャド哲学に関する学識、快楽や権利の断念（放棄）、マントラの熟練、ヤントラ（護符）、踊り、混合した色調の物、去勢され

た男、秋、皮膚の水分、北の方角、緑色、エメラルド、王子、青年、子供、母方の叔父、母方の祖父、内科医、神殿や寺の塔、ちり、落ち着いた態度、宝石に関する熟練、交差した模様（外観）、ヴィシュヌ神、地元素

♃ 木星　　　　　　　　　　　強い生来的吉星

【象意】後継者、息子や娘、孫、弟子（信奉者）、財産（裕福）、財宝、人文的（古典的）な学識や学習、哲学や司法に関する学識や学習、サンスクリット語、高等（大学）教育、占星術、天文学、文法、シャーストラ（教え）、論理（学）、宗教に関する勉強（研究）、高潔で有徳な行い、高い社会的地位、祖父、年長者（長老）、教師、老年（65歳以上）、巡礼（聖地巡り）の場所、鋭い英知、智慧、熟練（技量）、雄弁（影響力のある言葉）、有名と名声、理解する能力（思いやる器の大きさ）、自尊心（自重）、横柄さ（尊大さ）、悪や不当な行為に対する憤慨、作家（著者）、長い詩（韻文）、マントラや呪文、繰り返し言葉や決まり文句、講演と聴衆の大きな喜び、懺悔や罪滅ぼしの苦行、自制（克己）、肉体的健康、戦闘での勇気（勇敢さ）、進歩（発展）、他人の心に対する理解と思いやり、聖典（経典）に関する学識（精通）、装飾品、黄色い衣服、イエロートパーズ、黄色、宝石、蜂蜜、ターメリック、塩、牝牛、象、邸宅、兄、友人（支持者）、北西、神聖な行いに費やす、施し物（慈善・慈悲心）、貿易業者（商人）、体脂肪、シヴァ神、空元素

♀ 金星　　　　　　　　　　　強い生来的吉星

【象意】妻、女性、結婚、結婚の精神的喜び、性的な予期せぬ経験（冒険）、ロマンティックな会話、色事の娯楽、水中でのスポーツを好む、セックスに過度にふける、性的倒錯、恋愛、不倫（姦通）、多くの女性と肉体関係をもつ、美人、青春時代（若さ）、名声、花、良い香りを好む、扱いに

くい敏感さ（柔らかさ・美しさ）、香水（香料）を扱う、美しい衣服や品物、時代がかった教養を誇る、召使い（奉仕者）、富（成功・繁栄）、王国、王室の引き立て、輝き、装身具、才能、財産（裕福）、特定の聖典（経典）に対する学識（精通）、ダイヤモンド、真珠、綿、身体の快適さ、有名、洗練された美術（芸術）、音楽、ダンス、歌うこと（声楽）、詩（詩情）、戯曲（演劇）、乗り物、象、馬、畜牛、横笛やヴァイオリンの演奏、なまめかしい足取り、プロポーションの良い四肢、春、南東、中高年（40歳〜60歳）、農業、ペットや同居人を含む家族、寝室、白い花、凝乳、金、銀、土地、幸運、良い食べ物、ラクシュミー神、水元素

♄ 土星　　　　　　　　　　　　　　強い生来的凶星

【象意】寿命（生命）、苦痛（苦しみ・被害）、苦悩（苦難）、悪い健康状態、妨害するもの（障害）、悲哀（後悔・惜別）、疲労（困窮）、死、公衆の前での屈辱、奴隷状態（卑屈・追従）、愚鈍（愚行）、貪欲、証拠のない主張（申し立て）、処罰、投獄、監禁、女中、分離（隔離）、奴隷の身分（境遇）、偽り、読み書きのできない（無学）、極度の疲労（枯渇）、私生児、宗教や道徳上の罪、残忍性（残酷な行為）、法律や司法の訓練（技能）、快楽や権利などの断念（放棄）、超然（孤立・無関心・公正）、冷静（理性的）な態度（心構え）、西、生計の方法（手段）、老年（65歳以上）、醜聞（汚名・破廉恥な行為）、堅固（断固）、借金や負債、貧乏（欠乏）、定期的収入、悪い人との関わり（交際）、目下（劣った者）からの利益（親切）、ハンター、放浪者、馬、象、山羊、ロバ、犬、猫、木材（薪）、黒い金属製品、鉄、鉛、黒い粒（穀物）、サファイア、灰（遺骨）、農業や農場経営、性的放縦（耽溺）、女性からの幸福、長く持ちこたえる、召使い階級、庶民（群衆）、肉体労働者（人夫・日雇い労務者）、ヤマ神、風元素

☊　ラーフ　　　　　　　　　　　　　　　　　　　生来的凶星

【象意】突然の出来事、嫌気（やる気を失う）、誤った理論（理屈）、不快な（辛辣な）、スピーチ、無信仰（不敬・反宗教）、不道徳な色っぽい女性との不倫（姦通）、偽り、宗教や道徳上の罪、邪悪（悪意・不正）、王室の地位や身分、王室からのしるし（勲章）、アウトカーストからの利益（親切）、外国旅行や居住、長い旅行、巡礼（聖地巡り）、空気（空）、空間（宇宙）、呼吸、老年（65歳以上）、ためらい（不決断）、毒、蛇、爬虫類、南西の方向、困難な地形（地域）を放浪する、山に行く、母方の祖父、賭け事をする、青い衣装、濃い色の（黒っぽい）花、エメラルド、密林、突然の災害（大惨事）、専門的技術の教養（教育）、ドゥルガー女神

☋　ケートゥ　　　　　　　　　　　　　　　　　　生来的凶星

【象意】自己に関する知識（精通・識別）、快楽や権利などの断念（放棄）、マントラやタントラに関する知識（精通）、秘密の神秘的な学識（学習）、超然（孤立・無関心・公正）、聖なる河での水浴（沐浴）、巡礼（聖地巡り）、懺悔や罪滅ぼしの苦行、空腹（断食・飢餓）、沈黙の誓い、ウパニシャッド哲学、病気、内科医、ハンターとの交際、幸運（成功・財産）、苦しみ（不幸・被害）、父方の祖父、ハゲワシ（コンドル）、犬、鹿、雄鶏、特定部位の肉体的苦痛、損害、外科の治療（処置）、角のある動物、棘、敵からの災難、贅沢で快適な状態

巻末資料9

ハウスの詳しい象意

1ハウス
キーワード
自分自身、気質、身体、健康

身体的特徴（身長・皮膚の色・髪の質）、生来の気質や傾向、性格や個性、体力や知力、苦痛や恐怖に耐える精神力、英知、道徳的美点、自尊心、威厳（気品）、快適さと不快、心の平和、公平（超然・孤立・無関心）、名誉（栄光）、名声、家柄、生計の手段、一般的な裕福さ、住居や出生地

2ハウス
キーワード
家族、収入、スピーチ、食物

財産（裕福）、身体的な享楽、装身具を商う、真珠とダイヤモンド、一般の売買、財産の蓄積、自分の努力による収入、父親から得たもの物、食物、味覚（味）、衣服、雄弁、謙遜（謙虚・卑下）、心の堅実さ（安定）、学識（学習）、教養（教育）、発言（話す能力・演説）、文字（文学・文筆家）、怒り、欺き（惑わし）、ペットや同居人を含む家族、友人（支持者）、召使（奉仕者）、親密（身近）な弟子（家来）、自制、死

3ハウス
キーワード
弟妹、努力、訓練、趣味

苦痛や恐怖に耐える精神力、戦闘での勇敢さ、身体的元気さ、職業以外の創造性としての趣味、才能、教育、良い品質（性質）、弟妹、両親の寿命、忍耐力、食物の品質と性質、利己的、競技（スポーツ）、闘争（心）、避難（所）、貿易（通商）、夢（理想）、悲哀（後悔・惜別）、心の安定性、隣人、近い親戚（関係）、友人（支持者）、軍隊・相続（遺産・遺伝）、装身具、利口さ（器用さ・巧妙さ）、短い旅行

4ハウス

キーワード

母親、家庭、不動産、農業

身近で親愛な人、社会的階級や家柄、母親、母方の親戚、土地家屋、農業、農場経営、庭園、果樹園、設備、建築物、議会、支配者からの好意（引き立て）、医薬品（医学・まじない）、教育（教養）、国土や地理の知識、隠された財宝、快適さと不快、苦痛や恐怖に耐える精神力、理屈を超えた心情的な信頼と義務の遵守、信仰（信念・信条）、香水、衣服、ミルク、発掘や採鉱の地、農産物、乗り物、畜牛の所有、馬や象

5ハウス

キーワード

子供、学問、芸術、恋愛

子供（子孫）、父親、心的な能力（実力）、学識（学習）、知識（学識・精通）、人文科学の学識、性格、妊娠、繁栄（豊か・幸運）、女性を魅了する力や物、娯楽（気晴らし）、恋愛や情事、鋭い英知、識別力と分析的な技能、才能（潜在能力、将来性）、神々への熱愛（献身と祈り）、生計の手段、正式な調印、記憶力、思索（熟考）、著述業、聖伝、マントラに関する精通した知識、精神性や霊性を高める修業、妻を通して得たもの

6ハウス

キーワード

敵、病気、争い、競争

敵、反対（対立・妨害・敵意）、心的な動揺や興奮、傷害、事故、病気、傷、戦い（争い）に耐えて維持する、一時的貸与、借金、損失（紛失）、失望、傷害、毒、中傷や悪口、公衆の前での屈辱、残忍性（残酷な行為）、禁止された好意にふけること、窃盗、口論（反目）、投獄（監禁）、母方の叔父、母方の叔母、継母、ペット、畜牛、四足獣、食物の風味、召使い、従業員、一般的に迷惑な行為

7ハウス
キーワード
配偶者、結婚、パートナー

配偶者、性的パートナー、結婚、不倫（姦通）、強い性欲や情熱、配偶者の特性や性格、性交、秘密の恋愛関係や情事、外国、海外移住、旅、その人の行動指針からの逸脱、事業における提携、口論（反目）、窃盗、記憶喪失、失われた財産の回復、発展、高い地位の達成、祖父、死

8ハウス
キーワード
苦悩、障害、研究、寿命

女性の夫婦間における地位、寿命、障害、不幸（不運・災難）、敗北（挫折）、惨めさ（苦悩）、不名誉（不評）、格下げ（左遷）、公衆の面前での屈辱、盗み、宗教や道徳上の罪、生き物を殺すこと、死刑、溺死、自殺、死因、死に場所、邪悪（悪意・不正）、期待された規範からの逸脱、恐ろしい場所、困難な道、岩などの裂け目、断絶（不連続）、突然（急）、予期しない（不意）、急な予期せぬ利益、贈り物、相続（相続財産）、妻の財産（裕福）、覆い隠された才能、精神的（霊的）な研究と達成

9ハウス
キーワード
父親、高等教育、倫理、幸運

正義、高潔、貞節、厳格さ（宗教生活）、懺悔や罪滅ぼしの苦行、崇拝（礼拝・賛美）、信仰心が厚い、礼拝や宗教の学識、高徳な人との交際、個人指導の教師やグル、精神的（礼的）な手ほどきや伝授、父親、慈悲心（施し物・慈善）、優しさ（親切な行為）、個人的教師に対する深い愛情や献身、心的な静けさ（平静）、瞑想、夢や幻視、洞察力、学識、高等教育、聖堂（神殿・寺）、ヴェーダの儀式書、巡礼（聖地巡り）、長い旅、海路の旅行、幸運、吉兆、光輝、名声と富（繁栄）、子供（子孫）

10ハウス
キーワード
仕事、世間の評判

知的な職業（専門職）、生計の拠り所、官公庁業務、行政（政府）からの名誉と特権、自分の経営している事業や商売、成功と高い社会的地位、権威と威厳、政治的な力、現世的な名声、昇進、仕事の性質、知的職業（専門職）に従事する傾向、熟練（技量）、指導する才能、自制、支配、犠牲をささげる性質、父親、外国旅行、財務状況、居住の場所、厳粛で宗教的な行為の義務としての遂行

11ハウス
キーワード
仕事、世間の評判

あくどい方法も含めたあらゆる性質の利益、定期的収入、獲得（習得）、実現可能な強い願望の成就、報酬や生計の性質、奉仕や功労に対する報い（報酬）、評価（表彰）、支配者からの好意（引き立て）、友人や支持者、並はずれた高い地位（特別な地位）、学識や教養における熟達、先祖代々（親譲り）の資産、上流社会、宝石に対する愛着、浪費された財産、敬虔で宗教的行いの続行（追求）、利益と報酬、兄弟姉妹（特に兄と姉）、母親の寿命、物質的享楽

12ハウス
キーワード
出費、損失

出費、財産の損失（浪費）、ベッドの喜び（満足・快楽）、寝室、心的な苦痛（悲しみ）、眠りの喪失、身体的病気、邪悪(悪意・不正)、貧乏（欠乏）、四肢の喪失や病気、権威（権限）の喪失、投獄や監獄、押収、配偶者の喪失、束縛からの解放、最終解脱（モクシャ）、快楽や権利などの断念（放棄）、寄付や癒し、家族からの隔離、入院、遠い旅行、異境の地（外国）、移住（出稼ぎ・移民）、父方の資産、精神的（霊的）な学識、秘密の（神秘的な）学識、神秘的な出来事による成功、明白な敵や隠された敵からの恐怖や不安、スキャンダル、不正な手段や詐欺行為

巻末資料10
アヤナムシャ表

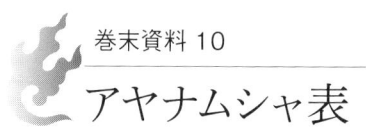

年	度数	年	度数	年	度数	年	度数
1900	22° 27′	1937	22° 58′	1974	23° 29′	2011	24° 00′
1901	22° 28′	1938	23° 59′	1975	23° 30′	2012	24° 1′
1902	22° 29′	1939	23° 00′	1976	23° 31′	2013	24° 2′
1903	22° 30′	1940	23° 1′	1977	23° 32′	2014	24° 3′
1904	22° 31′	1941	23° 2′	1978	23° 33′	2015	24° 4′
1905	22° 31′	1942	23° 2′	1979	23° 33′	2016	24° 5′
1906	22° 32′	1943	23° 3′	1980	23° 34′	2017	24° 5′
1907	22° 33′	1944	23° 4′	1981	23° 35′	2018	24° 6′
1908	22° 34′	1945	23° 5′	1982	23° 36′	2019	24° 7′
1909	22° 34′	1946	23° 5′	1983	23° 36′	2020	24° 8′
1910	22° 35′	1947	23° 6′	1984	23° 37′	2021	24° 9′
1911	22° 36′	1948	23° 7′	1985	23° 38′	2022	24° 9′
1912	22° 37′	1949	23° 8′	1986	23° 39′	2023	24° 10′
1913	22° 38′	1950	23° 9′	1987	23° 40′	2024	24° 11′
1914	22° 39′	1951	23° 10′	1988	23° 41′	2025	24° 12′
1915	22° 40′	1952	23° 11′	1989	23° 42′	2026	24° 13′
1916	22° 41′	1953	23° 12′	1990	23° 43′	2027	24° 14′
1917	22° 42′	1954	23° 13′	1991	23° 44′	2028	24° 14′
1918	22° 43′	1955	23° 14′	1992	23° 45′	2029	24° 15′
1919	22° 43′	1956	23° 14′	1993	23° 45′	2030	24° 16′
1920	22° 44′	1957	23° 15′	1994	23° 46′	2031	24° 17′
1921	22° 45′	1958	23° 16′	1995	23° 47′	2032	24° 18′
1922	22° 46′	1959	23° 17′	1996	23° 48′	2033	24° 19′
1923	22° 46′	1960	23° 17′	1997	23° 49′	2034	24° 19′
1924	22° 47′	1961	23° 18′	1998	23° 49′	2035	24° 20′
1925	22° 48′	1962	23° 19′	1999	23° 50′	2036	24° 21′
1926	22° 49′	1963	23° 20′	2000	23° 51′	2037	24° 22′
1927	22° 49′	1964	23° 20′	2001	23° 51′	2038	24° 22′
1928	22° 50′	1965	23° 21′	2002	23° 52′	2039	24° 23′
1929	22° 51′	1966	23° 22′	2003	23° 53′	2040	24° 24′
1930	22° 52′	1967	23° 23′	2004	23° 54′	2041	24° 24′
1931	22° 53′	1968	23° 24′	2005	23° 55′	2042	24° 25′
1932	22° 54′	1969	23° 25′	2006	23° 56′	2043	24° 26′
1933	22° 55′	1970	23° 26′	2007	23° 57′	2044	24° 27′
1934	22° 56′	1971	23° 27′	2008	23° 58′	2045	24° 28′
1935	22° 57′	1972	23° 28′	2009	23° 58′	2046	24° 29′
1936	22° 58′	1973	23° 29′	2010	23° 59′	2047	24° 30′

巻末資料 11
日本のダシャー

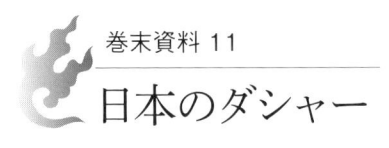

ダシャー期		年代	占星術的分析	出来事
MD	AD			
ラーフ	水星	1960年	AD 水星は7ハウス支配	所得倍増計画
ラーフ	太陽	1968年	AD 月は5ハウス支配	GNP第2位、重工業化へ転換
木星	土星	1971年	AD 土星はウパチャヤハウス凶星	ニクソンショック（変動相場制）
木星	土星	1973年3月	AD 土星はウパチャヤハウス凶星	第4次中東戦争（石油ショック）
木星	金星	1970年代後半	AD 金星は高揚	自動車産業好調
木星	太陽	1981年半	AD 太陽は高揚	「Japan as No.1」の著作
木星	ラーフ	1985年	木星／土星でグルチャンダラヨガ	プラザ合意、金融緩和
土星		1980年代後半		バブル経済の発生
土星	土星	1989年4月		消費税導入
土星	水星	1991年12月	AD 水星は減衰	バブル崩壊
土星	水星	1991年〜	AD 水星は減衰	実質平均GNP0.9％、低成長
土星	水星	1991年12月	AD 水星は減衰	ソ連崩壊、冷戦終結
土星	月	1997年		アジア通貨危機、金融危機
土星	ラーフ	2000〜2007年	AD ラーフは3ハウスで不安定	イザナミ景気、実感ナシ
土星	ケートゥ	2008年9月	ASCから見てケートゥは9ハウス	リーマン・ショック、金融危機
水星	金星	2011年3月	水星の減衰、射手座ラグナの金星	東日本大震災、生産力低下

巻末資料 12

第9分割図のサイン配置

度数	サイン	支配星	第9分割でのサイン
00°00′～ 3°20′	♈	♂	♈
03°20′～ 6°40′			♉
06°40′～ 10°00′			♊
10°00′～ 13°20′			♋
13°20′～ 16°40′			♌
16°40′～ 20°00′			♍
20°00′～ 23°20′			♎
23°20′～ 26°40′			♏
26°40′～ 30°00′			♐
00°00′～ 3°20′	♉	♀	♑
03°20′～ 6°40′			♒
06°40′～ 10°00′			♓
10°00′～ 13°20′			♈
13°20′～ 16°40′			♉
16°40′～ 20°00′			♊
20°00′～ 23°20′			♋
23°20′～ 26°40′			♌
26°40′～ 30°00′			♍
00°00′～ 3°20′	♊	☿	♎
03°20′～ 6°40′			♏
06°40′～ 10°00′			♐
10°00′～ 13°20′			♑
13°20′～ 16°40′			♒
16°40′～ 20°00′			♓
20°00′～ 23°20′			♈
23°20′～ 26°40′			♉
26°40′～ 30°00′			♊
00°00′～ 3°20′	♋	☽	♋
03°20′～ 6°40′			♌
06°40′～ 10°00′			♍
10°00′～ 13°20′			♎
13°20′～ 16°40′			♏
16°40′～ 20°00′			♐
20°00′～ 23°20′			♑
23°20′～ 26°40′			♒
26°40′～ 30°00′			♓

度数	サイン	支配星	第9分割でのサイン
00°00′～ 3°20′	♌	☉	♈
03°20′～ 6°40′			♉
06°40′～ 10°00′			♊
10°00′～ 13°20′			♋
13°20′～ 16°40′			♌
16°40′～ 20°00′			♍
20°00′～ 23°20′			♎
23°20′～ 26°40′			♏
26°40′～ 30°00′			♐
00°00′～ 3°20′	♍	♀	♑
03°20′～ 6°40′			♒
06°40′～ 10°00′			♓
10°00′～ 13°20′			♈
13°20′～ 16°40′			♉
16°40′～ 20°00′			♊
20°00′～ 23°20′			♋
23°20′～ 26°40′			♌
26°40′～ 30°00′			♍
00°00′～ 3°20′	♎	♀	♎
03°20′～ 6°40′			♏
06°40′～ 10°00′			♐
10°00′～ 13°20′			♑
13°20′～ 16°40′			♒
16°40′～ 20°00′			♓
20°00′～ 23°20′			♈
23°20′～ 26°40′			♉
26°40′～ 30°00′			♊
00°00′～ 3°20′	♏	♂	♋
03°20′～ 6°40′			♌
06°40′～ 10°00′			♍
10°00′～ 13°20′			♎
13°20′～ 16°40′			♏
16°40′～ 20°00′			♐
20°00′～ 23°20′			♑
23°20′～ 26°40′			♒
26°40′～ 30°00′			♓

度数	サイン	支配星	第9分割でのサイン
00°00′〜 3°20′	♐	♃	♈
03°20′〜 6°40′			♉
06°40′〜10°00′			♊
10°00′〜13°20′			♋
13°20′〜16°40′			♌
16°40′〜20°00′			♍
20°00′〜23°20′			♎
23°20′〜26°40′			♏
26°40′〜30°00′			♐
00°00′〜 3°20′	♑	♄	♑
03°20′〜 6°40′			♒
06°40′〜10°00′			♓
10°00′〜13°20′			♈
13°20′〜16°40′			♉
16°40′〜20°00′			♊
20°00′〜23°20′			♋
23°20′〜26°40′			♌
26°40′〜30°00′			♍
00°00′〜 3°20′	♒	♄	♎
03°20′〜 6°40′			♏
06°40′〜10°00′			♐
10°00′〜13°20′			♑
13°20′〜16°40′			♒
16°40′〜20°00′			♓
20°00′〜23°20′			♈
23°20′〜26°40′			♉
26°40′〜30°00′			♊
00°00′〜 3°20′	♓	♃	♋
03°20′〜 6°40′			♌
06°40′〜10°00′			♍
10°00′〜13°20′			♎
13°20′〜16°40′			♏
16°40′〜20°00′			♐
20°00′〜23°20′			♑
23°20′〜26°40′			♒
26°40′〜30°00′			♓

おわりに

インド占星術は日本においてはまだ黎明期にあると思います。だからこそ日本のインド占星術にとって今が大切な時なのだと思います。

本場インドの最高水準のインド占星術のレベルは当然といえば当然ですが、日本など及びもつかない高いレベルにあります。

私の実践例などインドの高徳な占星術師から見たら稚技にも等しいでしょう。そうした優れたスキルを本場のインドから学び吸収することは大切だし必要なことです。

特にインド占星術を学ぶものはスキルと同時に、ヴェーダ思想やヒンズー教の中にある転生輪廻、因果応報、カルマ、ヨガなどの宗教思想をも併せて学ぶ必要があります。

これはそういう宗教を信じろということではなく、インド占星術を深く理解する上でその背景の考え方を知るのは大切なことです。

インド占星術は精神性とスキルとが車の両輪となっています。変に開運志向にとらわれることは、インド占星術的にいえば正しくありません。インド占星術はそういう即効性や即物性を求める性質のものではありません。

開運処方（ウバヤ）をいたずらに強調することは危険です。カルマを超えた開運はありえません。カルマの解消はあくまで自らの行為により償うのが基本です。かと言って、カルマを必要以上に強調することも望ましくありません。

インドに行って占星術師に鑑定してもらった人々の話を聞くと、みな一様にその的中率の高さに驚いています。子供の数から男女の区別と長幼の区別などピタリ当てられたという話はよく聞きます。その程度のことなら詳しくみていけばわかると思いますが、中には指と爪の間を見て

誕生日を当てられたという話もあり、はてインドという国は不思議な国だなという思いがします。

　また、良くない評判としては開運法として宝石を売りつけられたという話もよく聞きます。

　でも、そういう驚異的な予言をするインド人占星術師でも、日本人の恋愛・結婚、職業、子供の教育など生活上の具体的な問題のアドバイスは曖昧であるという話をよく聞きます。

　それでインド占星術師の鑑定の後で私の所にセカンドオピニオンを求める気持ちで鑑定依頼に来る方もよくいます。これはインド人占星術師の腕が悪いからではありません。

　やはり国や文化が異なり生活習慣が異なると占星術といえどもその解釈には違いが出ます。

　家族制度が違うと恋愛や結婚の解釈は違います。恋愛→結婚→セックス→子供という順序が固く守られている国と、同棲が当たり前の日本や欧米とでは出方が違うのです。そこらへんでどうしてもズレが生じます。

　そういう意味では、日本人は日本の風土文化にあったインド占星術をこれから独自に作り上げていく必要があります。もちろん基本を歪めてはまずいですから、まずはインド人も認める基礎力を焦らずに身につけることが重要です。

　しかし、具体的な事例研究、特に日本人の事例、日本での恋愛・結婚、職業、健康、家族の見方などを同時に行うべきです。

　例えば、インドではローカーストに属する職業の研究はほとんど行われていません。

　あるいは、本書を執筆中に、東日本大震災、中東グリーン革命、首相交代、スティーブ・ジョブズ氏の死亡などいろいろなことがありました。

これらに関して、実際にインド人占星術家のマンデーン研究の記事を見ていると南アジア、西アジア、ヨーロッパのことがほとんどで、東アジアの記事はほとんどありません。マンデーン分野でもやはり極東東アジアの国民として独自の貢献をすることは可能でしょう。

　こうした分野は日本のインド占星術が貢献できる分野です。これらをよく実践的に研究する必要があります。

　そのためにささやかな一つの材料として本書が活用できるならば幸いです。

本多信明

著者紹介

本多信明（ほんだ・のぶあき）

日本では数少ない本格的なインド占星術の研究家である。背景に深い精神文化と高い的中率を誇るインド占星術を深く研究している。インド占星術の背景にあるインドの精神文化、特にチベット密教、クンダリーニヨガ、アーユルヴェーダなどにも造詣が深い。また、ハーモニクス占星術、インド風水（ワシュトゥ）、キローの手相術、真勢流の周易等他の占術にも大変明るい。インド占星術と西洋占星術を駆使した教育、鑑定、研究には定評がある。特に職業占星術、ビジネス・金融占星術、医療占星術、が得意分野である。ブログ「インド占星術鑑定室」に掲載されている「占星術による人物評伝」は面白いと好評である。2010年12月に、インド占星術研究の本場であるバラーティヤ・ヴィディヤ・バワン（BVD）の国際コースでの研修経験をもつ。趣味は声楽で、ドイツリートを歌わせると玄人はだしとの定評がある。
慶応義塾大学出身。英国占星術協会会員。「Journal of Astrology」購読会員。
日本に本格的な占星術の研究雑誌がないことを不満に思い、何人かの同士を募り、ウェブ上で日本における唯一の本格的研究雑誌を立ち上げ、その編集長を務めている。
「Journal of Hindu Astrology in Japan」 http://astrologyjapan.net/
「インド占星術鑑定室」 http://astro459.com/

実践インド占星術
じっせん　　　　　　　　せんせいじゅつ

発行日	2012年2月1日	初版発行
	2018年5月10日	第2刷発行

著　者　本多信明
発行者　酒井文人
発行所　株式会社 説話社
　　　　〒169-8077　東京都新宿区西早稲田1-1-6
　　　　電話／ 03-3204-8288（販売）03-3204-5185（編集）
　　　　振替口座／ 00160-8-69378
　　　　URL　http://www.setsuwasha.com/

デザイン　染谷千秋（8th Wonder）
編集担当　高木利幸
印刷・製本　中央精版印刷株式会社

Ⓒ Nobuaki Honda Printed in Japan 2012
ISBN 978-4-916217-96-7　C2011

落丁本・乱丁本はお取り替えいたします。
購入者以外の第三者による本書のいかなる電子複製も一切認められていません。